# 불교의 체계적 이해

# 불교의 체계적 이해

재개정판

2015년 5월 24일 개정판 제1쇄 인쇄
2023년 5월 25일 재개정판 제3쇄 인쇄

**지 은 이** 고익진
**발 행 이** 지성남
**디 자 인** 비단길NET

**펴 낸 곳** 광륵사
**등록번호** 제307-2009-26호(2009. 4. 13)
**주　　소** 136－034 서울시 성북구 동소문 4가 200 복전빌딩
**전　　화** 02－953－7801, 010－6828－9578

**공 급 처** 생활인의 불교도량 광륵사
501－833 광주광역시 동구 증심사길 29－17(운림동)
062-222-7801
흥불구세복전 법보시도량 광륵사 광륵선원
136－034 서울시 성북구 동소문 4가 200 복전빌딩 1층
**전　　화** 02-923-7597　02-953-7801
010-3221-7801
**이 메 일** abhimu@hanmail.net
abhimu@naver.com


ISBN 978－89－962527－5－7　03220
값 10,000원

# 불교의 체계적 이해

고익진 지음

광륵사

## 제 3 부 불교와 기독교



## 제 4 부 한국사회와 불교 윤리

# 머리글

불교를 체계적으로 공부하려면 어떻게 하면 좋으냐고 묻는 사람이 많습니다. 그럴 때마다 저는 무엇보다도 먼저 경전經典에 의지해야 하지 않겠느냐고 말하고, 경전 중에서는 아함阿含·반야般若·법화法華의 삼부경이 중심이 되고 불교 교리는 이 삼부경을 통해 체계적으로 구성되고 있다고 대답합니다.

오랜 병고로 인생의 덧없음을 절실히 느꼈던 저는 삶의 의미가 무엇이냐는 어려운 문제에 부딪히게 되었고, 이 문제 해결을 위해 종교와 철학이라는 것을 생각하게 되었습니다. 혼자 힘만으로 해결하기에는 너무나도 벅찬 일인 것 같아 저보다도 먼저 그런 문제를 생각했던 선현들이 생각났던 것입니다.

그러다가 우연히 산사에서 반야심경般若心經이라는 불교의 짧은 경전을 만나게 되었습니다. 그런데 그 속에는 참으로 놀라운 말이 있었습니다. 눈도 없고 색도 없다는 것이었습니다. 제게는 분명히 눈도 있고 색도 있습니다. 그런데 그것이 없다는 것입니다. 저는 그 당시 그 말 한마디에 얼마나 놀랐는지 모릅니다. 눈이 있다는 저의 세계관과 눈이 없다는 불교의 세계관은 전혀 차원이 다르다는 것이 느껴졌습니다.

그로부터 3년간 저는 줄곧 그 문제에서 벗어날 수가 없었습니다. 왜 눈이 없다는 것일까? 밤낮으로 그 이유를 묻고 또 물었습니다. 눈이 없다는 것이 부처님의 말씀이지만, 그러나 그것을 그대로 진리라고 인정하고 제 마음을 억지로 그것에 맞추고 싶지는 않았던 것입니다. 정당한 이유 없는 방하착放下着은 위험천만한 일이고 올바른 이유를 탐구함은 버려야 할 사량분별思量分別이 아니라고 굳게 믿었던 것입니다.

그러나 한편으로는 제 마음을 끊임없이 경계하고 살피는 것도 잊지 않았습니다. 자신의 판단이나 확신이라는 것에도 잘못과 고집이 얼마든지 있을 수가 있다고 생각하였기 때문입니다. 이러한 저의 산중 생활은 기쁨과 허탈이 거듭되는 속에 덧없이 흘러갔습니다. 조그마한 경계를 얻어 기쁨에 잠기기가 무섭게 다시 쓰라린 자기 붕괴를 맛보았습니다. 그리하여 다시 처음부터 시작하는 마치 첩첩산중의 등산길과 같은 것이었습니다.

그렇게 보낸 3년은 마침내 제게 새로운 세계를 열어 주었습니다. 그리고 사람들이 왜 생사의 괴로움에 헤매게 되는가를 환히 알게 되었습니다. 참으로 시원한 마음이었습니다. 그러나 얼마 안 있어 제게는 다시 전혀 새로운 문제가 일어나고 저의 구도 생활은 다시 계속되지 않을 수가 없었습니다. 눈이 없다는 것만이 불교의 전부는 아니었던 것입니다. 깨달음의 길은 그로부터 다시 무한히 계속되고 또 그 이전에는 기초적인 가르침들이 첩첩이 깔려 있음을 간과해서는 안 된다고 느껴졌던 것입니다.

그 뒤 저는 좀더 많은 경전을 대하게 되면서 그러한 한 줄기 깨달음의 길을 부처님은 이미 자상하게 시설施設해 놓으셨으며, 아함·반야·법화의 삼부경을 통해 그것이 가장 체계적으로 구성되고 있음을 발견하였습니다. 좀더 구체적으로 말하면 인간의 현실적 존재를 분석적으로 관찰하여 괴로움의 원인을 밝혀 그 해결책을 마련해 주는 아함경의 복잡한 교설은 모든 것이 공空하다는 반야경에 이르고, 이것은 다시 불교의 궁극적인 목적은 성불成佛과 중생 교화에 있다는 법화경의 교설에 이르는 것을 알았습니다.

그리하여 부처님과 같은 깨달음을 이루고자 발심한 사람들께 기별(授記)을 주시고 많은 부처님께 봉사한 다음 내세에 부처가 된다고 설하시는 뜻이 무엇을 의미하는

가를 깊이 생각하게 되었습니다. 그러자 한 줄기 힘찬 보살의 길이 끝없이 눈앞에 펼쳐지는 것이었습니다. 여기에 이르러 비로소 저는 모든 의심을 쉬고 부처님의 끝없는 사랑에 한없이 흐느끼게 되었던 것입니다.

그 뒤 불교학을 공부하면서 저는 부처님께서 열반하신 뒤 오늘에 이르는 불교에서 다시 많은 문제성을 발견하게 되었습니다. 남방 상좌부에서는 지금껏 아함경(巴利尼柯耶)만을 의지하고 부처님의 뜻을 그것에 한정시키고 있습니다. 북방 대승불교는 여러 종파가 발생하여 저마다 경전을 달리하고 해석을 달리하고 있습니다. 그러나 그러한 종파들은 거의 모두가 반야 사상을 바탕으로 하고 있음이 느껴졌습니다. 일례를 들면 천태종天台宗에서 법화경을 소의경전으로 하고 있습니다만 법화를 용수龍樹의 중관 사상에 의해 해석하고 있는 것입니다. 경전의 권위를 부정하는 선종禪宗이라고 해도 그러한 입장은 크게 다르지 않았습니다. 뿐만 아니라 대승불교는 아함경을 건너 뛴 까닭에 그 공관空觀은 직관적인 경향으로 흐르지 않을 수가 없었고, 이것은 한 걸음 더 나아가 법화경의 심오한 의미를 파악할 논리적 근거를 잃어버린 문제성을 안게 된 것이었습니다.

아함·반야·법화는 각각 독자적인 교리를 지니고 있음을 저도 시인합니다. 그러나 그 삼부경은 궁극적으로는 하나의 깨달음의 길을 구성하고 있음을 잊어서는 안될 것입니다. 법화경에 삼승三乘은 방편이요 일승一乘은 진실이라는 것이 누누이 설해지고 있는 것입니다. 그럼에도 불구하고 지금껏 그 삼부경이 개별적으로 수지됨으로써 교단을 분열시키고 대립시켜 왔음은 그 역사적 사정이야 어떻든 간에 중대한 문제라고 생각되지 않을 수가 없었습니다. 심지어는 현대 학자들 속에서도 아함 이외의 반야·법화와 같은 것은 부처님의 설이 아니라는 말을 하는 사람까지 있는 것입니다.

그래서 저는 적이 당황하였고 그러한 학설이 나오게 되는 근거를 살펴보게 되었습니다. 그 결과 반드시 그렇게만 보아야 할 절대적인 이유는 없다는 것을 발견하였습니다. 경전 자체의 사상적인 체계를 살펴볼 때 아함에서 반야·법화에 이르는 교리적 체계는 조금도 빈틈이 없었기 때문입니다. 다시 말하면 대승의 기초를 이루고 있는 것은 아함이고, 아함의 교리는 또 대승에 이르러 비로소 완성될 성질의 것이라는 것이 뚜렷했던 것입니다.

……(이하 중략)……

우리 주변에는 선禪에 맹목적인 사람들이 흔히 경전의 권위를 부정하려는 것을 봅니다. 그러나 역대의 조사祖師치고 경전을 전적으로 부정한 사람은 한 사람도 찾아 볼 수가 없습니다. 달마達磨는 능가경楞伽經을, 육조六祖 혜능慧能은 금강경을 의지했고, 임제臨濟와 보조普照 또한 삼장에 통효通曉했던 것입니다. 선종에서 불립문자不立文

字를 주장함은 문자에 얽매이지 말라는 것이지 딴 말이 아닌 것입니다. 문자에 얽매여서는 안 된다는 이러한 입장은 이미 부처님도 취하고 계시는 것입니다. 왜냐하면 스스로 교설을 뗏목에 비유하시고 반야는 불가설不可說이요 삼승은 방편이라고 설하고 계시기 때문입니다.

따라서 불교를 공부하고자 하는 사람이 무엇보다도 먼저 의지해야 할 것은 경전이며, 경전에 따라 그 뜻을 깊이 생각하고 실천해 보아야 하는 것입니다. 경전은 흔히 교리를 자세하게 설명해 주는 것으로 생각하기 쉽습니다. 그러나 불교 경전은 절대로 그렇지가 않습니다. 깨달음에 이르는 길만이 간명하게 시설되어 있을 뿐 그 밖의 모든 것은 스스로 알아내고 깨닫도록 짜여져 있는 것입니다. 따라서 경전은 그대로 전체가 문제 덩어리라고 봐야 하는 것입니다. 그러기에 아함경에는 '홀로 고요한 곳에서 골똘히 생각한다(獨一靜處 專精思惟)'는 말이 수없이 되풀이되고 있습니다. 오늘날 우리에게도 이러한 태도가 참으로 아쉽습니다.

부처님의 말씀에 깊이 생각하는 이러한 태도로 임할 때 틀림없이 우리에겐 시원한 깨달음이 열려 올 것입니다. 그리하여 끝없는 보살의 길을 힘차게 걸어가게 될 것입니다. 부디 이 엮음이 그러한 길에 조금이라도 도움이 되기를 바랍니다.

* 이 글은《한역 불교 근본경전》의 발문으로 쓰여진 것인데 그 내용이 이 책의 저술 방향과 의의를 그대로 표현하고 있기에 본서의 서문으로 대신한다.

# 제1부

# 불교의 근본교설

# 제 1 장
# 교설의 특질

## 1. 진리성 주장의 문제

불교가 일어날 무렵(B.C. 5세기 경)의 인도사회는 여러 가지 종교 사상이 발생하여 서로 대립하고 있었는데, 그들의 대립 상황이 어느 정도였는가는 인간의 생사 괴로움에 대한 각 파의 견해만 봐도 쉽게 짐작할 수가 있다.

정통파 바라문교(Brahmanism)에서는 우주의 창조주이며 본질이기도 한 범(brahman)이라는 천신天神에 대한 절대적인 신앙과 공희供犧를 통해서 인간의 모든 문제는 해결된다고 설하였다. 그러나 그 계통에서도 우파니샤드(upaniṣad) 철인들은 인간의 자아(ātman)와 범梵은 동일하다는 범아일여梵我一如의 알음(智)을 통해서만이 인간은 생사윤회로부터 벗어날 수가 있다는 비의秘義를 전수하고 있었다. 인간의 죽음이 극복될 수 있다는 우파니샤드의 이러한 해탈 철학과는 정반대로 사문계沙門系의 순세파順世派(lokāyata)에서는 인간은 죽으면 그만이라는 단멸론斷滅論(uccheda-vāda)을 주장하였으며, 생활파(ājīvaka 邪命外道)에서는 생사라는 것도 일종의 불변적 요소로서 인간의 의지로는 어쩔 수가 없다는 무작용론(akṛyā-vāda 決定論)을 내세웠던 것이다. 그러나 이계파離繫派(nirgranṭha, Jainism)에서는 정신(jīva)을 계박繫縛하고 있는 육체(pudgala)를 극렬한 고행을 통해 분리시킴으로써 인간은 생사로부터 벗어날 수가 있다는 해탈 사상에 다시 돌아가고 있었다. 뿐만 아니라 각 파는 자신의 주장이야말로 가장 올바른 진리로서 그 밖의 것들은 모두가 오류라고 부정하여 심한 쟁론을 일으키고 있었다. 정통 바라문교에 의하면 베다(veda) 성전은 인간의 인식 범위를 초월한 '하늘의 계시'였다. 이런 권위주의를 사문들이 그대로 받아들일 리가 없었다. 순세파에서는 인간에게 가장 확실한 인식은 직접적인 감각에 한정된다고 주장하였으며, 산자야(Sañjaya Belaṭṭhiputta)와 같은 사람은 감각지感覺知 이상의 모든 종교적 교설을 회의하였다. 그러나 이계파의 인식론에는 추리지推理知를 전적으로 부정할 수 없다는 입장에서 조건부적 개연설蓋然說(syād-vāda)을 제기하였던 것이다.

각 파의 엇갈리는 이러한 진리성 주장은 당시의 사람들을 심한 종교적 방황과 회의에 빠지게 하였음이 틀림없다. 누구의 말이 진실이며 누구의 말이 거짓일까? 각 파의 견해는 본질적으로 다르므로 그들 중의 어느 하나가 진리라면 다른 것들은 거짓임에 틀림없다. 또는 그들의 견해가 모두 오류일지도 모르며, 맹인이 코끼리의 일부분을 만져 보듯이 진리의 어느 일면만을 파악하고 그것을 전체에 적용시킨 오류를 범하고 있을지도 모른다. 이것을 우리는 어떻게 식별해야 할까?

## 2. 깨달음의 필요성

종교적 교설에 대한 이러한 회의가 발생하게 되면 이제 덮어놓고 그것을 신앙할 수만은 없게 된다. 하늘의 계시라든가, 오랜 전통을 가졌다든가, 성인의 말이라든가 하는 이유만으로는 믿어지지 않는다는 말이다. 각 파의 교설을 우선 충실히 수습修習하여 그 진의를 파악한 다음, 그 진위를 각자가 스스로 판단해 보는 길밖에 없을 것이다. 그리고 만일 각 파의 주장이 모두 완전한 진리에 이르지 못한 것임이 발견될 때는 종교적 진리 탐구의 길은 다시 계속되어야만 할 것이다.

석가모니께서는 깨달음을 이루기 전에 당시의 종교 사

상에 대해서 이러한 입장을 취하고 계셨던 것으로 보인다. 출가 후 그는 곧 알라라 칼라마(Āḷāra Kālāma)와 웃다카 라마풋타(Uddaka Rāmaputta)와 같은 저명한 바라문의 스승을 찾아가 그들의 선정(dhyānā)을 익혀 마침내 그 최고의 종교적 경지에 도달하였다. 그러나 그것이 생사를 극복할 진정한 길이 아님을 발견하였을 때 그곳을 서슴없이 떠났던 것이다. 그 뒤 우루벨라(Uruvelā)에 가서 사문계의 수행법인 고행(tapas)을 극한에 이르도록 닦아 보았는데, 그것 또한 생사를 극복할 진정한 길이 아니라고 판단되었다. 그리하여 가야(Gayā, 뒤에 Buddhagaya가 됨)의 조용한 숲을 찾아가 독자적인 명상에 잠겨 마침내 '모든 것은 연기한다' 는 진리를 깨닫고 부처님(Buddha)이 되신 것이다.

'깨달음(bodhi)' 이라는 말은 계시(revelation)라는 말과는 본질적으로 다르다. 인간의 인식으로는 알 수 없는 것을 신이 특정한 인간에게 보여주는 것이 계시라면, 깨달음은 인간이 스스로의 노력으로 마침내 진리를 발견하는 것을 의미한다. 당시의 모든 종교적 교설을 비판적 견지에서 몸소 닦아 보고 그들의 잘못을 파악한 뒤 새로운 진리 탐구를 행한 끝에 성취한 석가모니의 깨달음은 이런 의미에서 인류의 종교적 사유에 획기적인 성과를 거두었으리라는 것을 쉽게 짐작할 수가 있다.

## 3. 석가모니의 설교 방법

불교는 바로 이러한 깨달은 사람의 가르침인데, 그 가르침을 베풂에 있어서는 여러 가지 방법이 있을 수가 있다. 진리 탐구자로서의 석가모니의 길과 설법자로서의 석가모니의 길은 반드시 일치해야 할 필요는 없기 때문이다. 비판적 태도와 합리적 탐구가 구도할 때의 일관된 입장이었다고 하더라도, 깨달은 뒤의 설법 때에는 바라문교와 같은 권위주의적 방법을 택할 수도 있다는 말이다. 실제적 전도傳道에 있어서는 이런 권위주의적 방법이 오히려 더 효과적일지도 모른다. 성도成道 후 석가모니께서는 한때 이 문제로 깊은 생각에 빠지셨다고 전해진다. "신앙하고 두려워할 대상이 없으면 불안하고 무력해지고 말지 않겠는가?" **<잡아함 권44>**

그러나 석가모니께서는 끝내 그런 권위주의적 길을 택하지 아니하였다. 앞서 인용한 경문에는 곧 이어 "오직 정법이 있어 나로 하여금 자각케 하여 깨달은 자가 되게 하였으니 내 마땅히 그것을 신앙의 대상으로 삼으리라."는 말이 따르고 있다. 다른 사람에게도 똑같이 깨달음을 열게 하려는 굳은 결의의 표명이다. 이것은 당시의 종교적 혼란을 깊이 고민해 보았던 석가모니의 지극한 인간애의 발로라고 말할 수가 있다.

그러나 자신이 이룬 깨달음을 다른 사람에게도 똑같이

이루게 하고 싶었던 석가모니의 이러한 바램은 커다란 장벽에 부딪치지 않을 수가 없었다. 그가 이룬 깨달음은 너무나도 미묘하고 심오하여 탐욕에 가린 중생들에게는 도저히 실현될 수가 없다고 판단되었기 때문이다. 아무리 훌륭한 진리라고 하더라도 세상 사람들이 이해하지 못한다면 그것을 설해서 무슨 소용이 있겠는가. 전도를 단념하고 싶을 정도로 석가모니의 괴로움은 컸다. 그가 세상에 나가 전도하게 된 것은 오로지 범천의 지극한 권청에 의한 것이라고 한다.〈장아함 권1 대본경〉 이것은 당시의 종교계에서 인간주의적인 바른 종교의 출현이 얼마나 절실하게 요청되고 있었던가를 극화劇化한 것으로 볼 수가 있다.

석가모니께서 바라는 인간주의적 바른 종교가 세상에 행해지기 위해서는 이제 그 '깨닫기 어렵다' 는 문제가 어떻게라도 해결되지 않으면 안 된다. 석가모니께서는 이 문제에 골몰하여 마침내 하나의 묘안을 발견하게 된다. 그것은 한 마디로 말하면 중생들의 '깨닫는 능력(機)' 을 점진적으로 성숙시켜 가서 마침내 최상의 깨달음을 얻게 한다는 방법이다. 이런 방법론을 불교에서는 방편시설方便施設이라고 부른다. 방편(upāya)은 '접근한다' 는 말이고 시설(prajñapti)은 '알아내게 한다' 는 뜻이다.

이런 입장에서 석가모니께서는 지극히 평범한 현실적인 사실을 깨우치는 일에서부터 설해 가기 시작하였다.

신이나 우주의 원리와 같은 초월적인 진리에서부터 설해 가는 권위주의적 종교와는 정반대의 방향이라고 말할 수가 있다. 현실적 사실과 합리적 사유의 중요성이 강조됨은 물론이다. "자기 자신에 의지하고 법에 의지하라."<잡아함 권2>는 말이 경전에 끊임없이 되풀이되고 있다. 이것 또한 인간의 합리적 사유를 비판하고 절대적인 신앙을 강조하는 권위주의적 종교와는 다른 점이라고 말할 수가 있다.

깨달음의 효과적 실현에 집중된 석가모니의 이러한 교설에 그런 목적에 필요치 않은 이론이나 실천이 설해질 까닭이 없다. 인간의 자각에 필요한 사항만이 베풀어져 있다는 말이다. 깨달음의 직접적인 내용에 관한 것도 경전에 자세하게 나타나지 않음은 물론이다. 그런 문제는 깨달음의 대상으로 남겨져야 하고 깨달음을 이루면 저절로 자명해지는 것이기 때문이다. 석가모니께서는 한때 숲을 지나면서 나뭇잎 하나를 손에 따들고 제자들에게 다음과 같이 말씀하신 일이 있다. "내가 깨달은 법에서 너희에게 설하는 것은 이 나뭇잎 하나 정도에 불과한 것이다."<잡아함 권16>

따라서 석가모니의 교설에서 신이나 우주의 원리와 같은 형이상학적인 문제의 해명을 구하고자 함은 잘못이다. 만동자蔓童子(Māluṅkyaputta)라는 비구가 하루는 부처님을 찾아와 다음과 같은 문제를 던진 일이 있다. "이 세계는 영원한가 무상한가. 끝이 있는가 없는가. 영혼과 육체는 하나인가 둘인가. 여래는 사후에 존속하는가 안하는가."**<중아함 권60 전유경>** 다른 종교에서는 명확한 답변을 해주고 있는데 석가모니의 교설에는 그러한 해명이 없으므로 몹시 답답했던 모양이다. 그는 만일 끝까지 부처님께서 답변을 거절한다면 부처님 곁을 떠나겠다는 단호한 태도를 보였다. 이에 대해 석가모니께서는 독 화살에 맞은 사람의 비유를 든 다음, 그런 문제는 "깨달음에 아무런 도움이 안 된다."고 깨우치고 계신다.

점진적인 방법으로 깨달음을 얻게 하려는 석가모니의 이러한 방법론은 많은 교법의 시설을 필요로 한다. 가르침을 받는 사람의 지적 능력이 성숙함에 따라 그에 알맞은 법이 계속해서 설해져야 하기 때문이다. 그리하여 다른 종교에서는 예를 찾아볼 수 없을 정도로 많은 법이 불교 경전에 등장하고 있다. 이런 교법教法들을 법문法門(dharma-paryāya)이라고 한다. 각기 독자성을 지니면서 궁극적인 진리에 취입趣入하는 구실을 하고 있기 때문이다.

석가모니의 교설은 이렇게 진리에 이르는 교량적 구실을 하고 있으므로 그것을 진리 그 자체라고 절대시 할 필요는 없다. 깨달음을 얻으려는 구도자는 무엇보다도 먼저 석가모니의 교설에 입각해서 '전정사유專精思惟'하여 깨달음을 열어야 하지만, 깨달음을 연 다음에는 그것에 집착해서는 안 된다. "나의 법法은 뗏목과 같은 것이니

건너간 다음에는 마땅히 버려야 한다."**<중아함 권54 다제경>**고 석가모니 스스로 경계하고 계시는 것이다.

석가모니의 교설은 단순히 수의설隨宜說에 불과하다고 보려는 학자들이 있다. 사람들의 근기根機에 따라 그때그때 알맞게 설한 것이라는 말이다. 불교 경전에도 또한 잡박한 교리가 일정한 체계 없이 수록되어 있음이 사실이다. 그러나 이런 견해가 얼마나 피상적인 관찰인가를 알 수가 있다. 법문과 법문 사이에는 미묘한 중층적 교리 조직이 짜여져 있음을 간과해서는 안될 것이다. 석가모니께서는 형이상학적인 문제에는 별로 관심이 없으셨다는 견해도 우리는 조심해야 한다. 불교에서 형이상학적인 문제의 해명을 찾을 수 없음은 사실이지만, 그런 문제의 해명을 깨닫게 하고자 한 교설에 그런 해명이 밖으로 언표될 까닭이 없기 때문이다. 불교는 깨달은 사람에 의한 깨닫게 하려는 가르침이라는 것을 깊이 명심해 두어야 한다.

# 제 2 장
# 현실의 관찰

## 1. 일체一切의 구조構造

불교는 신이나 우주의 원리와 같은 초월적인 진리에서부터 설해 가는 것이 아니라 우리들이 인식할 수 있는 구체적인 현실 세계의 관찰에서부터 시작한다는 것은 앞서 소개한 바와 같다. 그렇다면 그 구체적인 현실 세계란 과연 어떤 구조와 성질을 가진 것인가?

### 1) 십이처설 十二處說

한때 생문이라는 바라문이 석가모니를 찾아와 다음과 같은 질문을 한 일이 있다. "일체라고 하는 그 일체란 도대체 어떤 것입니까?"<잡아함 권13> 당시의 인도에서 일체(sarvam)라는 말은 '모든 것(everything)'을 의미하는 말로서 우리들이 살고 있는 우주 전체를 가리키는 대명사였다. 세계나 세간世間(loka)이라는 말과도 등치等置시킬 수 있는 개념이다. 이런 일체에 대해서 각 종교는 여러 가지 해석을 내리고 있었던 모양으로, 이제 석가모니께서는 그에 대해 어떤 견해를 갖고 있는가를 알아보려는 것이다.

석가모니께서는 생문 바라문에게 다음과 같은 대답을 하고 계신다. "바라문이여, 일체는 십이처에 포섭되는 것이니, 곧 눈과 색色, 귀와 소리, 코와 냄새, 혀와 맛, 몸과 촉감, 의지와 법法이다. 만일 이 십이처를 떠나 다른 일체를 시설코자 한다면 그것은 다만 언설일 뿐, 물어 봐야 모르고 의혹만 더할 것이다. 왜 그러냐면 그것은 경계境界가 아니기 때문이다."〈잡아함 권13〉

우리가 살고 있는 우주에는 일월성신日月星辰을 비롯해서 미물微物에 이르기까지 삼라만상이 존재하고 있다. 그런데 이 모든 것은 열두 가지에 거뜬히 포섭된다는 것이요, 그 열두 가지 이외의 것은 존재하지 않는다는 입장이다. 그래서 그 열두 가지를, 모든 것이 그 속에 '들어 간다'는 뜻을 취하여 처處(āyatana)라고 부르고 이 교설을 십이처설十二處說이라고 한다.

십이처설은 불교의 가장 기본적인 세계관이며 일체만유一切萬有에 대한 일종의 분류법分類法이라고 말할 수가 있다. 종교적 세계관으로서는 너무나도 소박한 것이라고 말할지 모른다. 그러나 그런 입장이 선언되는 사상적 배경은 그렇게 간단한 것이 아니다.

첫째로, 우리는 십이처의 구성이 눈·귀·코·혀·몸·의지라는 여섯 개의 인식 기관(六根)과 색·소리·냄새·맛·촉감·법이라는 여섯 개의 인식 대상(六境)으로 되어 있다는 것을 주의할 필요가 있다. 모든 존재를 인간의 인식을 중심으로 보고 있는 것이다. 다른 말로 하면, 인간에 의해 인식되지 않는 것은 일단 존재하지 않는 것으로 봐야 한다는 기본적인 입장을 강력하게 나타내고 있는 것이다.

종교에서는 인간의 인식認識 범위를 넘어선 초월적超越的인 실재實在를 설하는 것이 보통이다. 그러나 그러한 초월적인 실재가 종교적인 수행을 통해서도 끝내 인간에게 자증自證되지 않는 것이라면, 그런 것의 실재성에 대해서는 어떻게 보아야 할까? 십이처설은 그러한 문제에 대해 부정적 태도를 분명히 하고 있는 것으로 보인다. 석가모니께서는 당시의 바라문들에게 다음과 같이 묻고 계신다. "삼명三明을 갖춘 바라문으로서 일찍이 한 사람이라도 범천梵天을 본 자가 있는가? 만일 본 일도 없고 볼 수도 없는 범천을 믿고 받든다면, 마치 어떤 사람이 한 여인을 사랑한다고 하면서 그의 얼굴을 본 일도 없고 이름도 거처도 모른다는 것과 무엇이 다르리요." **<장아함 권16 삼명경>**

둘째로, 십이처설에서 우리는 불교는 인간을 중심으로

한 세계관을 제시하고 있다는 것을 볼 수가 있다. 십이처설에서 인식 주체가 되고 있는 여섯 개의 감관 즉, 육근六根은 그대로 인간 존재를 나타내고, 인식 객체가 되고 있는 여섯 개의 대상 즉, 육경六境은 그러한 인간의 자연환경에 해당되기 때문이다. 더구나 주체적 인간의 특질을 '의지(manas)'로 파악하고 객체적 대상의 특질을 '법(dharma)'으로 파악하고 있다는 사실을 크게 주목해야 한다.

의지라는 것은 자기 마음대로 할 수 있는 자유와 능동적인 힘이 있는 것을 의미한다. 법은 어떤 원인이 있으면 반드시 그에 상응한 결과結果를 나타내는 '필연성을 지닌 것'을 가리킨다. 그러한 뜻의 의지와 법이라는 개념으로 인간과 자연의 특질을 규정하고 있다는 것은 무엇을 의미하는가?

바라문교에 의하면 세계의 중심은 창조주인 범梵이며, 인간을 포함한 모든 존재는 그 종속적從屬的 피조물被造物에 불과하다. 세계를 지배하고 인간에게 길흉화복을 가져오는 것도 범의 의지에 의한다. 사문측의 생활파에서도 인간은 생사의 코스를 바꿀 수 없다는 무작용론(決定論)을 펴고 있었다.

이들의 세계관을 염두에 두고 십이처설을 볼 때 우리는 일견 소박한 듯한 그 세계관이 불교의 기본적 입장을 천명한 것이며 사상사적思想史的으로 중요한 의의를 갖고 있음을 이해할 수가 있다.

### 2) 사대요소四大要素

물체는 몇 가지 요소로 분석되고 또 그것들을 화합化合하면 물체가 형성된다. 인간 또한 죽으면 몇 가지 물질적 요소로 분산되고 만다. 그렇다면 일체 존재에 대한 가장 기본적인 물질적 요소는 무엇일까? 궁극적인 물질적 요소에 대한 이러한 관심은 동서고금 어디에서나 볼 수가 있어 흥미롭다. 고대 그리스, 인도, 중국 등의 자연철학에서는 말할 필요도 없지만 현대의 자연과학에서도 원소물질元素物質에 대한 탐구는 줄기차게 계속되고 있는 것이다.

불교가 일어날 무렵의 인도에서는 자연과 인간을 구성하는 그러한 기본적인 물질적 요소로서 지地(pṛthivī)·수水(āp)·화火(tejas)·풍風(vāyu)의 네 가지를 주로 인정하고 있었다. 우파니샤드 철학의 전변설轉變說에는 "태초에 유有가 있어 욕심을 일으켜 풍·화·수·지를 발생하였다."는 설이 있으며, 사문계의 적취설積聚說에서도 가장 기본적인 요소로서는 역시 그러한 사대四大를 인정하고 있었다.

석가모니 또한 당시 인도의 그러한 사대요소설四大要素說을 그대로 받아들이고 있다. 그리하여 십이처 중에서 눈·귀·코·혀·몸의 오근五根과 색·소리·냄새·맛·촉감의 오경五境은 각각 사대로 분석된다고 설하고, 그러한 사대가 화합한 것이 곧 '색色(rūpa 물질적 형체)'이라는 것이다.**<잡아함 권13>** 만일 오늘날 석가모니께서 탄생하셨다면 현대 자연과학의 원소설元素說을 채택하셨음에 틀림 없다.

### 3) 오온설 五蘊說

십이처 가운데 다섯 개의 감관과 그 대상이 이렇게 사대요소로 분석되고 그것이 화합한 것이 색色 즉 물질적인 형체라면, 인간과 자연은 그 존재의 근저에 이러한 색을 갖고 있다고 말할 수가 있다. 불교에서는 인간 존재의 근저를 이루고 있는 이러한 물질적인 형체를 '색온色蘊(rūpa-skandha)'이라고 부른다. 색色은 사대가 화합한 것이고, 온蘊(skandha)은 흔히 '쌓임(聚 heap)'이라고 번역되지만 원말은 '근간적根幹的인 부분(branching part of the stem, part)'이라는 뜻이다.

그러나 이러한 물질적인 색온만이 인간 존재의 바탕을 이루는 전부라고 말할 수가 있을까? 물질에는 스스로 사유하고 행동할 능력이 없다는 것은 상식에 속한 일이다. 인과율에 따라 필연적인 반응을 보일 뿐이다. 그러한 색온을 가지고 인간 실존의 바탕을 이루는 전부라고 한다면 우리 인간이 개체를 유지하기 위해 사유와 행동을 줄기차게 전개시키고 있는 비물질적 기능의 존재성은 어떻게 설명해야 할 것인가?

이 문제에 대한 당시 인도 사상가들의 해명은 다양하였다. 우파니샤드 철학에서는 사대요소가 화합한 복합물複合物(devatā)에 범梵이 명아命我(jīva-ātman)의 상태로 들어갔다고 하였으니, 모든 물질 속에는 생명이 들어 있다는 범신론汎神論이 된다. 인간의 생명은 사대의 분산과 함께 단절된다는 순세파順世派의 주장은 생명도 일종의 물질적 화합 현상으로 보는 입장이고, 생활파生活派에서는 생명을 아예 물질적 요소로 간주해 버렸다. 한편 이계파離繫派에서는 인간은 생명과 물질이 대립적으로 결합된 상태라고 설하였다.

인간의 생명이나 정신이라는 것이 물질의 화합에서 발생하는 물리 화학적 현상에 불과한 것이냐, 그렇지 않고 정신의 독자적 존재성이 있는 것이냐의 문제는 오늘날 현대생물학에서도 줄곧 논란의 대상이 되고 있다. 전자를 기계론이라고 부르고 후자를 생기론生氣論이라고 부르는데, 현 학계는 기계론적으로 기울어지고 있다고 한다. 이는 자연과학시대의 추세라고 말할 수가 있다.

그렇다면 석가모니는 이 문제에 대해 어떤 입장을 취하고 계시는가? 물질적인 색온 외에 다시 수受(vedanā)·상想(saṁjñā)·행行(saṁskāra)·식識(vijñāna)이라는 정신적인 사온四蘊을 추가한 오온설을 제시하고 계신다.**<잡아함 권3>**

수·상·행·식의 사온은 물질적인 색온을 바탕으로 개체를 지속적으로 존속시키려고 느끼고(受) 생각하고(想) 작용하고(行) 식별하는(識) 정신적인 기능을 각각 표현한 것이다. 인간 존재를 물질과 정신의 두 부분으로 구성되었다고 볼 경우, 그 정신적인 부분을 생명 활동이라는 측면에서 세분한 것이라고 말할 수가 있다.

십이처가 일체 존재를 포괄하는 일종의 분류법이라면, 오온 또한 새로운 차원에서의 일체 존재에 대한 분류법이 될 수가 있다. 인간 존재에 대한 근간적 구성 부분일 뿐만 아니라 외계 존재도 그러한 부분으로 구성되어 있다고 볼 수가 있기 때문이다. 따라서 불교에서는 십이처와 함께 오온 또한 일체 존재를 가리키는 술어로 사용되고 있다. 그리하여 오온이라는 술어를 갖고 인간 존재를 특히 한정적으로 지시하고자 할 때는 '오취온五取蘊(upādāna-skandha)'이라는 말을 별도로 사용한다. 오온이 하나의 개체로 취착取着되고 있다는 뜻이다. 따라서 "오온과 오취온은 똑같은 것이라고도 못하고 다른 것이라고도 할 수 없다. 오온에 욕탐이 있는 것이 곧 오취온이라고 말할 수가 있다."**<잡아함 권2>**

불교의 오취온설은 정신과 육체를 싸고 도는 당시 사상계의 문제성을 잘 지양하고 있다. 우파니샤드의 범신론적 견해는 생물과 무생물이 우리 현실계에서 엄연한 속성의 차이를 보여 주고 있는 현상에 부합되지 않는다. 순세파의 유물론적 견해는 현대생물학의 기계론과 입장을 같이 하고 있지만, 이것 또한 위의 현상에 맞지 않는다. 영혼과 육체를 완전히 별개의 것으로 보는 생활파의 견해는 심신의 밀접한 상호관련성을 설명할 수가 없으며, 영혼과 육체는 대립한다는 이계파의 이원론 또한 그 두 부분이 불일불이不一不異의 관계로 상관하고 있는 현상을 설명하기가 어렵다.

그러나 불교의 오취온설은 물질을 바탕으로 하면서도 정신의 독자성을 분명히 하고 있으며, 물질보다는 정신 쪽에 중점을 두고 있다. 뿐만 아니라 육체와 정신의 관계를 생명 활동의 측면에서 관찰하고 있어 현실 세계의 현상을 정확하게 포착한 것이라고 말할 수가 있다.

## 2. 삼법인설 三法印說

이상 소개한 것이 불교에서 말하는 일체에 대한 중요한 교설들인데, 이제 이러한 십이처나 사대, 오온과 같은 것들이 어떤 속성을 갖고 있는가를 보자. 그러한 일체는 모두가 무상하고 괴롭고 무아인 것이라고 석가모니께서는 단정하신다. "색은 무상하고 무상한 것은 괴로움이고 괴로운 것은 무아無我이다. 수·상·행·식 또한 그와 같다."**<잡아함 권1>**

일체의 속성에 대한 이 세 가지 명제命題를 불교에서는 삼법인三法印이라고 부른다. 법의 특성(dharma-lakṣaṇa)이라는 뜻이다. 그러나 후대에는 불교의 특징을 나타내는 말로 사용되기에 이른다. 불교 이외의 다른 종교에서는 찾아볼 수 없는 독특한 입장이기 때문이다. 삼법인 중에서 '일체는 괴로움'이라는 항목을 빼고 '열반은 고요함(寂靜)'이라는 항목을 보태 삼법인으로 할 때가 있다. "모든 행은 무상하고(諸行無常), 모든 법은 무아요(諸法無我), 열반은 적정하다(涅槃寂靜)."는 설이 곧 그것이다. **<잡아함 권10>** 또는 여기에 '일체는 괴로움'이라는 것을 다시 합하여 사법인四法印으로 할 때도 있다. **<증일아함 권18>**

그러나 불교의 초기 경전에 줄기차게 설해지고 있는 것은 "일체는 무상하고 일체는 괴로움이고 일체는 무아"라는 맨 처음의 형태이다. 이제 이 삼법인의 각 항을 고찰해 보자.

### 1) 일체무상 一切無常

인생으로서 생하고(生) 늙고(老) 병들고(病) 죽는(死) 과정(有爲四相)을 거치지 않는 사람은 없다. 아무리 의술이 발달한다고 하여도 인간의 불사영생不死永生을 실현할 수는 없을 것이다. 자연물 또한 무상함을 벗어나지 못한다. 거대한 천체로부터 티끌에 이르기까지 이 세계 안의 모든 존재는 생하고(生) 머물고(住) 달라지고(變) 없어지고(滅) 마는 것이다.

인간과 자연의 바탕을 이루고 있는 지·수·화·풍과 같은 물질적 요소는 어떨까? 순세파와 사명파에서는 이것을 불변적 요소로 보고 있다. 그러나 석가모니께서는 그것 또한 무상함을 벗어나지 못한다고 설하신다. 현대 자연과학에서는 원소가 원자로 분석되고, 원자 또한 파괴되며, 원자를 구성하고 있는 소립자도 불변의 존재는 아니라는 사실을 실증하고 있다. 에너지 불변의 법칙이 있지만, 에너지가 물질로 변할 수 있고 물질이 에너지로 변할 수 있다면 이것 또한 불교에서 말하는 무상한 것의 범주에 속한다.

그렇다면 인간의 영혼(jīva)이나 자아(ātman)와 같은 것은 어떨까? 대개의 종교에서는 인간의 육신은 비록 사멸하여도 그 영혼은 죽지 않고 하늘나라에 가거나 또는 다른 몸을 만나 재생한다고 한다. 과연 그들은 그렇게 불변의 존재일까? 이 문제를 밝히기 위해서는 먼저 그러한 종교에서 말하는 영혼이나 자아라는 것이 어떤 것인가를 뚜렷이 할 필요가 있다.

우리는 앞서 불교의 오온설을 살피는 곳에서 우파니샤드 철학의 자아(ātman)나 생활파의 명(jīva), 이계파의 영혼(jīva) 등은 모두가 오취온설의 차원에서 이야기되고 있었던 것을 보았다. 그러기에 석가모니께서는 다음과 같이 말씀하고 계신다. "사문이나 바라문으로서 불변적 아체我體가 있다고 헤아린다면 그들은 모두가 오취온에서 그렇게 헤아리고 있는 것이다." **〈잡아함 권3〉**

그렇다면 바라문들이 말하는 자아나 사문들이 말하는 영혼도 마땅히 무상한 것이라고 보아야 한다. 오취온에서 맨 처음에 위치하고 있는 것은 색온인데, 색온을 구성하고 있는 사대요소가 이미 무상한 것이니 오취온의 무상성은 두말할 필요가 없기 때문이다. "색을 발생시키는 인과 연이 벌써 무상하니, 무상한 인과 무상한 연으로 발생한 색이 어찌 유상하겠는가? 수·상·행·식 또한 그러하다." **〈잡아함 권1〉**

이상 살펴본 바와 같이 십이처로부터 사대·오온에 이르는 모든 것은 하나도 항구불변한 것은 없다. 그러기에 "일체는 무상하다(sarvam anityam)."고 석가모니께서는 단언하신다. 이 단안은 '제행무상諸行無常'이라는 성구成句로 우리에게 보다 잘 알려져 있다. 이 말 속의 '행行(saṁskāra)'은 오온 중의 행온을 가리키는데, 무상한 세계 속에서 개체를 유지하려는 행의 작용이야말로 무상함을 가장 실감나게 할 것이기 때문이다. 모든 행은 이렇게 덧없는 것이지만, 그러나 이 사실을 진정으로 의식하는 사람이 얼마나 될까? 가을 바람에 흩날리는 낙엽을 보고 우리는 잠시 발걸음을 멈춘다. 사랑하는 부모 형제와 친구들의 임종을 보며 생의 덧없음을 느끼고, 고대문명의 유적을 보며 하염없는 탄식을 보낸다. 그러나 존재의 밑바탕에서부터 무상함을 느끼는 사람은 그리 흔하지 않다. 바라문이나 사문들까지도 그러지 못하였으니 일반 사람들이야 말해 무엇하겠는가?

무상함을 느끼지 못하는 정도 만큼 사람들은 유상하다

고 본다. 백 년이나 천 년을 살 것 같이 생각하고, 자기의 재산과 권력과 명예는 영원히 갈 것으로 본다. 탐착과 인색과 교만은 이런 생각에서 나오기 마련이다. 그리하여 일생 동안 남에게 선심 한 번 써보지 못한 채 깊은 회한 속에서 생을 마치는 사람이 얼마나 많은가.

불교의 무상설은 중생들의 이러한 뒤바뀐(顚倒) 착각을 깨우치기 위한 것이다. 값싼 감상주의나 비관적인 현실관이 아니다. 올바른 인생관을 수립코자 하면 먼저 현실의 실상實相을 있는 그대로 직시直視해야 한다. 일체무상은 이러한 목적을 가진 것이다.

2) 일체고 一切苦

삼법인의 둘째 항목인 '일체는 괴로움(duḥkha)'이라는 단안斷案은 첫째 항목의 판단이 성립하면 저절로 이루어진다. 그러기에 석가모니께서는 '무상한 것은 곧 괴로움(苦)'이라고 설하신다.**<잡아함 권1>** 불교의 이런 단안에 대해서 세상에는 그렇게 괴로움만 있는 것이 아니라 즐거움도 있지 않느냐고 항변할 사람이 있을지 모른다. 세상에 태어나 젊고 건강하게 오래 산다는 것이 어찌 즐거움이 아니겠는가? 더구나 거기에 금상첨화로 미워하는 사람과 헤어지고, 사랑하는 사람과 만나고, 구하는 바를 얻을 때 그 즐거움은 말로 다 할 수가 없을 것이다. 그러나 문제는 그러한 즐거움이 얼마나 오래 가느냐에 있다.

영원히 머물러 준다면 얼마나 기쁘겠는가. 영원히 머물러 주지 않는 곳에, 다시 말하면 무상한 곳에 불안과 서글픔이 있는 것이다. 세상에 태어나 늙고 병들고 죽어 가는 사람들을 보라. 미워하는 사람과 만나고, 사랑하는 사람과 헤어지고, 구하는 바를 얻지 못하는 저 불행한 사람들을 보라. 그러한 불행이 언제 우리에게 닥쳐올지 알 수 없는 것이다.

따라서 우리는 괴로움뿐만 아니라 즐거움도 괴로운 것으로 봐야 한다. 인간의 느낌(受)에는 괴로움과 즐거움과 그 중간(不苦不樂, 捨)의 세 가지가 있다. 삼법인설에서의 괴로움은 이 중에서 괴로움만을 가리키는 것이 아니라 즐거움과 중간의 느낌까지도 괴로움으로 봐야 한다는 입장이다. 왜냐하면 그들은 무상하기 때문이다.

무상하기 때문에 즐거운 것도 괴로움으로 봐야 한다면, 이에 대해서 다시 다음과 같이 이의를 제기할 사람이 있을 것이다. 뒷일을 미리부터 그렇게 걱정하며 괴로워할 이유는 무엇인가? 이왕 죽을 목숨이라면 현재의 즐거움을 마음껏 즐김이 오히려 현명한 일이 아니겠는가. 뒤에 무상하게 된다고 하더라도 현재에 즐거움이 느껴지고 있다면 그것은 괴로움이 아니라 즐거움이라고. 우리 주변에는 이런 낙천주의적 인생관이 크게 유행하고 있는 듯하다.

그러나 현재의 즐거움을 그렇게 즐거움으로 볼 수가

있을까? 인간 실존의 근저를 이루고 있는 오취온을 살펴볼 때 우리는 다시금 그런 낙천주의적 인생관이 커다란 잘못이라는 것을 깨닫게 된다. 오취온의 처음에 위치하고 있는 색온은 항구불변恒久不變한 존재가 아니다. 그것을 구성하고 있는 사대요소가 이미 무상한 것이므로 그것 또한 끊임없이 변하고 분산하려는 무상성無常性을 지니고 있다.

수·상·행·식의 사온은 이런 색온에 입각해서 개체를 지속하려는 비물질적(정신적)인 노력이며 그러한 노력의 중심은 행行(결합작용)에 있다. 따라서 그것은 몹시 힘이 들 것이고 감당할 수 없는 상황에 이르면 붕괴(死)하고 말 것이다. 괴로움(duḥkha)이라는 말은 원래 '힘이 든다'는 뜻을 갖고 있다. 따라서 현재 즐거움을 느끼고 있다고 하더라도 인간 실존을 그 밑바탕에서부터 관찰할 때는 괴로움이라고 하지 않을 수가 없는 것이다.

이런 견지에서 석가모니께서는 "일체는 무상하고 무상한 것은 괴로움"이라고 단정하신다. 그리하여 괴로움의 구체적인 내용을 다음과 같이 설하고 계신다. "세상에 생하고 늙고 병들고 죽는 것은 괴로움이다. 미운 것과 만나고(怨憎會) 사랑하는 것과 헤어지고(愛別離) 구하는 바를 얻지 못하는 것(求不得)은 괴로움이다. 한 마디로 말하면 오취온은 괴로움이다."**<증일아함 권17 사제품>** 이것을 불교에서는 여덟 가지 괴로움(八苦)이라고 한다. 어떤 경우에는 고고苦苦·행고行苦·괴고壞苦의 세 가지 괴로움을 들 때가 있는데, '괴로움의 괴로움(苦苦)'은 인간의 감각적인 괴로움을 가리킨다. '행의 괴로움(行苦)'은 개체를 지속하기 위해 노력하는 행온(결합작용)의 괴로움을 뜻하고 '부서짐의 괴로움(壞苦)'은 그러한 노력에도 불구하고 막상 부서지게 되는 죽음의 괴로움이다. 이 세 가지 괴로움은 오취온을 중심으로 해서 괴로움의 종류를 구별한 것임을 알 수가 있다.

불교를 현실 부정적 염세종교로 보고자 하는 사람들은 불교의 이러한 괴로움의 교설을 보고 그러한 자신들의 견해를 더욱 강화시킬지도 모른다. 아무튼 그렇게 보는 것은 그들의 자유겠지만, 불교의 입장이 무엇을 위한 것인가를 먼저 이해해야 할 것이다. 종교는 무엇보다도 먼저 진실해야 한다. 인간의 실존이 만일 괴로움이라면 그것을 사실 그대로 받아들여야 할 것이다. 그런 다음 그에 입각해서 생의 가치를 모색해야 한다. 진실을 외면하는 태도나 진실에 미치지 못한 얕은 소견을 석가모니께서는 결코 용납할 수 없었다고 생각된다.

### 3) 일체무아 一切無我

불교는 인간을 중심으로 세계를 본다는데, 그러한 인간을 주관적으로 말하면 '나'라고 말할 수가 있다. 그런데 우리가 보통 '나'라고 하는 그 '나'는 어떤 것을 가리킬까? 십이처설에서 말하는 여섯 개의 감관 즉 육근을 말하는 것이 보통일 것이다. 그보다도 더 근원적인 나를 탐구해 들어간다면 오취온에 이른다고 말할 수가 있다. "사문이나 바라문이 '나'의 실체를 헤아린다면 그것은 모두가 오취온에서 그런다."〈잡아함 권3〉는 것은 앞서 소개한 바가 있다. 그러나 육근이나 오취온이 그렇게 '나'라고 할 만한 것들일까?

먼저 인간의 '나'라는 것이 어떤 성질의 것이어야 하는가에서부터 살펴볼 필요가 있다. 첫째, 나는 상일성常一性을 가져야 한다. 태어나서 죽을 때까지 나의 심신은 시시각각으로 변해가지만 나는 처음부터 끝까지 한결같이 나인 것이다. 이런 의미에서 나는 육체적·정신적 현상의 배후에 있는 본체요, 생명의 본질과 같은 것이다. 바라문의 사상가들은 일찍부터 나의 이런 불변성에 착안하여 그것을 우주의 본질인 범梵(Brahman)과 동일하다는 범아일여설梵我一如說에까지 심화시켜 갔던 것은 누차 언급한 바와 같다. 이러한 '나'를 그들은 '아트만(ātman 自我)'이라고 불렀다.

둘째, 내가 지녀야 할 또 하나의 성질은 주재성主宰性이다. '남'은 내가 마음대로 할 수 없지만 내 자신은 내가 마음대로 할 수 있고, 남의 소유는 내가 마음대로 할 수 없지만 나의 소유는 내가 마음대로 할 수가 있기 때문이다. 따라서 '나'에게는 내가 마음대로 할 수 있다는 주재성이 있어야 한다.

그런데 우리들이 나라고 말하고 있는 여섯 개의 감관이나 오취온에 그러한 상일·주재성이 있을까. 그들이 모두 무상하고 괴로움이라는 것은 앞서 충분히 살펴 보았다. 무상함은 상일성이 없기 때문이고, 괴로움은 주재성이 없기 때문이다. 그렇다면 그들을 결코 '나의 실체(mama ātman)' 라고는 못할 것이다.

따라서 석가모니께서는 다음과 같이 설하고 계신다. "눈이 만일 나라면 핍박의 괴로움을 받을 까닭이 없고, 이리저리 원하는 대로 할 수가 있으리라. 그러나 눈은 내가 아니기 때문에 핍박의 괴로움을 받고, 이리저리 원하는 대로 할 수가 없다. 귀·코·혀·몸·의지 또한 그와 같다."**<잡아함 권1>** 다음과 같은 말도 경전에 자주 반복되고 있다. "색은 무상하다. 무상한 것은 괴로움이요, 괴로운 것은 나가 아니요(非我), 나의 것(我所)이 아니다."**<잡아함 권1>**

석가모니께서는 그의 제자들과 다음과 같은 대화를 자주 교환하고 계신다. "색은 무상한가 아닌가?" "무상합니다." "무상한 것은 괴로움인가 아닌가?" "괴로움입니다." "무상하고 괴로운 것이라면 그에 대해 이것은 나의 것이요, 이것은 나요, 이것은 나의 실체라고 말할 수가 있을까 없을까?" "말할 수가 없습니다." "수·상·행·식 또한 그러하다."**<잡아함 권1>**

우리들이 나라고 하는 것들(육근 · 사대 · 오취온)은 이렇게 나가 아니고(非我) 나의 것이 아니다(非我所). 그런 곳에 상일·주재성을 띤 나의 실체는 없다(無我). 그럼에도 불구하고 우리 범부들은 그런 것들을 나의 실체로 집착하고, 그런 아집으로 말미암아 대립과 분열 등의 괴로운 문제를 발생시키고 덧없이 자기 파멸을 초래하고 있는 것이다.

참다운 자아를 탐구한다는 바라문이나 사문들도 아직 진정한 자아에는 미치지 못하고 있었다. 그들이 이른 경계는 오취온의 차원에 불과하였던 것이다. 따라서 석가모니께서는 범부들의 아집은 말할 필요도 없지만 바라문이나 사문들의 철저치 못한 자아관을 시정하기 위해서, 일체는 무상하고 일체는 괴로움이라는 관찰에 이어 '그러므로 일체는 무아' 라는 것을 결론적으로 말하고 계시는 것이다.

불교의 현실 판단은 이 무아설無我說(an-ātma-vāda)에 이르러 일단락을 이루는데, 이것은 인도 정통파 철학 사상의 주류를 이루고 있는 아트만 사상(ātman-vāda)과 정면으로 충돌한다. 무아설은 불교의 가장 근본적인 입장으로서 인도철학사 가운데 이채를 띤 사상이라고 평가됨은 이 때문이다.

그러나 불교의 이 무아설에 대해 나의 절대적인 부정이나 참다운 나의 탐구를 배격하는 것으로 보아서는 안 된다. 자칫 잘못하면 그러한 오해가 발생할 수가 있으니 석가모니의 재세시에 벌써 그런 예를 볼 수가 있다. "만일 일체법이 무아요, 일체행이 공적空寂하다면 그 중에 어떤 나가 있어서 이렇게 알고 이렇게 본다고 말하고 있는가?"〈잡아함 권10〉 나가 없다는 것이 불가하다는 견해이다.

불교의 무아설은 나의 절대적인 부정에 있는 것이 아니라, 참다운 나를 찾게 하기 위한 기초작업이라고 보아야 한다. 나 아닌 것을 나로 착각하고 있다면, 참다운 나는 그러한 착각의 부정을 통해서만이 나타날 것이다. 뿐만 아니라 석가모니께서는 "나에 의지하고 법에 의지하라."는 말씀을 거듭 강조하고 계시며, "나의 주인은 나이며, 나를 제어하는 것은 곧 나다."〈법구경〉라는 말씀을 하고 계신다. 다음과 같은 이야기에서도 우리는 석가모니의 뜻이 참다운 나를 찾는 데에 있음을 엿볼 수가 있다.

녹야원에서 초전법륜을 마친 석가모니께서는 우루벨라를 향해 가시는 도중 나무 그늘에서 잠시 선정에 잠기신 일이 있었다. 이때 마침 그 부근에 남녀 쌍쌍으로 행락을 나왔던 사람들이 있었는데, 그 중의 한 유녀가 놀고 있는 틈을 타서 귀중한 재물들을 챙겨 달아난 일이 생겼다. 뒤늦게 그 사실을 알게 된 그들은 부근을 찾아 헤매다가 나무 그늘에 연좌한 석가모니를 보고 "혹시 그런 유녀를 보시지 않았는가?"라고 물었다. 이때 석가모니께서는 다음과 같은 답변을 하고 계신다. "젊은이들이여, 잃어버린 자기 진심을 찾는 일과 도망친 유녀를 찾는 일 중에서 어떤 것을 더 시급하게 찾아야 한다고 보는가?" **〈사분율 권32〉**

무아설의 목적이 이렇게 참다운 나를 찾기 위한 것이라면, 그 참다운 나란 도대체 어떤 것인가. 이 문제를 위해 우리는 불교에서 설하는 일체법에 대한 새로운 차원을 다음 장에서 다시 살피지 않으면 안 된다.

# 제 3 장
# 연기의 진리

## 1. 법칙성의 존재

일체 존재는 생멸변화하고 이합집산離合集散하여 항구불변한 것이 하나도 없다는 사실은 앞서 살펴본 바와 같다. 그러나 모든 것이 그렇게 무상변역常無變易하고 있지만, 그런 현상이 아무렇게나 멋대로 행해지는 것은 아니다. 그들 속에는 일정한 법칙이 상주常住하여 그에 입각해서 그런 현상이 발생하고 있는 것이다. 무상하다는 사실도 중요하지만, 무상한 것 속에 상주하는 이 법칙의 존재야말로 더욱 중요한 사실이다. 따라서 불교의 현실 관찰은 삼법인설에 이어서 다시 이 법칙성의 관찰로 전개되고 있다.

### 1) 인과율 因果律

먼저 불교의 가장 기본적인 세계관이라고 할 수 있는 십이처설에 입각해서 주체적 인간(六根)과 객체적 대상(六境) 사이에는 어떤 법칙이 있는가부터 살펴보자.

십이처설에서 주체적 인간을 의지라는 말로 표현하고, 객체적 대상을 법이라는 말로 표현하고 있음은 앞서 소개한 바와 같다. 인간은 능동적 작용을 일으키는 힘을 갖고 있으며, 그런 작용이 가해지면 대상은 그에 상응한 필연적인 반응을 보이기 때문이다. 인간과 자연물 사이에는 말할 필요도 없지만, 인간과 인간 사이에도 이런 관계가 성립함을 본다. 남이 내게 잘해주면 나도 그에게 잘해주지 않을 수가 없고, 남이 내게 나쁘게 대하면 나도 그에게 나쁘게 대해지는 것이 인지상정人之常情이다.

따라서 주체적 인간과 객체적 대상 사이에는 인과의 법칙이 존재한다고 말할 수 있다. 인간의 의지적 작용이 원인(hetu)이 되어 대상의 필연적 반응이 결과(phala)로서 따르기 때문이다. 불교에서는 인간의 그런 의지적 작용을 '업業(karma)'이라고 부르고, 이에 대한 대상의 필연적 반응을 '보報(vipāka)'라고 부른다. 인과업보因果業報라든가, 업인과보業因果報라는 성구는 이렇게 해서 성립하게 된다.

2) 인연화합 因緣和合

인간과 대상 사이의 역학적 인과관계는 이상과 같거니와, 다음은 생멸변화하는 사물에 있어서 그 '변화變化(anyathā-bhāva)' 라는 현상은 어떻게 해서 일어나게 되는가를 살펴보자. 이 문제를 구체적으로 관찰하기 위해 우리는 불교 경전에 자주 나타나는 우유의 변화를 예로 드는 것이 편리하다.

우유를 발효하면 낙酪이 되고, 낙은 수酥가 되고, 수는 제호醍醐가 된다. 요즘말로 하면, 우유가 치즈가 되고 버터가 되는 것과 같다.

이때 치즈나 버터가 되려면 무엇보다도 먼저 우유에 발효 조건이 갖추어져야 할 것이다. 우유를 냉장고에 넣어 두면 치즈나 버터는 결코 만들어지지 않기 때문이다. 우유에 발효 조건을 갖추어 주는 일은 외부에서 가해지는 인위적 작용이다. 따라서 그것은 앞서 살펴본 주체적 인간의 업인에 해당된다고 볼 수가 있다.

그러나 이러한 역학적 원인만으로는 치즈나 버터가 발생할 충분한 조건이 되지 못한다. 발효 조건은 있지만 우유가 없을 경우를 생각해 봐야 하기 때문이다. 가령 돌이나 물에 아무리 발효 조건을 갖추어 줘도 치즈나 버터는 발생하지 않는 것과 같다. 따라서 치즈나 버터가 발생하는 데는 발효 조건을 갖춰 주는 동력인動力因 외에 다시 또 하나의 조건 즉, 우유라는 질료인質料因이 절대적으로 필요하다. 이런 질료인을 불교에서는 '연緣(pratyaya)'이라고 부른다. 우유에 '연'하여 치즈나 버터가 발생한다는 뜻이다.

사물의 변화에는 이렇게 원인과 연의 두 가지 조건이 갖추어져야 한다. 이 두 조건이 갖추어짐을 불교에서는 '인과 연의 화합和合(saṁgati)'이라고 부른다. 이 중에서 원인은 직접적이고 연은 간접적이라는 입장에서 '친인소연親因疏緣'이라는 말이 있으며, 서구학자들은 원인을 '제1차적 원인(primary cause)', 연을 '제2차적 원인(secondary cause)'으로 번역하고 있다.

불교의 이런 인연화합설은 인간의 성패를 해명하는 원리로도 적용될 수 있다. 아무리 노력하여도 외연外緣이 갖추어지지 않으면 뜻이 이뤄지지 않을 것이다. 반대로 아무리 좋은 조건을 갖추고 있어도 당사자의 자발적인 노력이 없을 때는 성공 또한 기대될 수 없음은 물론이다.

### 3) 상의상관성 相依相關性

인간이 외계에 의지적 작용을 가하면 외계는 이상과 같이 물리적 또는 화학적 반응을 보인다. 이런 뜻에서 인간의 의지는 세계의 생멸변화를 일으키는 근본 원인이라고 말할 수가 있다. 동시에 인간 의지의 절대성을 생각해 볼 수가 있을 것이다. 그러나 좀더 깊이 관찰해 보면 이것이 지나친 생각이라는 것을 깨닫게 된다. 왜냐하면 세계 속에 던져진 인간은 세계에 영향을 끼치지만, 동시에 세계의 영향도 받고 있음을 보기 때문이다.

이런 견지에서 불교에서는 다시 존재와 존재 사이에는 어떤 관계가 있는가를 살펴보게 된다. 그럴 경우 우리는 존재와 존재 사이에는 '상의상관성相依相關性(idam-pratyaya-tā)'이 있다는 것을 발견하게 된다. 인연 화합에 의해 어떤 결과가 발생하게 되면 그 결과는 다시 그를 발생시킨 원인을 포함한 다른 모든 존재에 대해서 직접적인 또는 간접적인 영향을 미치는 것이다. 다시 말하면 그것은 단순히 결과로서만 머무는 것이 아니라, 새로운 원인이 되고 연이 되어 다른 존재에 관계하게 된다는 말이다. 상의상관성이란 말은 바로 이러한 관계를 나타내는 술어이다.

현대 불교학자들은 불교 경전에서 이런 상의상관성을 나타내는 전형적인 교설로 다음과 같은 문장을 즐겨 인용한다. "이것이 있음으로써 저것이 있고, 이것이 생함으로써 저것이 생한다(此有故彼有 此生故彼生). 이것이 없음으로써 저것이 없고, 이것이 멸함으로써 저것이 멸한다.(此無故彼無 此滅故彼滅)"**<잡아함 권15>** 그리하여 이것을 '연기緣起(pratītya-samutpāda)' 또는 상의상관성의 기본 공식이라고 설명하고 있다. '연기'라는 개념은 뒤에 십이연기설을 소개하는 곳에서 자세히 설명될 것이다.

인류의 철학적 사유에는 제일 원인에 대한 탐구가 상

당히 큰 비중을 차지하고 있다. 세계 현상은 무엇을 근본원인으로 해서 그렇게 나타나고 있느냐는 것이다. 당시의 바라문교에서는 그것을 범梵이라고 설하였다. 범은 일체의 창조주이며, 부父이며, 자존자自尊者라는 것이다.〈중아함 권19 범천청불경〉.

그러나 불교적 관점에서 보면 바라문교의 그런 주장은 현실의 정확한 포착에 미치지 못한 것이다. 모든 존재는 결과임과 동시에 원인이기도 한 상의상관성의 측면을 간과한 것이기 때문이다. 남을 떠나 홀로 존재할 수 있는 절대적 자존자는 이 세상의 어디에도 있을 수가 없다. 거대한 천체로부터 미생물에 이르기까지 모든 존재는 서로 원인이 되고 결과가 되면서 우주의 신비롭고 불가사의한 현상을 전개시키고 있는 것이다.

#### 4) 법주법계 法住法界

모든 것은 무상하지만 덮어놓고 무상한 것이 아니라 그들 사이에 이렇게 일정한 법칙이 있다. 인간과 세계 사이에는 인과관계가, 사물의 생멸변화에는 인연 화합의 조건이, 존재와 존재 사이에는 상의상관성이 있다.

무상한 것들 속에 이렇게 일정한 법칙이 상주하고 있다는 사실은 언뜻 보기에는 아무것도 아닌 일같이 보일지 모른다. 그러나 깊이 생각해 보면 놀랍고 신비로운 일이다. 멸해 버린 것과 새로 발생한 것과는 전혀 별개의 것이라고 말할 수밖에 없다. 그들 사이에 어떤 연결이 있을 수는 없기 때문이다. 그럼에도 불구하고 멸한 것과 생한 것은 다같이 똑같은 법칙성을 나타내고 있는 것이다. 이런 현상을 우리는 어떻게 설명해야 할까?

이 문제를 우리는 다음과 같이 설명할 수가 있을 것이다. 무상함 속에 일정한 법칙이 상주하고 있어 각 존재에는 그런 법칙이 머물고 있다고. 이것을 우리는 '법주法住(dharma-sthiti)'라는 말로 표현할 수가 있다.**<잡아함 권12>** 또 모든 존재는 법칙을 요소(dhātu)로 해서 성립해 있는 것이라고 볼 수도 있다. 물이 산소와 수소로 되어 있듯이 모든 존재는 법칙을 요소로 하고 있다는 말이다. 경전에는 이 뜻이 '법계法界(dharma-dhātu)'라는 말로 표현되어 있다.**<잡아함 권12>** '계'는 구성 요소나 층을 나타내는 말이다.

한 걸음 더 나아가, 우리는 모든 존재가 본래 법칙을 그의 성품으로 삼고 있다고 말해도 좋을 것이다. 그렇게 되면 이제 모든 존재는 그런 법성法性을 지닌 '법(dharma)' 그것이라고 말할 수가 있다. 따라서 불교에서는 일체를 '제법諸法(sarva-dharma)'이라는 말로 부르기도 한다.

무상하고 괴롭고 무아인 존재 속에서 우리는 마침내 상주의 법성法性을 발견한 것이다. 그러나 이러한 법성에 어떤 구체적 형상이 있는 것으로 보아서는 안 된다. 생멸변화하는 모든 형상을 초월한 것이기 때문이다. 만일 조금이라도 어떤 형상이 있다고 하면 그것은 일체 존재와 그 생멸변화에 일관하는 상주법성常住法性은 될 수가 없을 것이다.

그렇다고 해서 또 그 법성을 일체 존재와 전혀 별개의 것으로 봐서도 안 된다. 전혀 다른 것이라면 일체 존재의 생멸변화에 그런 법칙성은 나타날 수가 없게 될 것이다. 따라서 법성과 존재(法)는 같다고도 할 수 없고, 다르다고도 할 수 없는 불일불이의 미묘한 관계를 갖고 있다고 보아야 한다.

우리는 앞서 삼법인의 무아설을 살핀 끝에, 불교의 무아설은 잘못된 아견我見을 시정하려는 것이지 참다운 나의 탐구를 부정하려는 것은 절대로 아니라고 지적한 일이 있다. 그렇다면 그 참다운 나의 실체 또는 본질이란 어떤 것일까? 상일常一·주재主宰의 성질을 가져야만 할 그 참다운 나란, 바로 무상한 존재 속에 상주하는 이 법칙성이라고 볼 수가 있지 않을까?

이러한 법칙성의 '나'는 우파니샤드 철학의 아트만(ātman)이나 이계파의 영혼(jīva)과는 다르다. 그들도 존재의 본질로서 그러한 실체를 내세웠겠지만 아직도 오취온의 경계에 머물고 있어 철저한 법성에는 이르지 못한 것이기 때문이다.

## 2. 십이연기설

### 1) 십이연기설의 내용

제법의 실상에 대한 알음을 불교에서는 지혜(prajñā 般若)라고 부른다. 지금까지 살펴본 일체의 구조(십이처 · 사대 · 오온)와 속성(삼법인), 인과, 인연, 상의상관, 법칙성 등이 제법 실상의 내용이 될 것이다

그러나 그 중에서도 특히 법칙성에 대한 알음을 불교에서는 '명明(vidyā)'이라는 말로 부른다. 'vid'는 실제로 존재한다 또는 발견한다는 뜻을 가진 동사로서, 'vidyā'는 실재實在하는 것, 발견된 것이라는 뜻을 나타낸다. 그래서 중국에서는 그것을 '명' 즉 '밝힘'이라고 번역한 것이다.

이러한 명의 유무는 인간의 존재 방식을 근본적으로 바꿔 놓는 결정적인 계기가 된다. 무상한 존재 속에 상주하는 법칙성을 발견한 자와 그렇지 못한 자의 존재 방식이 동일할 수는 없기 때문이다. 그렇다면 그들 사이에는 어떤 차이가 있게 될까? 이 물음에 대한 불교의 해답을 우리는 십이연기설에서 자세히 살펴볼 수가 있다.

명과 모순되는 개념을 '무명無明(avidyā)' 이라고 부르는데, 이런 무명이 사람에게 있게 되면 이것을 연緣하여 행行이 있게 되고, 행을 연하여 식識이 있게 되고, 식을 연하여 명색名色이 있게 되고, 명색을 연하여 육처六處가 있

게 되고, 육처를 연하여 촉觸이 있게 되고, 촉을 연하여 수受가 있게 되고, 수를 연하여 애愛가 있게 되고, 애를 연하여 취取가 있게 되고, 취를 연하여 유有가 있게 되고, 유를 연하여 생生이 있게 되고, 생을 연하여 노老·사死·우憂·비悲·뇌惱·고苦가 있게 된다. 그리하여 커다란 하나의 괴로운 온蘊의 집集(發生)이 있게 된다는 것이다.**〈잡아함 권15〉**

한 마디로 요약하면 명明이 없는 사람에게는 죽음의 괴로움이 있게 된다는 뜻이다. 그리하여 죽음이 있게 되는 형성 과정을 열두 단계로 자세하게 분석해서 보여 주고 있다. 이제 그 형성 과정에 대한 약간의 설명을 시도해 보고자 한다.

① '무명(a-vidyā)'은 명이 아닌 것(非明) 또는 명이 없는 것(無明)의 두 가지로 해석되는데, 실재 아닌 것 또는 실재성이 없는 것을 자기의 실체로 착각한 망상이라고 말할 수가 있다. 주어진 존재의 일시적 형체를 나로 집착한 것이라고 보아도 좋다. 또는 진리에 대한 무지라고 말할 수도 있다.

② 이러한 무명이 있으면 그것을 연하여 '행行(saṁskāra)'이 있게 된다는 것인데, 행은 '결합하는(sam) 작용(kāra)'이라는 뜻을 갖고 있다. 따라서 무명에 의해 집착된 대상을 실재화實在化하려는 작용이라고 말할 수가 있다. 현대 학자들 속에는 그 말을 형성작용形成作用이

라고 번역하는 이가 있으며, 서구에서는 'impulse' 라고 번역함이 보통이다. 어떻든 인간 존재를 유지하고 있는 가장 근원적이고 힘든 자기 형성의 업이라고 볼 수 있다.

③ 행에 의해 개체가 형성되면, 그곳에 '식識(vijñāna)'이 발생한다고 한다. 식은 불교에 쓰이는 중요한 술어 중의 하나인데 식별한다는 뜻을 가진 말이다. 개체가 형성되자 그곳에 분별하는 인식이 발생한 것으로 볼 수가 있다.

④ 식을 연하여 '명색名色(nāma-rūpa)'이 일어나는데, 색은 물질적인 것을 가리키고, 명은 비물질적인 것을 가리킨다. 오온설로 설명하면 색온은 색色에, 수·상·행·식온은 명에 해당된다. 그렇다면 명색의 발생은 물질적인 것(形色)과 비물질적인 것이 결합된 상태를 가리킨다고 볼 수가 있다.

⑤ 이렇게 명색이 있게 되면 그것을 연하여 '육처六處(saḍ-āyatana)'가 일어난다. 육처는 십이처설의 여섯 개의 감관, 즉 눈·귀·코·혀·몸·의지의 육근과 정확하게 일치하는 개념이다. 인간 실존(六根)의 근저를 이루는 것을 오취온으로 설명하고 있으므로, 명색(五蘊)의 다음에 육처의 발생을 설하는 것은 당연한 순서라고 할 것이다.

⑥ 육처를 연하여 '촉觸(samsparśa)'이 있게 되는데, 촉은 '접촉한다, 충돌한다'는 뜻을 갖고 있다. 경전의 설명에 의하면 육근과 육경과 육식(눈 · 귀 · 코 · 혀 · 몸 · 의지에 발생한 식)이 화합和合하는 것이다. 단순히 육처가 육

경에 접촉하는 현상은 아닌 것이다.

⑦ 촉에 연하여 '수受(vedanā)'가 발생한다. 수는 감수 작용이라고 볼 수 있는데, 경전에서는 그 내용으로서 괴로움(苦), 즐거움(樂), 그리고 괴로움도 아니고 즐거움도 아닌(不苦不樂) 중간 느낌(捨受)의 세 가지 종류를 들고 있다. 접촉에 따른 필연적인 느낌이라고 보면 된다.

⑧ 수를 연하여 '애愛(tṛṣṇā)'가 발생한다. 끝없는 갈애渴愛(thirst)를 뜻한다. 세 가지 느낌 중에서 즐거움의 대상을 추구하는 맹목적인 욕심이다. 따라서 불교에서는 애를 번뇌 중에서 가장 심한 것으로 보고, 수도에 있어서도 커다란 장애가 된다고 한다. 무명은 지혜를 가로막는 장애(所知障)요, 애는 마음을 염착染着시키는 번뇌장煩惱障의 대표적인 것이다.

⑨ 애를 연하여 일어나는 '취取(upādāna)'는 취득하여 병합하는 작용이다. 애에 의하여 추구된 대상을 완전히 자기 소유화하는 일이라고 볼 수가 있다. 이 취라는 술어는 오취온설에서 이미 등장했던 것인데, 거기에서도 오온을 하나의 개체로 취착하는 작용을 나타내는 말이었음을 상기할 필요가 있다.

⑩ 취를 연하여 '유有(bhava)'가 발생한다. 유(bhava)라는 말은 'bhū'라는 동사에서 나온 명사형인데, '있다(be)'·'된다(become)'는 두 가지 해석이 가능한 말이다. 생사生死하는 존재 그 자체가 형성된 것이라고 보면 된

다. 따라서 경전에서 유에는 세 가지가 있으니 욕계·색계·무색계(三界)의 세 가지 유가 곧 그것이라고 설명한다. 삼계는 생사의 테두리를 벗어나지 못한 곳이다.

⑪ 유에 연하여 '생生(jāti)'이 발생하는데, 생은 말 그대로 '생한다'는 뜻이다. 유라는 것이 어떤 것인가를 앞에서 살폈는데, 유가 그렇게 생사生死하는 존재 자체의 형성을 뜻한다면, 그것에 연하여 생이 있게 될 것은 다시 말할 필요가 없다.

⑫ 생이 있으므로 노老·사死·우憂·비悲·뇌惱·고苦가 있게 된다. 이것은 우리 모두가 눈앞에 보는 바로서 다시 더 설명할 필요를 느끼지 않는다. 단 여기서 한 가지 지적해두고 싶은 것은 이곳의 생과 사는 육체적 생사만을 뜻하는 것이 아니라, 자기 자신을 생사한다고 보게 된 꿈과 같은 환상과 거기에서 오는 정신적인 괴로움까지를 포함하고 있다는 점이다. 그러기에 노·사 다음에 우·비·뇌·고가 따르고 있는 것이다.

이렇게 해서 하나의 커다란 '고온苦蘊의 집集'이 있게 된다는 것인데, '온'이라는 술어는 오온설에 등장했던 말로서 인간 존재를 구성하는 근간적인 부분을 가리킨다. 그러한 온이 괴로움이라는 것은 삼법인의 괴로움을 소개하는 곳에서 충분한 설명이 되었다고 본다. '집集(samudaya)'이라는 말이 새로 나오고 있는데, 이 술어는 다음 장의 사제四諦를 소개하는 곳에서 자세한 설명이 따를 것이다. 다만 여기에서는 '발생'을 뜻하는 불교 술어의 일종이라는 것만을 알면 된다. 요要는 무명이 있으면 그로 말미암아 생사라는 중생의 괴로운 존재 방식이 있게 된다는 말이다.

그렇다면 생사의 근본적인 극복은 무명의 멸진을 통해 가능할 것이다. 따라서 경전에는 무명에서 생사의 발생 과정을 설한 다음에는 반드시 무명의 멸에서 생사의 멸을 설하고 있다. "무명이 멸하므로 행이 멸하고 내지 하나의 커다란 고온苦蘊의 멸이 있게 된다." **<잡아함 권12>** 이상과 같은 내용의 교설을 십이지연기설(dvā-daśa-aṅga-pratītyasamutpāda) 또는 줄여서 십이연기설이라고 부른다. 십이지는 무명에서 노사에 이르는 지분(aṅga)이 열둘이기 때문이다. 연기라는 말은 '연하여(pratītya) 결합해서(sam) 일어난다(utpāda)'는 뜻인데, 각 지분은 자기 앞의 지분에 연하여 일어나, 하나의 커다란 온으로 결합해 있기 때문이다. 그리고 무명에서 생사의 괴로움이 연기하게 되는 과정을 유전문流轉門이라고 부르고, 무명의 멸에서 생사의 괴로움이 멸하게 되는 과정을 환멸문還滅門이라고 부른다.

이 십이연기설이 우리에게 보여 주는 가장 핵심적인 뜻은 무엇일까? 모든 종교는 인간의 궁극적인 문제, 다시 말하면 죽음의 문제, 삶의 가치 등에 관한 문제를 해결해 주는 데에 목적이 있음은 이미 언급한 바와 같다.

십이연기설은 우리에게 인간의 죽음은 진리에 대한 자신의 무지에서 연기한 것임을 뚜렷이 보여 주고 있다.

인간의 죽음이 신의 노여움에 의한 것이라든가 숙명적으로 결정된 것이라든가, 또는 본래부터 그렇게 있도록 된 우연한 것이라면 인간의 실존은 얼마나 막막한 절망 속에 헤매게 될까? 스스로의 노력으로는 그것을 어쩔 수가 없기 때문이다. 신의 구원을 청해야 한다고 주장할지 모르지만, 생사의 괴로움 속에서 죄악을 지을 수밖에 없는 인간이 어떻게 신의 은총을 바랄 수가 있을까? 그러니까 더욱 신의 구원을 청해야 한다고 하겠지만, 구원의 확실성을 우리는 또 어떻게 믿을 수가 있을까?

그러나 석가모니께서는 오랜 각고刻苦의 구도求道 끝에 마침내 인간의 죽음은 절대적인 것이 아니라 진리에 대한 자신의 무지에서 연기한 것임을 발견한 것이다. 세계의 어떤 종교가 석가모니의 이러한 깨달음보다도 더 밝은 전망을 인류에게 비춰주고 있을까. 연기의 깨달음이야말로 인류의 종교적 사색이 도달한 최고의 성과라고 할 것이다.

따라서 불교의 초기 경전에는 이 십이연기설을 석가모니께서 이룬 깨달음(bodhi)의 내용으로 삼고 있을 정도이다. "연기의 법은 내가 지은 것도 아니요, 다른 사람이 지은 것도 아니다. 여래가 세상에 나오건 안 나오건 간에 이 법은 상주常住요, 법주法住요, 법계法界이니라. 여래는 다만 이 법을 자각하여 바른 깨달음을 이루어 중생들에게 설하나니, 이것이 있음으로써 저것이 있고 이것이 생함으로써 저것이 생한다. 즉 무명을 연하여 행이 있고, 내지 하나의 커다란 고온의 집集이 있게 된다. 이것이 없음으로써 저것이 없고, 이것이 멸함으로써 저것이 멸한다. 즉 무명이 멸하므로 행이 멸하고 내지 하나의 커다란 고온의 멸이 있게 된다."〈잡아함 권12〉

석가모니뿐만 아니라 비바시불(Vipaśi-buddha)을 비롯하여 과거에 출현하셨던 여러 부처님들도 모두가 보리수 아래서 십이연기를 순·역으로 관찰해서 깨달음을 이루셨다고 설해져 있다.〈잡아함 권15〉 순관順觀은 무명에서 노사의 방향으로 관찰하는 것이고, 역관逆觀은 노사에서 무명의 방향으로 관찰하는 것이다.

이러한 순·역 두 관찰에서 부처님들이 깨달음을 이루는 데에는 먼저 역관에 의한다고 학자들은 보고 있다. 경전에도 그러한 견해를 뒷받침하는 자료가 있다.〈잡아함 권 12〉 불교의 종교적 사색은 현실(생사의 문제)의 관찰로부터 시작하여 차츰 심화되고 있어 신이나 우주의 원리로부터 설해 내려오는 권위주의적 종교와는 전혀 방향이 다르다. 역관은 불교의 이러한 추리적 사색의 방향과 일치하고 있는 것이다. 순관은 깨달음의 내용에 입각해서 생사의 발생 과정을 밝혀 주는 설명적 교설이라고 보아도 좋다.

십이연기설은 중층적으로 심화되는 불교의 교리 조직 중에서 초기 경전에 설해진 가장 심오한 법문이라고 볼 수가 있다. 부처님을 시봉하던 아난이 "제가 보기에 연기는 그렇게 심심甚深한 뜻이 없는 듯합니다."라고 말하였을 때, 부처님은 아난에게 다음과 같이 설하고 계신다. "아난아, 그런 말을 하지 말라. 십이연기는 매우 심심한 것이니 보통 사람이 능히 깨칠 수 있는 법이 아니다."**〈증일아함 권46〉**

십이연기설은 초기 경전에 설해진 가장 심오한 법문일 뿐만 아니라, 그곳에 설해진 여러 가지 법문을 하나로 종합하고 체계화한 형태임을 보여준다. 우선 그 지분의 조직만 보더라도 오온·십이처·생사 등의 여러 가지 법이 그 속에 하나로 짜여져 있으며, 연기라는 발생법에는 인과·인연·상의상관 등의 모든 불교적 개념이 포섭되어 있음을 엿볼 수가 있다.

### 2) 중도설 中道說

불교는 다른 종교와 확연히 구별되는 독특한 종교적 입장을 가지고 있다. 인도 정통파 사상의 아트만을 부정하는 무아설이라든가, 형이상학적인 희론戱論(prapañca)을 부정하는 무기설無記說 등은 그 대표적인 것이라고 말할 수가 있다. 초기 경전에 설해진 최상 법문으로서의 십이연기설은 이러한 불교의 종교적 입장에 대해서도 가장 체계적이고 심오한 이론적 근거가 되고 있다.

먼저 무아설無我說에서부터 살펴보자. 일체가 무아라는 판단은 앞서 삼법인설에서 소개한 바와 같이 '일체는 무상하고, 무상한 것은 괴로움이요, 괴로운 것은 무아'라는 근거에 입각한 것이다. 따라서 무상하고 괴로움이라는 것이 그 이유라고 말할 수가 있다. 그러나 이러한 무아설은 완전하고 철저한 무아설에 이른 것은 아니다. 왜냐하면 앞서 삼법인의 무아설에서도 소개한 바와 같이 다음과 같은 문제가 발생할 우려가 있기 때문이다. "일체법이 무아라면 이 중에 어떤 나가 있어서 이렇게 알고 이렇게 본다고 말하고 있는가?"<잡아함 권10> 무아라고 하지만 현재 나는 분명히 있지 않느냐는 것이다.

그런 의혹을 일으켰던 찬타 비구에게 다음과 같은 해답이 베풀어지고 있다. "세간의 집集(발생)을 여실하게 바로 보면 세간이 없다는 견해가 있을 수 없고, 세간의 멸을 여실하게 바로 보면 세간이 있다는 견해가 있을 수 없다. 여래는 그 두 끝을 떠나 중도에서 설한다."<잡아함 권10>고 한 다음, 곧 십이연기설이 설해지고 있다.

세간(loka)이라는 말은 세계나 일체라는 말과 동의어로서, 무아설의 '아'도 여기에 포함된다. 그런데 그러한 세간은 무명에서 연기한 것이므로 없다고 말해서는 안 된다. 연기해 있기 때문이다. 그렇다고 해서 결정적으로 있다고 말해서도 안 된다. 왜냐하면 실재성이 없는 것을 실재한다고 착각한 망념에서 연기한 것에는 실체가 있다고 볼 수가 없기 때문이다. 더구나 그러한 무명에서 연기한 것은 무명의 멸과 함께 없어지는 성질의 것이다. "세간의 멸을 여실히 바로 보면 세간이 있다는 견해가 있을 수 없다."는 말은 이 뜻을 가리키고 있다.

불교 무아설의 최승最勝한 뜻(parama-artha)은 바로 이런 곳에 있다고 할 것이다. 다시 말하면 우리들이 강하게 집착하고 있는 나에게는 실재성이 없으므로 무아인 것이다. 그러나 이 무아는 망념에 입각한 나까지도 없다는 말은 결코 아니다. 찬타비구가 제기했던 '알고 보고 말하는 그 나'는 바로 이러한 나(妄我)라고 볼 수가 있다. 따라서 불교의 무아설은 유와 무의 두 끝을 떠난 중도적인 교설이라고 할 수가 있는데, 그것은 곧 십이연기설에 입각한 것이다.

석가모니께서는 형이상학적인 희론戲論에 대해서 매우 부정적인 태도를 취하고 계셨는데, 이것 또한 십이연기설에 최상의 이론적 근거를 두고 있다.

불교 초기 경전에 나타나는 형이상학적 희론의 조직적인 제시는 십사무기설十四無記說이다. 이것은 앞서 제1장에서 만동자의 질문을 통해 잠깐 언급한 일이 있지만, 다음과 같은 열네 가지 문제에 관한 것이다. 세계는 상常인가, 무상無常인가, 상이며 무상인가, 상도 아니고 무상도 아닌가? 세계는 유한有限인가, 무한無限인가, 유한이며 무한인가, 유한도 아니고 무한도 아닌가? 정신과 육체는 하나인가, 둘인가? 여래는 사후에 유인가, 무인가, 유이며 무인가, 유도 아니고 무도 아닌가? 이런 문제에 대해 석가모니께서는 의례 답변을 않고 침묵을 지키셨다. '무기無記(a-vyākaraṇa)' 는 해답이 없다는 말이다.

그래서 이 열네 가지 문제를 십사무기라고 하는데, 석가모니께서 이렇게 답변을 삼가하신 이유는 무엇일까? 불교가 본래 현실 세계의 관찰에서부터 시작하는 기본적인 입장 때문이라는 것을 그 이유의 하나로 들 수가 있다. 만동자에게는 "열반과 깨달음에 이르는 데에 아무런 도움이 되지 않기 때문"이라는 수행상의 이유가 제시되어 있다. 어떤 경우에는 "오온에 대해 무지하므로"**<잡아함 권34>** 그런 희론과 집착이 있게 된다고 한다.

그러나 최승한 이유는 역시 십이연기설에서 발견된다. 앞서 무아설에서도 밝힌 바와 같이 연기한 것은 유와 무의 두 끝을 떠난 중도적인 입장이다. 그와 같이 단斷과 상常**<잡아함 권12>**, 일一과 이異**<잡아함 권12>**, 자작自作과 타작他作**<잡아함 권13>** 등의 두 극단도 초월해 있다. 따라서 위와 같은 열네 가지 문제에 대해서 일방적인 단정을 내릴 수는 없는 것이다. 석가모니께서 침묵을 지키지 않을 수밖에 없었음은 이 때문이다. 만일 그러한 문제에 올바른 답변을 한다면, 두 끝을 떠난 중도적인 십이연기설일 수밖에 없을 것이다.

### 3) 십이연기설의 음미

십이연기설은 이와 같이 초기 경전에 설해진 가장 심오한 법문이며, 깨달음의 내용이며, 여러 교리를 하나로 종합·체계화한 것이며, 독특한 불교적 입장에 대한 최승의 이론이다. 그럼에도 불구하고 학계에서 그 진가가 충분히 이해되지 못한 감이 있다.

부파불교시대(B.C. 3세기~1세기 경)에는 십이연기설이 삼세양중인과설三世兩重因果說로 해석되었다. 즉, 인간이 과거(무명·행)·현재(식·명색·육처·촉·수·애·취·유)·미래(생·노사)의 삼세에 걸쳐 윤회하는 인과를 밝힌 교리라는 것이다. 그러나 부파불교의 이러한 삼세양중인과설에 대해 현대 불교학자들은 그 잘못을 지적하고, 그런 해석은 본래의 뜻에서 멀어진 것이라고 비판하였다.

이러한 비판은 현대 불교학의 큰 성과라고 하겠지만, 그러나 이번에는 십이연기설을 단순히 논리적 또는 존재론적 연기관으로 해석하려는 경향을 나타내고 있다. 뿐만 아니라 어떤 학자는 십이연기설은 교리가 차츰 정비되어 가는 과정에서 이루어졌다는 소위 후대성립설을 주장하고도 있다. 이러한 해석들을 우리가 그대로 받아들일 수는 없을 것 같다. 앞에서 상당히 자세하게 십이연기설을 고찰하였는데 그런 입장에서 볼 때 십이연기설을 도저히 그렇게만은 볼 수가 없기 때문이다.

# 제 4 장
# 수행과 열반

## 1. 해解와 행行

우주의 근본 원리 또는 인간의 생사와 같은 문제를 해명해 주는 것을 종교 사상이라고 부르고, 그에 입각한 실천 행동을 종교 행동이라고 한다.

불교에서는 이것을 각각 해解(이론)와 행行(실천)이라는 말로 부른다. 종교 행동은 종교 사상에 의해서 행해지므로 전자의 목표와 방법은 후자의 가치 내용에 의해서 전적으로 결정된다.

불교에서 종교 사상에 해당되는 것은 앞 장에서 살펴본 연기론緣起論이라고 말할 수가 있다. 연기론은 인간에게 생사의 괴로움이 있게 된 근본 원인을 밝혀주고 있기 때문이다. 불교의 종교 사상이 이렇게 연기론이라면, 그의 실천적 교설이 어떤 목표를 향해 어떤 방법을 채택할 것인가는 어렵지 않게 짐작할 수가 있다.

불교의 연기론에 의하면 인간의 생사 괴로움은 진리에 대한 무지 즉 자기 마음 속의 무명에서 발생한 것이므로 무지의 타파를 통해 극복될 수 있는 성질의 것이다. 따라서 불교에 있어서의 실천 행동의 목표는 무명을 타파한 세계 즉 열반에 있고, 그 방법은 스스로의 노력으로 무명 번뇌를 멸하는 자력自力적인 성격을 띠게 될 것은 물론이다.

연기 사상에 입각한 불교의 이러한 실천 행동은 신을 중심으로 한 종교의 실천 행동과는 본질적으로 다를 수밖에 없다. 유신론적 종교의 실천 행동에서는 신에 대한 절대적인 신앙·기도·제사 등이 주축이 되고 신의 구제를 통해서만이 비로소 종교적 목적이 달성된다. 그러나 불교의 자력적 수행에는 염불·발원·선정 등이 중심이 되고 궁극적 깨달음에 이르러 그 목적이 실현되는 것이다.

따라서 불교에서는 해解에 못지 않게 행行의 중요성이 크게 강조된다. 신을 중심으로 한 종교와는 달리, 자신의 노력이 아니고는 아무도 그를 구제해 주지 않기 때문이다. 행이 없는 해는 한낱 희론에 불과하다고 경계됨은 이 때문이다. 따라서 석가모니께서는 이론(解)에 해당되는 교설을 베푸실 때마다 그에 상응한 실천(行)을 반드시 함께 설해 주고 계신다.

그리하여 불교의 초기 경전에는 사념처四念處·사정단四正斷·사신족四神足·오근五根·오력五力·칠각지七覺支·팔정도八正道 (이상 三十七助道品) 등을 포함한 실천적 교설이 무수하게 설해져 있다. 그 중에서도 특히 십업설十業說과 사제설四諦說은 중요한 비중을 차지하고 있다. 십업설은 세속적인 사회윤리에 관한 대표적인 교설이며, 사제설은 생사 괴로움의 근본적 멸진에 향하는 대표적 수행의 길이기 때문이다.

## 2. 십업설

### 1) 업설의 내용

앞서 불교의 연기 사상을 소개하는 곳에서 주체적 인간(六根)과 객체적 대상(六境) 사이에는 작용·반응이라는 인과관계가 성립함을 보았다. 불교의 십업설은 바로 이러한 인과율에 입각한 실천 윤리라고 말할 수가 있다.

업業(karma)이라는 술어는 '작위作爲' 나 '일' 을 나타내고, 보報(vipāka)는 '이숙異熟' 이라고도 번역되고 있듯이 '성숙함' 을 나타낸다. 이 두 낱말은 불교에서만 쓰이는 것이 아니라, 우파니샤드 철학이나 이계파에서도 중요한 교리적 개념으로 사용되고 있었다. 그러나 석가모니께서는 그 두 술어를 특히 인간의 의지적 작용과 그에 대한 객체의 필연적 반응을 나타내는 말로 채택하셨다.

업과 보 사이에는 직접적인 인과관계가 있으므로 그들의 성질 또한 동일성을 띠게 될 것은 물론이다. 즉 업인이 선善이면 과보도 선, 악惡이면 과보도 악의 성질을 띠게 된다는 말이다. 따라서 불교에서는 "선업에는 즐거운 보(善報)가 따르고 악업에는 괴로운 보(惡報)가 따른다."고 설한다. 어떤 경우에는 더 명확하게 다음과 같이 설해져 있다. "흑업黑業에는 흑보黑報가, 백업白業에는 백보白報가, 흑백업黑白業에는 흑백보黑白報가 따르고, 불흑불백업不黑不白業에는 보報가 없다."**<중아함 권27>** 불흑불백의 업이란 작용된 것이 아니므로 보가 없다고 할 것은 물론이다. 왜냐하면 불교에서는 인간의 의지적 작용만을 업으로 보고 있으므로 "의지가 작용되지 않는 업(不故作業)은 보를 받지 않는 것이다."**<중아함 권3 사경>**

이와 같이 선업에는 즐거운 보가 따르고 악업에는 괴로운 보가 따른다면 우리의 행동 방향은 마땅히 악을 여이고 선을 행하는 길로 나아가야 할 것이다. 괴로움보다는 즐거움을 바라는 것이 인지상정인데, 즐거움을 가져오는 것은 자신의 선업 이외에 다른 길이 없기 때문이다.

그러나 지금까지 우리는 어떻게 행동해 왔는가? 선업보다는 악업을 익혀 왔음이 사실이다. 행복하게 살 것을 바라면서도 불행을 가져오는 악업을 일삼아 왔으니, 이 얼마나 어리석은(痴暗) 일인가? 괴로운 상황에서는 선보다 악을 행하기가 더 쉬워 일단 악에 빠지면 끝없는 악의 순환이 있게 된다.

인간의 이러한 무지를 타파하기 위해서는 무엇보다도 먼저 악업을 타파하는 일에서부터 착수하지 않으면 안 될 것이다. 따라서 석가모니께서는 먼저 악업부터 설명하고 계신다. "몸으로 세 가지 악업을 짓고 괴로운 보를 받나니, 그것은 곧 살생·투도偸盜(도둑질)·사음이다. 입(言語)으로 네 가지 악업을 짓고 괴로운 보 받나니, 그것은 곧 망어妄語(거짓말)·양설兩舌(두말)·악구惡口(욕지거리)·기어綺語(꾸밈말)이다. 의지로 세 가지 악업을 짓고 괴로움을 받나니, 그것은 곧 탐욕貪欲(욕심)·진에瞋恚(성냄)·치암痴暗(어리석음)이다."〈중아함 권3 사경〉

이상 열 가지를 십악업十惡業이라고 하는데, 십악업의 부정은 곧 십선업十善業이 될 것이다. 따라서 십선업은 따로 시설하지 않고 십악업에 부정접두사 '불不(a)'를 덧붙여 이를 표현함이 보통이다. 즉 몸으로 짓는 세 가지 선업은 불살생不殺生·불투도不偸盜·불사음不邪淫이고, 입으로 짓는 네 가지 선업은 불망어不妄語·불양설不兩舌·불악구不惡口·불기어不綺語이고, 의지로 짓는 세 가지 선업은 무탐無貪·무에無恚·정견正見(無痴)이다.〈잡아함 권28〉 십선업을 적극적인 개념으로 표현하는 경우도 물론 없지 않다. 가령 불살생은 방생으로, 불투도는 보시로. 그러나 십악업의 반대 개념으로 표현하는 것이 보통이다.

몸으로 짓는 삼업三業과 입으로 짓는 사업四業과 의지로 짓는 삼업 가운데서, 근본이 되는 것은 의지로 짓는 삼업이다. 업은 본래 의지에서 발생하여 언어 또는 신체적 행동으로 나타나기 때문이다. 따라서 이계파가 신벌身罰을 가장 중한 것으로 보는 데에 대해서 불교에서는 의업意業을 가장 중한 것으로 본다.**〈중아함 권32 우파리경〉** 어떤 경우에는 의업을 사업思業(cetanā-karma)이라 하고 구업口業·신업身業을 사이업思已業(cetayitvā-karma)이라고 하는데, 이것 또한 의업이 근본이 되는 것을 말해 주고 있다.

불교에서 설하고 있는 선·악업의 구체적인 내용은 이상과 같거니와, 여기에서 우리는 불교의 가장 기본적인 사회윤리를 엿볼 수가 있다. 윤리학에서는 선악의 판별 기준을 어디에다 둘 것인가가 중요한 문제로 된다. 불교의 업설에서는 그것이 전적으로 인간의 자유의지에 맡겨져 있음을 볼 수가 있다. 그러나 십업의 내용을 볼 때 그 중의 어느 하나라도 인간의 사회생활과 무관한 것은 없다. 이것은 선악의 판단은 각자의 의지에 맡겨져 있지만, 사회 윤리적 측면에서 고려되고 있음을 나타낸다. 뿐만 아니라 업에는 반드시 보가 따른다는 것이므로 사회적 책임(報) 또한 깊이 의식되고 있다고 말할 수가 있다.

불교의 업설은 이렇게 매우 합리적인 사회윤리의 성격을 띠고 있는데, 실제적인 우리의 현실을 보면 이따금 이러한 불교의 업설이 문제성을 던져 줄 때가 있다. 업설의 합리적 인과율로는 설명되지 않는 현상이 나타날 때가 있기 때문이다. 가령 구체적인 예를 들면, 어떤 사람은 극악한 일을 저질렀는데도 잘 살고 있는가 하면, 어떤 사람은 선한 일만 하는데도 일생을 불우하게 살다 가는 경우를 볼 수가 있다. 십업설의 인과율에서 볼 때 이런 현상은 '문제의 현상' 이라고 하지 않을 수가 없다.

업보의 인과율로는 해명되기 어려운 이러한 '문제의 현상' 에 대해 사람들은 다른 원리에서 그 원인을 찾고자 한다. 유신론자는 신의 뜻에서, 운명론자는 운명에서, 우연론자는 우연에서 그 원인을 찾을 것이다. 그들의 설명은 매우 이해하기 쉬우므로 곧 사람들의 호응을 받아, 현재 우리 주변에서도 보이는 바와 같이 크게 행해지게 된다.

그러나 깊이 생각해 보면 그러한 설명들은 문제를 더욱 미궁에 빠뜨리고 있다는 것을 깨달아야 한다. 그들의 견해에 의하면 이 세계에 일어나고 있는 현상에는 인간의 업인에 의한 것과 그렇지 않은 원인(신 · 운명 · 우연)에 의한 것과의 두 가지 현상이 있게 된다. 그렇다면 어디까지가 인간이 한 일이며 해야 할 일인가가 모호하게 되어버린다. 이런 문제성에서 만일 모든 현상이 신이나 운명·우연 등의 원인에서 오고 있다고 하면, 이번에는 인간에게 자유의지나 욕심·노력 등이 있는, 또는 있어야 할 이유가 수긍할 만하게는 설명되지 않을 것이다. **〈중아함 권3 도경〉**

그렇다면 불교에서는 그런 문제를 어떻게 보고 있는가? 냉철한 현실관찰과 합리적인 사유를 중요시하는 불교에서는 그러한 현상도 업보의 일종으로 보아야 한다는 입장에 서 있다. 왜 그러냐면, 앞서 십이처설에서 분명히 다졌던 바와 같이 "일체 존재(현상)는 십이처에 들어가고, 그 이외의 경계는 있을 수가 없기 때문"이다.

이렇게 볼 경우 불교의 업설은 삼세업보설三世業報說로 전개된다. 문제의 현상을 분석해 보면,

① 현재 업인이 있는데 그 과보가 나타나지 않을 경우와,

② 과보는 있는데 그 업인이 현재 발견되지 않을 경우의 둘로 갈라진다. 이러한 두 경우를 업설에 의해 합리적으로 설명한다면,

①의 경우는 그 과보가 현세의 이후에 즉 내세來世에 있을 것이라고 볼 수밖에 없고,

②의 경우는 그 업인이 현세의 이전에 즉 숙세宿世에 있었다고 볼 수밖에 없게 된다. 따라서 석가모니께서는 다음과 같이 설하고 계신다. "만일 고의故意로 업을 지음이 있으면 반드시 그 보를 받나니, 현세에 받을 때도 있고 내세에 받을 때도 있다." **<중아함 권3 사경>**

불교의 업설은 이렇게 삼세업보설로 전개되므로, 사후 내세에 가서 받을 업보에 대해서도 언급할 필요가 있을 것이다. 불교의 육도윤회설六道輪廻說은 바로 이러한 필요성에서 나온 것으로 생각된다. 육도의 도道(gati)는 '취

趣' 라고도 번역되는데, '가는 곳'을 가리킨다. 그런 취로서 천天·인人·수라修羅·아귀餓鬼·축생·지옥의 여섯 가지를 시설施設한 것을 육도라고 한다. 아수라阿修羅를 빼고 오취를 헤아릴 경우도 있다. 육도에서 앞의 셋을 선업에 대한 선취善趣라 하고, 뒤의 셋을 악업에 대한 악취惡趣라고 한다.

### 2) 업설業說의 평가 評價

이상 소개한 것이 불교의 삼세업보설·육도윤회설의 대강인데, 이것은 실천적 인간의 시야를 현세의 테두리를 벗어나 무한한 시공 속에 펼치게 하며, 악을 멸하고 선을 행하는 강력한 의지적 인간상을 부각시킨 것이다. 그럼에도 불구하고 업설은 종래 학계에서 올바른 이해를 받지 못한 경우가 있을 뿐만 아니라, 심지어는 진정한 불교 교리가 아니라는 평가를 받은 일도 있다.

업설에 대한 그러한 부정적 평가 중에 첫째로서 우리는 업설을 단순한 숙명론宿命論으로 보려는 견해를 들 수가 있다. 업설은 현세의 괴로움을 숙세의 인연으로 돌리고 체념하라는 입장이라는 것이다. 현재 받고 있는 괴로움이 숙세의 업인에 의한 것도 없지 않음은 물론이다. 그러나 불교 업설의 목적은 그것을 체념하는 데에 있는 것이 아니라, 스스로의 의지력으로 그것을 극복하려는 미래지향적인 인생관에 목적이 있음을 잊어서는 안 될 것이다.

불교의 업설은 사람들에게 선행을 권장하려는 '통속적인 교화방편설敎化方便說'이라고 평가하는 학자도 있다. 그 이유는 업설이 불교의 무아설과 모순하기 때문이라는 것이다. 이러한 견해는 업설業說뿐만 아니라 무아설에 대해서도 올바로 이해가 된 것이라고는 볼 수가 없다. 불교의 무아설은 앞서 십이연기설의 중도설中道說에서도 언급한 바와 같이 무명 망념에 실재하는 아我가 없다는 것이지 망념 그것까지가 없다는 말은 아니다. 생사윤회는 바로 그런 망념 때문에 있게 되는 것이다. 따라서 업설과 무아설은 이론적으로 아무런 모순이 되지 않는 것이다.

불교에서는 인간이 인식할 수 있는 세계만을 확실한 것으로 본다는데(십이처설), 이런 입장과 삼세업보설은 모순되지 않느냐는 견해가 있을 수 있다. 숙세나 내세와 같은 것은 보통 사람이 인식할 수 없는 경계이기 때문이다. 그러나 이것도 불교 교설의 성격에 대한 올바른 이해라고는 볼 수가 없다.

석가모니께서 각 종교의 진리성 주장에 대해서 권위주의를 배격하고 현실 세계의 관찰로부터 출발할 것을 주장한 것은 앞서 소개한 바 있다. 그러나 이것은 누구나 인정할 수 있는 종교적 진리에 도달하려는 데에 목적이 있었던 것이다. 단순히 현실적인 문제로 시종하려는 의

도가 아닌 것이다.

불교의 삼세업보설은 권위주의적 입장에서 베풀어진 것이 아니라, 현실 세계의 인과를 관찰하면 누구나 그 필연성을 추단推斷할 수 있는 내용의 것이다. 뿐만 아니라 불교의 업설은 단순히 인간의 합리적 사유의 소산으로 그친 것이 아니라, 석가모니처럼 깨달음을 이루면 삼세업보의 실상實相이 직접 인식되는 숙명통宿命通이나 천안통天眼通과 같은 지혜도 발생한다고 한다.

따라서 불교의 삼세업보설에 대해 부정적 태도로 임해서는 안 된다고 본다. 불교에 입문한 사람이면 누구나 그것부터 실천해야 할 가장 기본적인 수행법이라고 하겠다. 불교의 계율은 업설에 입각한 것이며, 과거 칠불七佛 또한 모두 다음과 같은 게송偈頌(七佛通戒偈)을 읊고 계신다. "모든 악은 짓지 말고 모든 선은 힘써 하며 그 의지를 스스로 깨끗하게 하라. 이것이 모든 부처님의 가르침이다(諸惡莫作 衆善奉行 自淨其意 是諸佛敎)."

석가모니께서 당시 인도사회의 사성제도四姓制度를 비판하고 배격하신 것도 업설의 정신에 의했던 것이다. 사성은 모두 선·악업에 의해 상별이 결정되는 것이니, 귀천은 업에 의한 것이지 종성種姓에 의한 것이 아니라는 것이다.<잡아함 권20> 바라문교의 공희供犧(邪盛大會)에 대해서도 수백 마리의 소와 양 등을 살상殺傷하는 것은 반대하셨으니, 이것 역시 업설의 불살생에 의한 것이다.<잡

아함 권4〉

불교 업설의 사회 윤리적 성격은 오늘의 민주사회에 있어서도 깊은 관심을 받을 만하다. 자유와 책임, 권리와 의무 등이 민주시민의 기본정신이 되어야 하는데, 업설에서의 업은 인간의 자유의지에 입각한 능동적 행위이며, 보報는 그에 대한 철저한 책임을 행위자에게 지우고 있다. 또 현대사회가 바라는 인간관은 현실 극복의 강인한 의지를 가진 창의적 인간이라고 보겠는데, 업설의 정신은 바로 그런 입장을 잘 나타내고 있는 것이다.

## 3. 사성제설 四聖諦說

### 1) 사성제의 내용

십이연기설은 인간에게 왜 생사의 괴로움(苦蘊)이 발생(集)하며, 또 멸할 수 있는가를 밝혀주는 가장 체계적이고 완비된 이론이라는 것은 앞 장에서 논한 바와 같다. 이러한 고온의 집과 멸에 입각해서 베풀어진 본격적인 실천적 교설을 학계에서는 사성제 또는 줄여서 사제四諦의 교설이라고 보고 있다.

諦(satya)라는 말은 '제'로 읽는데, 사실(fact)·진실·진리(truth) 등을 나타낸다. 그러한 제로서 고苦·집集·멸滅·도道의 네 가지를 설하여 이것을 신성한 종교적 진리로 삼고 있는 데에서 사성제(catur-ārya-satya)라고 부르는 것이다. "네 가지 성제가 있으니 어떤 것이 네 가지인가. 괴로움(苦)·괴로움의 집(苦集)·괴로움의 멸(苦滅)·괴로움의 멸에 이르는 도(苦滅道)의 네 가지 성제(四聖諦)가 곧 그것이다."**<잡아함 권15>**

"뭇 교설은 사성제로 집약된다."**<중아함 권7 상적유경>** 고 말해질 정도로 중요시되는 이 사제는 이제 어떤 내용을 가진 것인지 살펴보자.

첫째, 괴로움의 성제에 대해서 경전은 여덟 가지 괴로움(八苦)을 드는 것이 보통이다. "어떤 것이 고성제苦聖諦인가? 생하고(生), 늙고(老), 병들고(病), 죽고(死), 미운 것과 만나고(怨憎會), 사랑하는 것과 헤어지고(愛別離), 구하는 바를 얻지 못하는(求不得) 것은 괴로움이다. 한 마디로 말하면 오취온五取蘊은 괴로움이다."**<중아함 권7 분별성제경>**

이 여덟 가지 괴로움은 삼법인설에서 충분히 밝혔던 것이므로 여기서 재론할 필요는 없을 것 같다. 십이연기설에서도 인간의 현실적 존재를 괴로움으로 제시하고 있다. 무명에서 시작한 연기는 생·노·사에 귀결되고 있으며, 그것을 '커다란 하나의 고온(純大苦蘊)' 이라고 다시 요약하고 있음을 보기 때문이다. 괴로움의 성제는 바로 이 명백한 사실을 가리키고 있다.

둘째, 괴로움의 집集이라는 성제는 위에서 말한 괴로움이 어떻게 해서 발생하게 되었는가의 이유를 밝혀 주고 있다. 경전에는 여러 가지 설명이 베풀어져 있는데 주로 오온을 대상으로 하고 있다. 즉 오온에 대한 '애탐愛貪(chanda-rāga)' 〈잡아함 권2〉이라든가 또는 "재생再生을 초래하고(punar-bhāvika) 희탐喜貪(nandi-rāga)을 수반하고 이곳저곳에 낙착樂着(abhinandin)하는 애愛(tṛṣṇā)"〈잡아함 권3〉라고 설명되어 있기도 하다.

어떤 경우에는 오온 중의 색은 애희愛喜가 그 집集이고, 수·상·행은 촉이, 식은 명색名色이 그 집集이라고 따로따로 설해져 있는 경우도 있다.〈잡아함 권2〉 괴로움의 집을 이렇게 오온을 대상으로 설명하고 있음은 앞서 고성제에서 여덟 가지 괴로움을 오취온으로 요약하였기 때문일 것이다. 그러나 집이라는 개념의 최승最勝한 뜻은 역시 십이연기설에서 찾아야 한다. 집集(samudaya)이라는 술어는 원래는 '결합하여(sam-) 상승한다(udaya)' 는 뜻으로서 '모은다(collect)' 라는 뜻이 아니다. '집기集起' 라고 번역함이 좋은 말이다. 따라서 연기라는 말과 매우 가까운 개념이다. 그러기에 십이연기설에서도 생사의 괴로움이 무명에서 연기한 것임을 설한 다음 "그렇게 해서 오온의 집이 있다."고 맺고 있는 것이다.

집이 이렇게 연기에 통하는 개념이라면, 괴로움의 집이라는 두번째 성제는 괴로움은 연기한 것이라는 명백한 사실을 가리킨 것이라고 말할 수가 있다. 또 그것은 괴로움의 성제와 함께 십이연기설의 유전문流轉門에 입각한 사실을 지적한 것이라고 보아도 좋다.

셋째, 괴로움의 멸이라는 성제는 집제와 정확하게 반대되는 입장이다. 경전에도 그런 각도에서 설명되고 있다. 오온의 집이 애탐愛貪 등으로 설명되면, 멸제는 그것을 멸한 것이라고 설명되어 있는 것이다. 십이연기설에서도 생사의 멸은 무명의 멸과 함께 사라진다고 설한 다음 "그렇게 하나의 커다란 고온苦蘊의 멸滅이 있다."고 맺어져 있다. '멸滅(nirodha)'의 원어 또한 '멸한다'는 뜻을 나타내고 있다.

생사의 괴로움이 무명에서 연기한 것이 분명하다면, 무명의 멸진滅盡을 통해 우리는 그 괴로움을 근본적으로 극복할 수가 있을 것이다. 괴로움의 멸이라는 성제는 우리에게 이 명백한 사실을 깨우쳐주고, 동시에 괴로움이 사라진 그러한 종교적 경지를 보여주고 있다고 말할 수가 있다.

넷째, 괴로움의 멸에 이르는 길(道)이라는 성제는 경전에 팔정도八正道라고 설명되어 있다. 팔정도는 정견正見·정사유正思惟·정어正語·정업正業·정명正命·정정진正精進·정념正念·정정正定의 여덟 가지 실천사항을 가리킨다. 먼저 이 팔정도의 각 항에 대한 경전의 설명을 살피면서 그들이 어떤 입장에서 종교적 생활을 조직하고 있는가를 생각해 보자.

정견正見(samyak-dṛṣṭi)은 바르게 본다는 뜻으로서, 경전에는 사제四諦를 닦을 때 "법을 잘 결택決擇하여 관찰하는 것"이라고 설명되어 있다.〈중아함 권7 분별성제경〉

정사유正思惟(samyak-saṁkalpa)는 바르게 사유한다 또는 바르게 마음먹는다는 뜻으로서, "생각할 바(可念)와 생각 안 할 바(不可念)를 마음에 잘 분간하는 것"이라고 한다.

정어正語(samyak-vāc)와 정업正業(samyak-karma-anta)은 각각 바르게 말하고 바르게 일하는 것인데, 전자는 '네 가지 선한 구업口業' 이요, 후자는 '세 가지 선한 신업身業' 이라고 설명되어 있다.〈분별성제경〉 정어正語와 정업正業이 이렇게 각각 구업口業과 신업身業에 해당된다면 위의 정사유正思惟는 의업意業에 통한다고 말할 수가 있을 것이다.

정명正命(samyak-ājīva)은 바르게 생활하는 것으로서, 정당한 방법으로 적당한 의식주를 구할 것이 권해지고 있다.

정정진正精進(samyak-vyāyāma)은 바르게 노력하는 것으로서, "끊임없이 노력하여 물러섬이 없이 마음을 닦는 것"이라고 한다.

정념正念(samyak-smṛṭi)은 바르게 기억하는 것인데, '생각할 바에 따라 잊지 않는 것' 이다.

끝으로 정정正定(samyak-samādhi)은 바르게 집중한다는 말로서 마음을 한곳에 집중하는 것인데, 삼매三昧라는 음역어音譯語를 통해서 우리에게 잘 알려진 수행법이다.

이상이 대개 경전에서 볼 수 있는 팔정도의 설명인데,

괴로움의 멸에 이르려면 이러한 팔정도가 행해져야만 할 이유는 무엇일까? 연기緣起한 것에는 실체가 없다는 것은 앞 장 십이연기설에서 살펴본 바와 같다. 생사의 괴로움도 연기한 것이므로 실체가 없을 것은 물론이다. 그러나 무명 망념에서 연기한 괴로움은 현실적으로 있다는 것을 잊어서는 안 된다(集諦).

괴로움이 이렇게 현실적으로 있으므로 그것을 멸하지 않으면 안 된다(滅諦). 그러려면 무엇보다도 먼저 진리를 똑바로 응시하고(正見), 그에 입각해서 새로운 종교적 생활을 영위하면서(正思惟~正念), 마음을 진리에 계합契合하게끔 집중하지(正定) 않으면 안 될 것이다. 경전에도 이런 뜻을 나타내고 있다. “해 뜨기 전에 밝음이 비치듯이 괴로움의 사라짐에는 먼저 정견이 나타나고, 이 정견이 정사유 내지 정정을 일으키며, 정정이 일어남으로써 마음의 해탈이 있게 된다.” **<잡아함 권28>**

따라서 팔정도에서 수행상修行相으로 가장 중요한 비중을 갖고 있는 것은 정견과 정정이라고 말할 수가 있다. 불교 수행법의 주축이 되는 지止(śamatha)와 관觀(vipaśyanā)의 병수竝修라든가, 정定(samādhi)과 혜慧(prajñā)의 쌍수雙修와 같은 것도 이 정견·정정의 원리에 입각한 것이라고 볼 수가 있다.

불교의 업설은 선악을 결택하여 현실의 괴로움을 타개하려는 강력한 실천윤리라는 것을 앞서 살펴보았는데, 그러나 이 업설은 아직도 생사윤회의 테두리를 벗어나지 못한 것이다. 어떻게라도 즐거운 과보를 초래코자 하는 것으로서, 사후 하늘(天)에 생生하는 것이 목적이 되고 있다. 이에 반해서 사제 팔정도는 선악의 근저에 있는 '정사正邪'를 문제로 대두시켜, 정사의 결택을 통해 생사의 괴로움을 근본적으로 극복하려는 해탈에의 길이다. 따라서 범속한 세간世間(生死)을 벗어나는 '신성한' 진리라고 해서 사제를 '사성제四聖諦'라고 부르는 것이다.

사성제가 설해짐으로 해서 석가모니의 교설은 이론과 실천의 완비를 보게 된다. 뿐만 아니라 종교는 '신성한 것과의 만남'이라고 말해질 정도로 성스러운 것을 특질의 하나로 삼고 있는데, 석가모니의 교설은 이제 이러한 신성성神聖性을 띠게 되었다. 석가모니께서 녹야원에서 사성제를 설하신 것을 초전법륜初轉法輪이라고 함은 사성제가 이렇게 교리적으로 중요한 위치를 차지하고 있기 때문인 것이다.

### 2) 사과 四果

사제 팔정도는 행하는 사람의 인격 구조에 중요한 변화를 가져오지 않을 수가 없다. 세계관의 근본적 전환과 심성의 정화가 함께 행해지기 때문이다. 수행하는 사람이 얻게 되는 그러한 종교적 체험을 크게 네 단계로 구분하여 행자의 수행을 돕고 있으니, 예류預流·일래一來·불환不還·아라한阿羅漢의 사과설四果說이 곧 그것이다.

첫째의 예류(srota-āpanna)는 세 가지 결박의 번뇌(身見 · 戒取 · 疑)를 끊고, 범속한 생활에서 성스런 흐름에 들어간 사람을 가리킨다.〈중아함 권1 수유경〉

둘째의 일래一來(sakṛd-āgamin)는 여기에서 한 걸음 더 나아가 세 가지 결박의 번뇌뿐만 아니라 탐·진·치(三毒心)의 셋도 약화시켜 이 세상에 한 번 돌아와 괴로움을 다하는 단계이다.

셋째의 불환不還(an-āgamin)은 다섯 가지 결박(五下分結)의 번뇌(身見 · 戒取 · 疑 · 貪 · 瞋)를 끊고, 이 세상에 옴이 없이 천상에서 열반에 드는 것을 뜻한다.

끝으로 아라한(arhat)은 일체의 번뇌(身見 · 戒取 · 疑 · 貪 · 瞋 · 痴)를 끊고 현재의 법에서 그대로 해탈의 경계를 체득하는 사람을 가리킨다.

## 4. 해탈解脫과 열반涅槃

### 1) 열반의 의미

수행을 통해 도달한 궁극적 경지를 불교에서는 해탈이나 열반이라는 말로 부른다. 해탈解脫(vimokṣa, vimukti)은 결박이나 장애로부터 벗어난 해방·자유 등을 의미하고, 열반涅槃(nirvāṇa)은 '불어 끈다(吹滅)' 는 뜻으로서 번뇌의 뜨거운 불길이 꺼진 고요한 상태를 가리킨다. 이 두 술어는 우파니샤드 철학이나 이계파에서 이미 사용되고 있었던 것을 석가모니께서 불교 수행의 궁극적 경지를 표현하는 술어로 채택한 것이다. 이것은 그 경지가 그러한 개념에 통하는 바가 있었기 때문일 것이다.

우리는 앞에서 불교의 여러 가지 수행법 가운데 십업설과 사제설을 살펴보았다. 먼저 십업설에서 수행이 궁극에 이른 경계라면 십악업이 단절된 상태라고 말할 수가 있을 것이다. 그런데 십악업에서 근본이 되는 것은 세 가지 의업意業 즉 탐욕貪欲(욕심)·진에瞋恚(성냄)·치암痴暗(어리석음)의 소위 삼독심三毒心이다. 구업口業과 신업身業은 의업이 밖으로 나타난 것에 불과하다. 따라서 십업설에서의 궁극의 경지는 탐·진·치가 사라진 상태라고 말해도 좋다.

사제설에서도 팔정도의 수행이 궁극에 이른 경지를 탐·진·치가 사라진 상태라고 볼 수 있다. 앞서 소개한 사과설四果說의 각 단계에서 단절되는 결박의 번뇌를 보면, 예류에서는 삼결三結(有身 · 戒取 · 疑)이 끊어지고, 일래에서는 한 걸음 더 나아가 탐·진·치가 박약해지며, 불환에서는 삼결과 탐·진(五下分結)이 끊어지고, 아라한에 이르러 탐·진은 물론 치까지도 끊어진다고 설하고 있기 때문이다.

그런데 경전에서 열반은 그러한 탐·진·치가 영원히 끊

어진 상태라고 설명되어 있다. "열반이란 탐욕이 영진永盡하고 진에瞋恚가 영진하고 치암痴暗이 영진한 것이니, 일체 번뇌가 영진한 것을 열반이라고 이름한다."<잡아함 권18>

따라서 열반이란 개념은 십업설과 사제설에 두루 적용될 수 있는 궁극적 경지의 표현이라고 말할 수가 있다. 불교 술어는 언제나 이런 식으로 두루 사용되는 것이 보통이다.

그러나 열반이란 개념이 갖는 본래의 뜻은 생사의 구속을 벗어난 해탈의 경계에 있다고 생각된다. 경전에 사용된 예를 보면 열반은 대부분이 사제설과 결합되어 있으며,<잡아함 권2> 사제설이 지향하는 바는 무명의 망념을 멸하여 생사의 괴로움으로부터 해탈하는 데에 있는 것이다. "오온을 여실하게 아는 까닭에 오온에 불착不着한다. 오온에 불착하는 까닭에 해탈을 얻는다."<잡아함 권15>

해탈에는 혜해탈慧解脫과 심해탈心解脫의 두 가지가 설해지고 있다. 혜해탈(prajñā-vimukti)은 오온이나 십이연기에 실체가 본래 없는 것을 봄으로써 지적知的으로 해탈하는 것을 뜻한다. 그러나 연기한 것이 무아라는 것을 직관하는 것(정견)만으로 마음의 번뇌가 완전히 멸하는 것이 아니다. 정정正定을 통해 마음에서 그것을 멸해야만 한다. 이것이 심해탈(ceto-vimukti)이다. 열반은 이러한 두 가지 해탈이 갖추어질 때(俱分解脫) 비로소 실현되는 것이다.

열반은 생사의 괴로움을 벗어난 세계이다. 그 곳에는

생주이멸生住異滅의 무상함은 없다. "유위有爲에는 생주이멸이 있지만 무위無爲에는 생주이멸이 없다. 이것을 모든 행行이 적멸寂滅한 열반이라고 한다."〈잡아함 권12〉 사람들에게 널리 회자되고 있는 다음과 같은 게송도 이런 경지를 표현하고 있다. "모든 행은 무상하니 그것은 생멸의 법이다. 생멸을 멸해 버리면 적멸은 즐거움이 된다."〈잡아함 권22〉

불교에 있어서 열반은 이렇게 중요한 의미를 갖고 있으므로 삼법인설에도 이 뜻을 포함하는 경우가 있다. 앞서 소개한 바와 같이 제행무상諸行無常·제법무아諸法無我·열반적정涅槃寂靜의 셋을 드는 경우가 그것이다.

### 2) 열반의 바른 이해

열반은 불교 수행의 최고 경지를 표현하는 말이지만, 그 언어적 인상은 적극적이라기보다는 소극적임을 부인할 수가 없다. 생의 맹목적 의지라고 할 수 있는 탐·진·치를 전적으로 부정하고 있기 때문이다. 더구나 불교에서는 열렬한 구도를 위해서 재가在家보다는 출가出家를 권하고 있다. 이런 이유로 해서 불교는 염세종교라든가 허무적멸虛無寂滅의 도道라는 평을 종종 들어 왔다. 그러나 이런 비판이 과연 열반의 참다운 뜻을 이해한 것일까?

선과 악은 성질이 상반하므로 한 인간의 행위에 동시에 나타날 수는 없다. 악이 행해지고 있을 때는 선은 있을 수 없고, 선이 행해지고 있을 때는 악이 있을 수가 없다. 선과 악의 이러한 상반성은 악을 끊으면 곧 선이 되고 선을 끊으면 곧 악이 된다는 판단을 끌어낸다.

그런데 불교의 열반은 탐·진·치라는 세 가지 악한 의업이 멸한 상태이다. 그렇다면 그 곳에는 무탐·무에·정견(無痴)의 세 가지 선한 의업이 곧 발생할 것이다. 따라서 열반의 언어적 표현은 비록 소극적이지만 사실은 매우 적극적인 의미를 함축하고 있음을 간과해서는 안 된다.

열반의 적극적 의미에 관한 이러한 해명에 대해서 다시 다음과 같은 이의를 제기할지도 모른다. 선과 악의 중간 상태 즉 선도 아니고 악도 아닌 무기無記의 상태가 있을 수가 있으니, 열반은 바로 그러한 비활동적 중간 상태가 아니겠느냐고. 이런 견해도 불교의 십업설에서 말하는 선악의 개념을 잘 이해하지 못한 것이다. 왜냐하면 십업설에서는 선악의 중간 상태를 시설함이 없이 선악을 완전히 상호 대립적으로 설하고 있기 때문이다.

이것을 우리는 불교에서 십선업을 따로 시설함이 없이 십악업의 반대 개념을 갖고 그것을 표현하고 있는 데에서 엿볼 수가 있다. 즉 십선업은 불살생不殺生·불투도不偸盜·불사음不邪淫·불망어不妄語·불양설不兩舌·불악구不惡口·불기어不綺語·무탐無貪·무에無恚·정견正見(無痴)의 열이라고 설하고 있는 것이다.〈잡아함 권15〉 따라서 십악업의 멸滅은 곧 십선업의 발생을 의미한다.

열반의 이러한 적극적 의미를 우리는 사제 팔정도에서 더욱 뚜렷이 할 수가 있다. 팔정도가 완성된 아라한의 경계에서는 탐·진·치의 일체 번뇌가 영진永盡한다고 한다. 이것 또한 무탐·무에·정견의 발생을 의미함은 재론할 필요가 없다.

사제의 집제와 멸제는 십이연기의 유전문流轉門과 환멸문還滅門에 각각 해당되는데 십이연기의 최초에 위치하고 있는 무명은 명과 정반대의 개념이다. 따라서 무명의 멸진은 곧 명明의 발생으로 전환하며, 우주적인 대아大我의 눈부신 활동이 거기에 전개될 것이다. 구름이 걷히면 태양이 낭요朗耀하는 것과 같다.

그러기에 석가모니께서는 초전법륜경에서 다음과 같이 설하고 계신다. "내가 사성제에서 삼전십이행상三轉十二行相을 함에, 눈이 생하고 지智가 생하고 명明이 생하고 각覺이 생하였다."**〈잡아함 권15〉** 열반의 적극적 의미가 뚜렷하게 부각되고 있는 것이다. 열반은 또 인간의 사후에야 실현되는 경계라고 오해하는 경우가 있다. 경전에도 석가모니의 죽음을 반열반般涅槃(parinirvāṇa 圓寂)이라고 한다. 반열반은 완전(pari-)한 열반이란 뜻이다. 사과四果를 얻은 사람의 죽음에도 그런 용어가 사용된 예가 있다. 그러나 이것은 열반이라는 말이 이차적으로 전용轉用된 예라는 것을 잊어서는 안 된다.

모든 종교는 인간의 사후에 대해서 어떤 설명을 해주

고 있다. 불교도 예외는 아니다. 십업설에서 선업은 선취善趣에 악업은 악취惡趣에 수생受生한다고 설하고 있음은 앞서 소개한 바와 같다.

그러나 생사에 결박하는 근본 무명을 단절한 사람은 어떻게 될까? 그러한 사람에게 재생再生이 있다고는 못할 것이다. "내 생은 다했고 범행梵行은 섰으며 할 바는 하였고 후유後有를 받지 않을 것"이라는 자증自證의 선언(記別)이 경전에 수없이 되풀이되고 있다. 반열반은 바로 이러한 도인의 죽음을 표현하고 있는 것이다.

따라서 반열반이 죽음을 가리킬 경우는 이차적 전용에 의한 것이지 그 본래의 뜻은 아니다. 열반의 참다운 뜻은 현재의 상태에서 생사로부터의 해탈을 그대로 체득하는 것이다. 그러기에 아라한은 현법現法에서 해탈한다고 설해져 있으며, 석가모니께서는 또 다음과 같은 교설을 베풀고 계신다. "현재의 법에서 반열반함이란 어떤 것인가. 늙음·병듦·죽음을 염리厭離하고 욕심을 버리고 번뇌를 일으키지 않고 마음이 잘 해탈하면 이것을 이르되 현재의 법에서 반열반을 얻었다고 한다."〈잡아함 권15〉

모든 악이 멸하면 일체는 선이 되고 모든 사邪가 파破하면 일체는 정正이 된다. 무상하고 괴롭고 무아였던 일체는 곧바로 상常·락樂·아我의 일체로 전환한다. 열반은 바로 이러한 세계관의 전개, 생명의 약동을 의미하는 것이다.

# 제 5 장
# 지혜의 완성

## 1. 대승불교의 일어남

앞서 소개한 불교 교리는 석가모니의 교설 중에서 가장 원초적인 것이다. 따라서 불멸佛滅 후 곧 행해진 결집結集(편찬회의) 때에도 계율과 함께 그것이 제일 먼저 편찬되기에 이르렀다. 오늘날 한역으로 전해지는 4 아함阿含(āgama)과 남방불교에 팔리어(pāli)로 전해지는 5 니카야(nikāya)는 바로 이러한 교설을 결집한 것이다. 따라서 그것을 아함의 교설이라고 부른다.

불교 교단은 석가모니의 입멸 후 약 100년간은 일미화합一味和合하여 아무런 동요가 없었다. 그러나 100년쯤(B.C. 4세기) 되어서는 계율과 교리에 엇갈린 견해가 발생하여 교단은 마침내 보수적인 상좌부(theravāda)와 진보적인 대중부(mahāsāṅghika)로 분열한다. 이것을 근본이부根本二部의 분열이라고 하는데, 일단 이렇게 분열이 생기자 이로부터 다시 세부細部 분열이 뒤따라 먼저 대중부에서 8파, 계속해서 상좌부에서 10파가 갈려나가 B.C. 1세기 경까지에는 총 20부파의 형성을 보게 된다. 그래서 이 시대(불멸 후 100년 경~B.C. 1세기 경)의 불교를 부파불교라고 부르고 그 이전을 원시불교라고 부른다.

부파불교시대의 각 부파는 아함의 교법(dharma)에 대해서 전문적 연구를 행하였다. 석가모니의 교설은 사람들의 근기를 살펴 그에 알맞은 법을 설해갔으므로 언뜻 보기에는 산만하고 단편적인 면이 없지 않았다. 이제 그러한 교설을 분석하여 체계화할 필요가 생긴 것이다. 부파불교시대의 그러한 연구를 아비달마阿毘達磨(abhidharma) 교학이라고 부른다. '교법(dharma)에 대한(abhi-)' 연구라는 뜻에서 '대법對法'이라고도 번역된다. 뿐만 아니라 각 부파는 자신의 아비달마 교학의 성과를 결집하여, 경經(sūtra)·율律(vinaya)과 함께 성전으로서 간직하게 되었다. 그래서 이것을 경·율·론의 삼장三藏(tri-piṭaka)이라고 하여 부파불교의 가장 큰 업적으로 평가하고 있다.

부파불교의 이러한 아비달마 교학은 아함의 교설을 체계화하는 데에 큰 기여를 하였지만, 반면에 석가모니의 교설을 아함에 한정시키고 번쇄한 훈고학적訓詁學的 해석으로 그것을 더욱 난해하고 무미건조한 불교로 만들어 갔다. 불교의 궁극적 목적은 무위열반에 있는 것으로 해석되고 이상적인 인간상은 그러한 열반을 증득하는 아라한(arhat)으로 인식되었다. 전문적으로 교학을 연구하여 철저하게 수행하는 출가승이 아니고는 이제 불교를 제대로 행하기가 어렵게 된 것이다.

부파불교가 이렇게 대중으로부터 소외되고 있을 때, 교계의 한편에서는 석가모니께서 뜻한 불교의 진정한 정신을 되찾으려는 사상운동이 발생하였다. 이것을 대승불교(mahāyāna) 운동이라고 하는데, 재가인의 적극적인 참여와 혁신적인 출가인(大衆部系統)의 지도층이 그 추진 세력을 형성하였을 것으로 생각된다. 그들은 열반을 추구하는 아라한의 길을 '소승(hīnayāna)'이라고 비판하고, 깨달음을 구하면서 중생을 제도하는 자리이타自利利他적인 보살菩薩(bodhisattva)을 이상적인 인간상으로 부각하였다. 불교의 궁극적 목적은 이제 열반에 있는 것이 아니라 성불에 있게 된 것이다. 이것이야말로 석가모니께서 베푼 교설의 진정한 뜻이라고 그들은 역설하였다.

그리하여 석가모니의 그러한 뜻을 담은 교설을 편찬하기 시작하였으니, 이것이 소위 대승경전으로서 B.C. 1세기 경부터 그러한 문헌이 나타나고 있다. 이러한 초기 대승경전으로 중요한 것은 반야경般若經·법화경法華經·십지경十地經·무량수경無量壽經·유마경維摩經 등을 들 수가 있다. 그러나 이들이 언제 어디서 누구에 의해 결집되었는가는 확실하지 않다. 그에 대한 확실한 기록이 남아 있지 않기 때문이다. 보수적인 부파들이 정통파의 권위를 내세워 그러한 경전들을 불설佛說이 아니라고 배격하였음은 물론이다. 그러나 대승불교는 급속도로 인도사회에 퍼져 나갔고, 경전 또한 줄기차게 성립·유통·증광增廣될 뿐이었다.

대승경전은 이렇게 성립이 모호하고, 소승불교의 입장에서 볼 때는 문제성이 없지 않다. 그러나 그것을 전적으로 석가모니의 교설이 아니라고 배격할 수는 없을 것이다. 사상적 차원은 아함교설의 위에 있지만 그러한 차원의 이론적 근거는 역시 아함에 두고 있는 점으로 보아, 대승불교는 아함 교리의 필연적인 귀결이라고 보지 않을 수가 없다. 뿐만 아니라 석가모니의 교설은 원래 중생들을 점진적으로 성숙시켜 가서 마침내 깨달음을 얻게 하는 방편을 채택하고 있다. 이런 견지에서 본다면 대승경전의 원시 부분만은 석가모니의 친설親說로 보아 무방할 것이다. 종래는 대승불교를 소승불교와 확연히 구별해서 소개하는 것이 통례이지만, 본서에서는 아함과 초기 대승경전의 교리를 하나로 묶어 불교의 근본 교설로 서술하고 있는데 그것은 바로 이런 이유 때문이다.

## 2. 반야바라밀다와 보살

### 1) 제법개공 諸法皆空

아함에 설해진 열반(nirvāṇa)은 절대적인 세계라고 말할 수가 있다. 팔정도의 수행을 통해 실현된 그 곳은 모든 번뇌(탐 · 진 · 치)와 무지가 사라져 생사의 괴로움을 멀리 초월해 있기 때문이다. 소승불교는 그러한 열반을 불교의 궁극적 목적으로 인정하고 있다. 따라서 그것은 출세간적인 불교가 될 수밖에 없다. '생사'라는 것은 우리 중생들의 현실 세계에 해당되는데 열반은 그것을 부정· 초월한 것이기 때문이다. 불교를 흔히 '사회윤리를 무시한 허무적멸虛無寂滅의 도道'라고 비난함도 이런 이유에서일 것이다. 대승불교는 바로 이러한 열반관의 반성에서 비롯된다고 볼 수가 있다.

아함에 설해진 열반을 과연 그렇게 절대적 존재라고 볼 수가 있을까? 생사와 열반, 유위법有爲法과 무위법無爲法이라는 그 두 법을 이제 새로운 차원에서 되돌아볼 필요가 있다. 그럴 때 우리는 그 두 법이 서로 연緣이 되고 과果가 되고 있다는 사실을 의식하게 된다. 즉 생사가 있음으로써 열반이 있고 열반이 있음으로써 생사가 있다. 현대적 술어로 표현한다면, 생사와 열반은 '상의상관相依相關'의 관계 속에 존재한다.

A, B 두 법이 이렇게 서로 연이 되는 상의상관의 관계

속에 있다면 그 두 법에는 독자적인 존재성 즉 자성自性(svabhāva)은 없다고 말해야 한다. 상대방의 도움 없이는 존재할 수가 없기 때문이다. 독자적인 존재성이 없다면 A, B 두 법은 본질적으로 동일한 하나의 법이라는 말이 된다. A는 곧 B요, B는 곧 A이다. 동시에 A, B라는 두 개의 존재는 하나의 본질적 존재(性)에 대한 일종의 존재 양식(相)이 될 것이다.

여실하게 볼 때 이렇게 평등한 두 법에 대해서 누가 만일 그들의 독자적 존재성을 인정한다면, 그것은 식별이요, 분별(vikalpanā)이라고 말하지 않을 수가 없다. 그리고 그러한 분별은 두 법에 대한 실상을 보지 못한 것이므로 망념이라고 해야 한다. 우리 마음에 이런 망념이 있으면 이 무명 망념을 연하여 생사의 괴로움이 일어날 것이다(緣起). 아함교설의 십이연기설을 상기할 필요가 있다.

상의상관의 관계 속에 있는 생사와 열반에 대해서도 같은 말을 할 수가 있을 것이다. 생사는 곧 열반이요, 열반은 곧 생사이다. 그런데도 생사와 열반을 분별하여 그 중의 열반을 독자적 존재성을 지닌 것으로 절대시한다면, 이것을 과연 여실한 견해라고 말할 수가 있을까? 생사의 괴로움을 근본적으로 해결하기 위해서는 다시 그러한 분별 망념을 극복하지 않으면 안 될 것이다. 대승불교는 바로 이러한 자각과 반성에서부터 비롯되었다는 것이다.

그리하여 대승불교의 초기 경전 중에서도 성립이 빠른 것은 반야부 계통인데, 그 중의 하나인 금강경에는 다음과 같은 가르침이 설해지고 있다.

보살은 마땅히 이렇게 그 마음을 항복해야 하나니, 있는 바의 모든 중생의 무리를 내 모두 무여열반無餘涅槃에 들게 하여 멸도滅度하리라. 이렇게 무량 무변 중생을 멸도하지만 실로 중생으로서 멸도된 자는 없나니라. 왜 그러냐면 보살에게 아상我相·인상人相·중생상衆生相·수자상壽者相이 있으면 보살이 아니니라.

이는 열반을 절대적 존재로 보려는 견해를 배격하고 있는 것이다.

분별 망념에는 실체가 없다. 따라서 반야경에는 "모든 법은 자성自性(svabhāva)이 비었다(śūnya)."는 말이 수없이 되풀이되고 있다. 아함경에서 모든 법(일체)은 십이처·사대·오온 등의 유위법을 가리키고, 그들은 모두가 무상하고 괴롭고 무아라고 설한다(삼법인설 참조). 그러나 반야경에서 말하는 '모든 법(諸法)'은 그런 유위법은 물론 열반과 같은 무위법도 포함하고 있다. 그리하여 그들은 모두 자성이 공空하다고 한다. 자성이 공하다는 것은 아함경의 무아라는 말과 통하는 바가 있다. 그러나 그보다도 훨씬 더 철저한 개념이라는 것이 짐작될 것이다.

자성이 빈 법은 '공空(śūnyatā)'이라고 말할 수가 있다. 이 공을 허공(ākāśa)이나 무無와 혼동해서는 안 된다. 허공은 물체가 없는 공간(space)을 의미하고, 무는 있던 것이 없어졌을 때 그 상태를 가리키는 말이다. 그러나 공은 그러한 것이 아니다. 현재 우리 눈앞에 있는 존재 그것이 여실하게 보는 입장에서 바로 공인 것이다. "색이 곧 공이요 공이 곧 색이다(色卽是空 空卽是色). 색을 떠나 공이 없고 공을 떠나 색이 없다. 수·상·행·식 또한 그와 같다."고 반야심경은 설하고 있다.

모든 법이 이렇듯 공의 형상(空相)이라는 것을 더욱 철저하게 인식시키기 위해 반야경은 여러 가지 미묘한 표현을 구사하고 있다. 모든 법은 생한 일도 없고 멸한 일도 없다. 옴도 없고, 감도 없다. 중생의 마음이 더럽고, 부처의 마음은 깨끗하다는 것도 없다. 중생은 본래부터 성불해 있는 것이다. "모든 법은 꿈과 같고 거품과 같고 번개와 같다."<금강경> 이러한 표현들은 초학자初學者를 심히 당황하게 할 것이다. 그러나 그 본뜻은 우리의 분별망념分別妄念을 철저히 타파하려는 것이지 다른 뜻이 아니다.

### 2) 반야바라밀다

망념의 부정이 행行(실천)을 일으키고 행은 경계를 얻는다. 그러나 그런 경계에 집착하면 그것은 또 하나의 분별

망념이다. 다시 망념의 부정이 일어나고 그것은 행을 일으키고 행은 경계를 얻는다. 그리하여 무한한 자기 부정적 실천이 계속된다. 이러한 변증법적 공관의 실천은 마침내 일체의 분별을 타파한 진여眞如(tathātā)의 세계에 도달할 것이다. 그러나 그러한 궁극적 실천의 경지를 말로는 표현할 수가 없다. 생각으로 헤아릴 수도 없다. 일체의 분별을 떠나 있기 때문이다. 불가설不可說 불가사의不可思議라고 할 수밖에 없다. 석가모니께서는 "내가 성도하여 쿠시나가라에 이르도록 그 사이에 한 마디도 설한 것이 없다."고 설하고 계신다. 이 말은 그러한 뜻을 잘 표현하고 있다.

그러나 중생들을 교화하기 위해서는 어떻게라도 언어적인 표현을 시도하지 않을 수가 없다. 반야경에 널리 사용되고 있는 반야바라밀다般若波羅蜜多(prajñāpāramitā)라는 술어는 그러한 언어적인 표현을 꾀한 것이라고 볼 수가 있다. 반야(prajñā)는 모든 법의 자성이 공함을 보고 그 실상實相을 직관直觀하는 지혜를 가리킨다. 일체의 분별을 떠난 것이므로 무분별지無分別智라고도 해석된다. 그리고 바라밀다(pāramitā)는 '피안彼岸(pāra)에 이른(i) 상태(tā)'를 의미한다. 궁극적인 것, 완성된 것과도 통하는 말이다. 따라서 그 두 낱말이 합성된 '반야바라밀다'는 지혜가 피안에 이른 것(智度彼岸) 또는 지혜의 완성(perfection of wisdom)이라는 뜻이 된다.

반야바라밀다는 이렇게 생사의 차안(此岸)으로부터 일체의 분별 망념을 멸하여 궁극적인 피안에 도달한 것을 가리키지만, 그것을 아함교설의 열반과 같이 생사와 열반을 분별했을 때의 그러한 경계로 보아서는 안 된다. 만일 그렇게 본다면 그것은 아직도 분별의 세계를 벗어난 것이 아니기 때문이다. 공관의 실천에서는 "모든 법은 무변無邊이니 전제前際도 얻을 수 없고 중제中際도 얻을 수 없고 후제後際도 얻을 수 없다. 연緣이 무변이기에 반야바라밀다도 무변인 것이다." **〈소품반야 권1〉**

따라서 보살은 마땅히 반야바라밀다를 성취해야 한다고 설하지만, 보살이라고 부를 만한 대상(法)이 없으며, 반야바라밀다라고 부를 만한 대상도 없다. 일체는 공이요, 공이라는 것도 또한 공(空亦復空)이다. 일체는 얻을 수 없으며, 얻을 수 없다는 것도 불가득不可得이다. 이런 경계를 도대체 어떻게 표현할 수가 있을까? 절대적 부정은 곧 절대적 긍정이 된다는 주장도 있고, 진공묘유眞空妙有라는 표현을 쓰는 사람도 있다.

### 3) 보살과 서원

어떻든 언사言辭가 사라지고(寂滅) 생각이 끊긴 경계는 그것을 직접 수행하는 사람만이 스스로 체험할 수 있을 뿐이다. 이런 자내증의 체험을 불교에서는 보리菩提(bodhi)라 한다. 깨달음(覺)이라는 우리말에 해당된다. 깨달기 전에는 도저히 알 수 없는 경계요, 깨달은 뒤에는 너무나 도 명백한 진실계眞實界이므로 깨달음이라고 하는 것이다.

이러한 깨달음을 구하는 사람을 보리살타菩提薩陀(bodhisattva) 또는 줄여서 보살이라고 한다. 보리는 깨달음을, 살타는 중생(또는 有情)을 뜻하므로 보살은 깨달음을 구하는 또는 깨달음 속에 있는 중생이라는 말이 된다.

보살이 깨달음을 구하는 것은 아라한이 열반을 구하는 것과는 다르다. 세간(有爲法)과 열반(無爲法)을 분별하여 이 중에서 열반을 구하는 것이 아라한의 수행이므로 그것은 자연히 출세간적인 방향이 될 수밖에 없다. 그러나 보살은 생사와 열반, 번뇌와 보리, 나와 남 등의 모든 분별을 떠나 평등한 수행을 할 뿐만 아니라 궁극적인 경계를 얻는 일도 없다. 따라서 보살의 수행은 아라한과는 달리 중생계에 회향될 수밖에 없는 것이다.

모든 보살이 국토를 정화하고 중생을 제도하고자 커다란 서원을 세움은 이 때문이다. 가령 불교 의식에 흔히 사용되고 있는 사홍서원四弘誓願을 예로 들어 보면 그 내용이 다음과 같이 되어 있다.

중생이 가없어도 건지고야 말리. (衆生無邊誓願度)
번뇌가 끝없어도 끊고야 말리. (煩惱無盡誓願斷)
법문이 한없어도 배우고야 말리. (法門無量誓願學)
불도가 위없어도 이루고야 말리. (佛道無上誓願成)

부처님과 같은 깨달음을 얻는 것이 보살의 지상과제이겠지만, 그보다도 먼저 중생을 제도하겠다는 뜻을 뚜렷하게 보여 주고 있다. 보살의 수행을 흔히 "위로는 깨달음을 구하고 아래로는 중생을 교화한다(上求菩提 下化衆生)."는 말로 표현한다. 이 말에 대해 먼저 깨달음을 얻은 다음에 중생을 교화한다고 해석해서는 안 된다. 깨달음을 구하는 일이 곧 중생을 교화하는 일이요, 중생을 교화하는 일이 곧 깨달음을 구하는 것이다. 따라서 지장보살과 같은 보살은 지옥에서 고통받고 있는 모든 중생을 제도하기 전에는 결코 성불을 하지 않겠다고 서원하고 있으며, 법장비구法藏比丘(아미타불의 전신)의 서원에는 자신이 비록 부처가 된다고 하더라도 괴로운 중생에게 깨달음을 열어 줄 수 있는 것이 아니라면 결코 깨달음을 얻지 않겠노라는 뜻이 반복되고 있다.

### 4) 육바라밀의 수행

보살은 이와 같이 사회와 중생을 망각할 수가 없다. 따라서 그는 반야바라밀다를 행할 때에 그와 함께 보시布施(dāna)·지계持戒(śila)·인욕忍辱(kṣānti)·정진精進(vīrya)·선정禪定(dhyāna)의 5바라밀도 함께 행하게 된다. 이것을 보살이 닦아야 할 육바라밀이라고 한다.

① 보시바라밀(dāna-pāramitā)은 자기 소유물을 필요한 사람에게 베풀어 주는 것을 뜻한다. 아함의 교설에서도

보시는 커다란 공덕이 있는 종교적 행위로 설해지고 있다. 그러나 대승불교에서의 보시는 공덕을 바라고 남에게 시여하는 것이 아니다. 금강경에 "보살은 마땅히 법에 주住함이 없이 보시할지니, 소위 색·소리·냄새·맛·촉감·법에 주함이 없이 베풀어 주어야 한다."고 설해져 있다. 베풀어 주어도 준다는 생각이 없는 것이다. 그러므로 보살의 보시에는 "세 가지가 청정하나니, 주는 자(施者)와 받는 자(受者)와 주는 물건(施物)의 셋을 얻을 수가 없기 때문이다." **〈대품반야 권7〉**

② 지계바라밀(śila-pāramitā)은 계율을 잘 지니는 것을 뜻한다. 국가에는 법률이 있고 사회에는 도덕이 있다. 불교인이 지켜야 할 가장 기본적인 계로서 불살생·불투도·불사음·불망어·불음주의 오계가 있고, 출가한 비구와 비구니에게는 각각 250계, 350계라는 구족계具足戒가 있다. 지계바라밀은 이러한 법과 계율들을 잘 지키는 것인데, 이때도 계율을 지킨다는 부담감이나 자만심이 있어서는 안 된다. 죄罪와 부죄不罪를 얻을 수가 없는 불가득의 공관에서 자연스럽고 자율적인 준법생활이 이루어야 한다. **〈대품반야 권1〉**

③ 인욕바라밀(kṣānti-pāramitā)은 괴로움을 받아들여 참는 것(安受苦忍)이다. 우리는 조금만 욕된 일을 당하면 분을 참지 못하고, 조금만 어려워도 곧 좌절되기 쉽다. 그러나 보살은 그런 경우에 마음의 동요가 없는 것이니, 제

법諸法이 본래 불생不生임을 보기 때문이다. 금강경에서 석가모니께서는 다음과 같은 전생담을 설하고 계신다. “옛날 가리(Kaliṅga)왕이 내 몸을 마디마디 잘랐을 때 만일 내게 아상·인상·중생상·수자상이 있었더라면 마땅히 진한瞋恨이 일어났을 것이다. 그러나 내겐 그러한 상이 없었느니라.”

④ 정진바라밀(vīrya-pāramitā)은 부지런히 노력하여 방일하지 않는 것을 뜻한다. 선법을 증장시키는 데에 있어 정진은 필수불가결한 요소이다. 아함교설의 여러 가지 행법(三十七助道品)에는 정진이 커다란 비중을 차지하고 있으며, 석가모니께서 열반에 임하였을 때 “생한 것은 반드시 멸하는 법이니 방일放逸하지 말라. 불방일로써 나는 정각에 이르렀으며 무량한 선을 낳는 것도 불방일이니라.”고 유촉하고 계신다. 공관空觀의 실천을 무사안일無事安逸에 빠지는 것으로 알아서는 안 된다.

⑤ 선정바라밀(dhyāna-pāramitā) : 선禪은 산란한 마음을 가라앉히고 고요히 사색하는 것(靜慮)을 뜻한다. 신(god)을 중심으로 하는 종교와는 달리 불교처럼 존재의 실상을 밝혀 인간의 마음 속에 깃들어 있는 무지를 타파하려는 종교에서 선은 특히 중요한 행법이 되지 않을 수가 없다. 그러기에 원시불교에서도 사선四禪의 행법이 설해져 있으며 대승불교에서도 육바라밀의 하나로 등장하고 있다. 그러나 이것 또한 ‘머무름이 없는 법(不住法)’ 속에서

행해져야 함은 물론이다.

⑥ 반야바라밀(prajñā-pāramitā)에 대해서는 다시 더 설명할 필요가 없을 것 같다. 육바라밀에서의 반야바라밀은 보시에서 선정에 이르는 다섯 바라밀의 주도자이며 그들의 성립 기반이 된다는 것을 말하는 것으로 충분하다. 다섯 바라밀은 모두가 반야공관의 입장에서 행해져야 하기 때문이다. "마치 대지에 씨앗을 뿌리면 인연 화합하여 생장이 있게 되는데, 이때 땅을 의지하지 않고는 생장할 수가 없을 것이다. 이와 같이 다섯 바라밀은 반야바라밀 속에 머물러 증장함을 얻는다."〈소품반야 권2〉

육바라밀은 이렇게 반야바라밀을 중심으로 행해지기 때문에 아낌없는 시여施與, 자율적인 준법생활, 끝없는 인내, 굽힐 줄 모르는 정진, 한없이 심오한 사색이 가능해지는 것이다. 간심慳心·범계심犯戒心·진심瞋心·해태심懈怠心·산란심散亂心·무지심無智心이 있을 때 큰 자비(maitrī- karuṇā)는 일어날 수가 없다. 그러나 반야바라밀다는 모든 법의 공에 상응하는 까닭에 능히 대자대비를 일으킬 수가 있는 것이다.〈대품반야 권1〉

반야바라밀다는 이렇게 모든 분별 망념을 초월하여 말할 수 없이 청정한 것이며, 모든 선법을 유감없이 발휘하는 것이며, 일체의 괴로움을 제거해 주는 것이다. "반야바라밀다에 의지할 때 마음에 걸림이 없고, 마음에 걸림이 없으므로 놀람이 없고, 거꾸로 된 생각을 멀리 떠나 궁극적인 열반에 이른다."고 반야심경은 설한다. 삼세의 모든 부처가 무상의 바른 깨달음을 얻는 것도 반야바라밀다에 의해서이다.**<반야심경>** 소승불교의 출세간적인 종교적 행위는 대승불교의 반야바라밀다에 이르러 자리이타의 지극히 적극적인 종교적 행위로 지양된 것을 볼 수가 있다.

# 제 6 장
# 불타와 자비

## 1. 불교의 궁극적 목적

### 1) 법화경法華經의 일불승설一佛乘說

대개의 종교는 궁극적인 실재나 원리로부터 시작하여 세계와 인간을 설명해 내려오는 방법을 취한다. 그러나 불교는 이와는 정반대로 현실 세계(一切)의 관찰로부터 시작하여 궁극적인 원리나 실재를 탐구해 들어가 마침내 그것을 스스로 깨닫게 하는 방법을 취한다.

불교가 일어날 무렵의 인도는 여러 가지 종교가 난립하여 심한 사상적 혼란을 빚고 있었다. 이러한 상황에서 각 종교가 설하는 궁극적 진리에 대한 진위성 문제는 각자가 스스로 판단하고 깨닫는 길밖에 없을 것이다. 고타마 싯달타(Gotama Siddhārtha)가 구도시에 취한 방법은 바로 이것이었으며, 진리를 깨달은 뒤에 사람들에게 전법할 때도 바로 이 방법에 의했다.

이러한 방법을 불교에서는 방편(upāya)이라고 하는데, 궁극적 진리에 대한 깨달음(bodhi)을 향해 점진적으로 접근시켜 간다는 뜻이다. 지금까지 소개해 온 여러 가지 교리는 전부가 그러한 방편에 의해 시설된 것들이라고 말할 수가 있다. 삼법인설로부터 연기·사제·육바라밀설에 이르는 여러 법문은 우리 현실 세계의 관찰로부터 시작하여 점차로 심화되어 간 것을 느낄 수가 있다. 그렇다면 불교에서 말하는 궁극적인 깨달음이란 어떤 것일까?

그러한 깨달음을 불교에서는 무상정등각無上正等覺(anuttara-samyak-sambodhi 阿耨多羅三藐三菩提)이라고 한다. 삼법인설로부터 육바라밀에 이르는 각 법문은 그 나름대로 각각 깨달음을 갖고 있다. 그렇게 심화되어 가는 깨달음에서 이제 '그 이상이 없는' 최상의 깨달음이라고 해서 '무상(anuttara)' 이라고 부르며, 이 깨달음이야말로 궁극적 진리에 대해 가장 '바르고 평등한 것' 이라는 뜻에서 '정등각正等覺(正遍覺 samyak-sambodhi)' 이라고 부른다.

과거·현재·미래의 삼세에 머문 모든 부처님이 이룬 깨달음은 바로 이 무상정등각이며, 그들이 세상에 나가 법을 설하는 궁극적인 목적도 중생들에게 바로 이 무상정등각을 얻도록 하기 위함이다. 법화경은 다음과 같이 설하고 있다.

제불세존諸佛世尊은 오직 일대사인연一大事因緣으로 세상에 출현하나니, 어떤 것을 이르되 오직 일대사인연으로 세상에 출현한다고 하는가. 제불세존은 중생들로 하여금 부처의 지견을 열어(開) 청정케 하고자 세상에 출현하나니라. 중생들에게 부처의 지견을 보이고자(示) 세상에 출현하나니라. 중생들로 하여금 부처의 지견을 깨치게(悟) 하고자 세상에 출현하나니라. 중생들로 하여금 불지견의 길에 들게(入) 하고자 세상에 출현하나니라. **<법화경 권1 방편품>**

그러나 부처님이 이룬 그 깨달음은 그렇게 쉬운 것이 아니다. 부처가 이룬 법은 가장 희유하고 난해한 법이니, 오직 부처와 부처만이 제법의 실상을 구진究盡할 수 있을 뿐이다. 이른바 모든 법은 그러한(如是) 상相, 그러한 성性, 그러한 체體, 그러한 역力, 그러한 작作, 그러한 인因, 그러한 연緣, 그러한 과果, 그러한 보報, 그러한 본말구경本末究竟 등이다. **<법화경 권2>** 모든 존재의 진실한 모습은 도저히 말로는 표현할 수가 없다는 뜻을 나타내고 있다. '그러한 모습(如是相)' 이라고 시사하는 정도밖에.

더구나 모든 부처는 겁劫(kalpa)이 흐리고, 번뇌(kleśa)가 흐리고, 중생(sattva)이 흐리고, 견해(dṛṣṭi)가 흐리고, 삶(ājīva)이 흐린 오탁악세五濁惡世에 출현한다. 이러한 악세의 중생들은 마음의 때(垢)가 무겁고 간탐慳貪·질투로 말미암아 선한 일을 할 수가 없다. 어찌 부처가 이룬 희유난해希有難解한 법을 깨달을 수가 있겠는가?

깨달음을 이룬 석가모니께서는 이런 문제로 해서 보리좌에서 깊은 사념에 빠지지 않을 수가 없었다. 그가 이룬 법은 너무나도 심심甚深하여 애탐愛貪에 가린 중생들에게는 도저히 신수信受되지 않을 것으로 느껴졌기 때문이다. 전법傳法을 단념하려는 석가모니께 범천은 법륜을 굴려줄 것을 지극한 마음으로 권청하였다고 한다.**〈장아함 권1〉** 이때 그는 과거 부처님들은 어떤 방편을 쓰셨을까 생각해 보았다. "나도 그들처럼 내가 얻은 법을 삼승三乘으로 설하리라."**〈법화경 권1 방편품〉**는 생각이 떠올랐다. 이러한 확신이 선 다음 비로소 석가모니께서는 바라나시(Bārāṇasī)를 향해 떠나셨다고 한다.

'승乘(yāna)' 이라는 말은 '타고 가는 것' 을 가리킨다. 삼승으로 설한다는 것은 부처의 깨달음에 이르는 하나의 길(一乘)을 셋으로 분별하여 삼승을 설한다는 것이다. 그렇다면 그 삼승이란 구체적으로 어떠한 법일까? 법화경에는 다음과 같이 설명되어 있다. 첫째는 성문승聲聞乘(śrāvaka-yāna)이니 사제 팔정도를 닦아 열반을 증득하는 길이다. 둘째는 벽지불승辟支佛乘(pratyeka-buddha-yāna)이니 십이연기를 닦아 모든 법의 인연을 잘 아는 길이요, 셋째는 보살승菩薩乘(bodhisatttva-yāna 또는 대승)이니 육바라밀을 닦아 깨달음을 구하는 길이다.

지금까지 소개해 온 여러 가지 교리가 그대로 삼승의 내용이라는 것을 알 수가 있다. 그러나 본서에서는 십이연기·사제·육바라밀의 순서로 서술하여 법화경의 순서와는 약간의 차이가 있다. 이것은 서술의 편의상 그렇게 되었을 뿐이다.

삼승 중에서 성문승과 벽지불승은 소승에 해당되고 보살승은 대승에 해당된다. 이 두 승은 전혀 차원을 달리하고 있다. 소승은 열반과 생사를 분별하지 않고는 성립할 수가 없으며, 대승은 열반과 생사를 분별해서는 성립할 수가 없기 때문이다. 따라서 두 교리체계는 처음부터 하나로 결합되기가 어려웠던 것 같다. 불교 경전이 결집되는 과정에서도 아함경(小乘)은 불멸 직후에 열린 제1 결집 때 편성된 것으로 보이지만, 당시에 대승경전이 결집된 기록은 찾아볼 수가 없다. 그 뒤 부파불교를 거치는 동안 대승경전이 편찬되는데, 보수적인 교단에서는 그것을 비불설非佛說이라고 배격하였으며 오늘에 이르기까지 대승과 소승은 하나로 융합되지 못하고 있는 것이다.

그런데 법화경에서 모든 부처는 오직 하나의 불승佛乘을 설할 뿐, 이 하나의 불승에서 방편으로 삼승을 설한 것이니, 삼승은 방편(權)이요 일승은 진실(實)이라는 것이다. 이러한 일승설을 어떻게 이해해야 할까? 법화경은 대승과 소승이 심한 대립을 일으켰을 때 그것을 해결하기 위해 출현한 경전이라는 해석이 있다. 그렇게 볼 만한 점이 없지 않다.

그러나 단순히 교단의 분열·대립을 지양하기 위해 출현한 경전에 불과한 것일까? 그렇게만은 해석할 수 없는 근본적인 면이 있다. 대승 반야사상이 아함의 교설과는 차원이 다르지만, 그러나 그것이 분별망집을 부정하는 그 논리적 근거는 아함의 인연·연기설에 입각한 것이다. 앞서 소개한 바와 같이 아함의 입장에서는 생사와 열반, 번뇌와 보리 등은 뚜렷하게 분별되어야만 한다. 그러나 그 두 법을 새로운 차원에서 바라보면 그들은 서로 연이 되는 상의상관의 관계 속에 존재하고 있다. 따라서 그들의 독자적 존재성(自性)은 부정될 수밖에 없는 것이다.

대승의 반야사상을 깊이 연구하여 중론·대지도론 등의 저술을 남긴 용수(Nāgārjuna A.D. 150~250)도 반야개공의 논리적 근거를 아함의 연기중도설에서 찾았던 것은 이 때문이다. 즉 그는 "유위법(생사)이 있음으로써 무위법(열반)이 있다."<중론 권1>고 말하고, "여러 인연으로 생한 법(연기)은 공이요 가명이요 중도라."<중론 권4>고 논하고 있는 것이다.

대승의 반야개공설이 이렇게 아함의 인연·연기설에 논리적 근거를 둔 것이라면, 아함의 교설은 조금만 입장을 바꾸면 곧 대승의 반야교설로 전개될 수밖에 없는 것이다. 그렇다면 법화경의 '삼승은 곧 일불승'이라는 교설은 단순히 대소승의 교단적 분열·대립을 지양하기 위해 출현한 것에 불과하다기 보다는, 석가모니께서 옛날 전법에 나섰을 때의 본회本懷를 서술한 것이요, 대소승의 분별은 그런 본원本願에 입각한 방편시설이었다고 보는 것이 타당할 것이다. 이에 대한 학자들의 견해야 어떻든간에 적어도 법화경만은 이러한 뜻을 우리에게 분명히 하고 있는 것이다.

### 2) 불자의 사명

불교의 궁극적 목적이 이렇게 열반에 있는 것이 아니라 무상정등각의 획득에 있다면, 다시 말해서 성불에 있다면 모든 불자는 마땅히 그러한 뜻을 향해 발심하고 노력해야 할 것이다. "아라한이나 벽지불임을 자처하면서, 모든 부처가 오로지 보살을 교화한다는 사실을 모른다면 이는 불자가 아니며, 또 스스로 이르기를 구경열반을 얻었다고 하면서 무상정등각을 다시 지구志求하지 않는다면 이야말로 증상만자增上慢者인 것이다."**〈법화경 권1 방편품〉** 오늘날 서구학자 중에는 불교의 궁극적 목적을 열반에 있는 것으로 보는 사람들이 많다. 이런 견해 또한 시정되어야 할 것이 명백하다.

일불승설의 뜻을 더욱 뚜렷이 하기 위해 석가모니께서는 다음과 같은 화택火宅의 비유를 들고 계신다.

부유한 노년의 한 장자가 있었는데, 하루는 자기 저택을 바라보니 사방에서 불이 일어나고 있다. 그러나 집안에서는 많은 사람들과 자기 아들들이 그런 줄도 모르고 유희에 빠져 있다. 집에는 좁은 문이 하나밖에 없는데, 유희에 탐착耽着한 아이들은 불이 났다고 해도 믿으려고 하지 않는다. 여러 가지로 궁리하던 끝에 장자는 방편으로 애들에게 이렇게 말한다. "너희들이 좋아하는 양거羊車·녹거鹿車·우거牛車와 같은 진기한 수레가 문 밖에 있으니 속히 나오너라. 바라는 대로 주겠다." 완구를 좋아하는 애들인지라 서로 밀치면서 모두 밖으로 빠져 나온다. 이때 장자는 애들이 모두 화택을 무사히 빠져나온 것을 확인한 뒤 그들에게 다같이 백우白牛를 맨 커다란 수레 '백우거白牛車'를 나눠준다.**<법화경 권2 비유품>**

이 화택유火宅喩에서 양거·녹거·우거는 각각 성문승·벽지불승·보살승에 해당되고 백우거는 일불승에 해당된다. 처음에 삼승으로 유인하여(方便) 뒤에 다같이 일불승에 들게 하고 있는 것이다.

석가모니께서는 이렇게 불교의 궁극적 목적이 성불에 있음을 설한 다음, 제자들에게 무상정등각의 기記(vyākaraṇa)를 주고 계신다. 제자 가운데서 가장 지혜가 뛰어난 사리불(Śāriputra)에게 수기한 것을 예로 들어보자.

그대 사리불은 미래 무량겁에 무수한 부처를 공양하고 정법을 봉지하여 보살행을 갖춘 뒤에 부처가 되리니, 이름을 화광여래·응공·정변지·명행족·선서·세간해·무상사·조어장부·천인사·불세존이라 할 것이다. 나라 이름은 이구離垢요, 겁명劫名은 대보장엄大寶莊嚴이요, 불수佛壽는 십이 소겁이며, 정법주세正法住世는 삼십이 소겁이요, 상법주세像法住世 또한 삼십이 소겁이리라. **〈법화경 권2 비유품〉**

불명佛名·국명國名·겁명劫名 등을 낱낱이 분별해 주고 있으며, 불멸 후에 법화경을 읽고 발심하는 사람에게도 그런 수기가 행해지는 것이라고 설해져 있다.

'기記(vyākaraṇa)'라는 말은 분석·대답·문법 등의 뜻을 가진 말인데, 여기에서는 장차 그런 일이 있을 것을 '결정적으로 말할 수 있다'는 뜻으로 쓰이고 있다. 그래서 서구학자들은 이 술어를 예언(prophecy)으로 번역하고 있다. 그런데 모든 불자에게 성불에 대한 그러한 기記를 주는 까닭은 무엇일까? 수기설에 대한 의미는 여러 가지 해석이 가능하겠지만, 가장 기본적인 뜻은 글자 그대로 불교를 신수信受하는 사람은 누구나 장차 부처가 될 것이며, 또 마땅히 그렇게 되지 않으면 안 된다는 것을 요청하고 있다고 보아야 할 것이다.

부처가 된 사람은 불국을 건설하지 않으면 안 된다. 수기의 내용에 불명과 국명이 밝혀져 있는 데에서 그런 뜻을 엿볼 수가 있다. 또한 새로운 역사를 창조하지 않으면 안 된다. 겁명이 명기되어 있는 데에서 짐작할 수가 있다. 그리하여 법화경은 반야경이 제법개공諸法皆空을 주제로 삼고 있는 것과는 달리, 불국토 건설과 중생 교화를 2대 주제로 삼고 있는 것이다.

불국토 건설은 불토정화佛土淨化라고도 말해지는데, 사회를 정화하여 정법이 행해지는 이상적인 복지국가를 건설하는 것을 뜻한다. 사리불의 수기에는 "그 땅은 평정하고 청정엄식淸淨嚴飾하며 안은풍락安隱豊樂하여 천신과 인류가 치성熾盛하며 유리琉璃로 땅이 되고 팔교八交의 길이 있으며 황금의 줄이 그 경계를 표시하며 길가에는 칠보로 된 가로수가 있어 항상 꽃이 피고 열매가 맺는다."**<법화경 권2 비유품>**고 묘사되고 있다. 아미타불의 서방정토와 미래불인 미륵의 용화세계龍華世界도 이런 불토의 일종이다.

중생 교화는 괴로움으로부터 중생을 제도하여 요익안락饒益安樂케 하는 것을 뜻한다. 지옥으로부터 천신에 이르는 모든 중생류는 생·노·병·사의 무량한 괴로움 속에 헤매고 있으므로, 선한 일은 할래야 할 수가 없다. 마음속에는 탐·진·치의 불길이 꺼질 날이 없고, 입으로 몸으로 갖은 악행을 범하고 있다. 이러한 괴로움을 근본적으로 해결하는 길은 깨달음을 얻게 하는 것밖에 없다. 따라서 모든 불보살은 그들에게 먼저 삼승을 설하여 괴로움으로부터 제도한 다음, 일불승으로써 무상의 깨달음을 얻게 하는 것이다. 이것을 중생 교화라고 한다.

3) 불타의 위력

국토를 장엄하고 중생을 교화하는 이러한 불타(buddha)는 어떠한 존재일까? 한 마디로 말하면 무상정등각을 얻은 사람이라고 말할 수가 있다. 그래서 '깨달은 사람' 곧 불타라고 말한다. 그러나 그는 오탁악세에 출현하여 중생을 제도하는 일에 몸을 바치므로, 그에게는 다음과 같이 좀더 자세히 수식하는 이름이 붙는다.

① 여래如來(tathāgata) : 그렇게 온
② 응공應供(arhat) : 동등한
③ 정변지正徧知(samyak-sambuddha) : 바르고 평등하게 깨달은
④ 명행족明行足(vidyā-caraṇa-sampanna) : 명明에의 행을 완성한
⑤ 선서善逝(sugata) : 잘 간
⑥ 세간해世間解(loka-vid) : 세간을 아는
⑦ 무상사無上士(an-uttara) : 더 이상 없는
⑧ 조어장부調御丈夫(puruṣa-damya-sārathin) : 사람을 길들이는
⑨ 천인사天人師(deva-manuṣānām śāstṛ) : 천신과 인간의 스승인
⑩ 불세존佛世尊(buddha-bhagavat) : 깨달은 어른

이것을 여래십호라고 하는데, 그 말뜻은 위에 소개한

바와 같다. 그러나 그러한 말이 어떤 의미를 갖고 있는가는 개론서의 범위를 넘는다고 생각되므로 설명을 생략코자 한다. 다만 그 중에서 맨 앞의 여래(그렇게 온 자)는 부처의 특히 중요한 속성을 표현해 주고 있다. 왜냐하면 그 개념은 보살의 반야바라밀다(智到彼岸)와 방향상의 좋은 대조를 이루고 있기 때문이다. 즉 반야바라밀이 아직도 '피안'적인 색채를 띠고 있는 데에 대해서 여래는 '차안'에 회향廻向하는 방향을 보여 주고 있기 때문이다. 세간해·조어장부·천인사 등은 모두가 중생 교화의 활동을 뜻하는 표현들이다. 여래십호가 어떤 의미를 갖고 있는가가 어렴풋이나마 느껴질 것이다.

역사적 인물로서의 부처는 지금으로부터 2,500여년 전 인도 카필라(kapila)성 정반왕(Śuddhodana)의 태자로 태어나 출가 수도하여 깨달음을 이룬 '고타마 붓다' 또는 '석가모니釋迦牟尼(sākyamuni)'를 가리킨다. 그러나 누구든 보살의 길을 걸어 무상정등각을 얻으면 부처가 되는 것이므로, 부처는 석가모니 한 사람에 한정될 수는 없을 것이다. 부처는 과거에도 미래에도 출현할 가능성이 있으며, 현재에도 광대한 우주의 어느 세계에서 부처가 설법을 하고 있을지 모른다.

따라서 아함경에는 과거 칠불七佛과 미래불로서의 미륵불이 서술되고, 불전문학佛傳文學에는 훨씬 더 많은 수의 과거불이 등장하고 있다. 대승경전에 이르면 부처님의 수는 '시방삼세무량제불十方三世無量諸佛'로 확대되어 연등·미타·아촉·약사 등을 포함한 많은 부처가 자세하게 소개된다. 그리하여 석가모니는 옛날 무량겁 전에 연등불燃燈佛의 수기를 받아 현겁의 사바세계娑婆世界(sahāloka)에서 성불한 부처로 서술되고 있는 것이다.

그러한 부처들은 신이 아닌 인간이지만, 무량한 겁에 선업을 닦고 번뇌를 멸하고 우주의 궁극적인 진리를 가장 정확하게 깨달은 것이므로 범부중생이나 다른 종교 사상가들과는 비교가 되지 않을 정도로 위대한 지덕智德을 갖추고 있다. 부처만이 갖는 그러한 능력을 경전은 여러 가지로 설해주고 있는데, 그 중에서 대표적인 것은 십팔불공법十八不共法(aṣṭādaśa-āveṇika-buddha-dharma)이다. '불공법'이라는 말은 범부는 말할 것도 없고 아라한이나 벽지불 또는 보살과도 공통되지 않는 부처 특유의 법이란 뜻으로서, 십력十力·사무소외四無所畏·삼념주三念住·대비大悲의 18을 포함한다.

(1) 부처의 십력(dāśa-bala)은 다음과 같은 열 가지 힘을 말한다.

① 처비처지력處非處智力 : 바른 도리와 그렇지 않은 도리를 판별하는 지력

② 업이숙지력業異熟智力 : 선악업과 그 과보를 여실하게 아는 지력

③ 선정해탈지력禪定解脫智力 : 사선四禪·팔해탈八解脫·삼삼매三三昧·팔등지八等持 등을 여실히 아는 지력

④ 근상하지력根上下智力 : 중생의 근기根機의 고하우열高下優劣을 여실히 아는 지력

⑤ 종종승해지력種種勝解智力 : 중생의 여러 가지 의욕경향意慾傾向을 여실히 아는 지력

⑥ 종종계지력種種界智力 : 중생계와 그 성류性類를 여실히 아는 지력

⑦ 변취행지력遍趣行智力 : 어떤 수행에 의해 어떤 도에 나가는가를 여실히 아는 지력

⑧ 숙주수념지력宿住隨念智力 : 중생의 숙명을 여실히 아는 지력(宿命通)

⑨ 사생지력死生智力 : 중생의 미래를 여실히 아는 지력(天眼通)

⑩ 누진지력漏盡智力 : 일체의 번뇌(漏)가 다한 것을 여실히 아는 지력(漏盡通)

다시 말하면 부처는 중생심衆生心의 갖가지 번뇌·성향·수행 등에 대해 정확하게 아는 지력을 갖고 있다는 말이다.

(2) 부처에게는 이렇게 십력이 있으므로 아무런 두려움이 없는데, 그러한 무소외無所畏에는 다음과 같은 네 가

지(catur-vaiśāradya)가 있다.

① 일체지무소외一切智無所畏 : 일체지자一切智者로서의 자신自信

② 누진무소외漏盡無所畏 : 일체의 번뇌를 극복하였다는 자신

③ 설장도무소외說障道無所畏 : 수행에 장애 되는 길을 설할 수 있는 자신

④ 설진고도무소외說盡苦道無所畏 : 괴로움을 멸하는 길을 설할 수 있는 자신

석가모니께서 사문·바라문·천신天神·마魔·인간 등의 가운데서 능히 법륜을 굴리고 사자후를 할 수 있는 것은 이러한 무소외가 그에게 있기 때문이다.

(3) 부처는 중생을 자식처럼 여기고 구제에 온갖 노력을 기울이지만, 모든 중생이 반드시 그러한 뜻에 응해 주는 것은 아니다. 신수信受하지 않을 때도 있고 심한 경우에는 비방·가해하는 경우도 있다. 그런 경우에도 부처는 정념정지正念正知에 머물러 흔들림이 없으니, 이것을 염주念住라고 하고 다음과 같은 셋(tri-smṛtyupasthāna)을 든다.

① 제일염주第一念住 : 중생이 부처를 신봉하여도 희심喜心을 일으키지 않고 정념正念에 머묾.

③ 제이염주第二念住 : 중생이 부처를 불신하여도 우심

憂心을 일으키지 않고 정념에 머묾.

④ 제삼염주第三念住 : 중생이 부처를 신봉하거나 비방해도 희심喜心과 우심憂心을 일으키지 않고 정념에 머묾.

(4) 부처의 대비大悲(mahā-karuṇā)에 대해서는 뒤에 3항에서 자세한 설명이 있을 것이다.

부처의 지력과 자신自信·심정 등의 비범한 속성을 표현하는 이러한 정신적인 십팔불공법 외에 다시 부처의 육체적인 모습에 대해서도 그 수승함을 표현하는 삼십이상·팔십종호 등의 설이 있다. 대승경전에 이르면 부처의 그러한 위력은 더욱 강조되어 현대 학자들이 '부처의 신격화'라고 말할 정도로 절대적인 신앙의 대상으로 발전한다. 아미타불은 그렇게 신격화된 부처의 하나로 평해지고 있다. 그러나 부처는 결코 신이 아니다. 깨달음을 이룬 인간인 것이다. 깨달음은 인간에게 그렇게 위대한 힘을 가져다 준다는 것을 배울 수가 있다.

## 2. 보살의 길

### 1) 인간의 마음

불교는 결국 인간의 마음(心 citta)에 대한 종교라고 말할 수가 있다. 부처에게 위대한 지덕智德이 있다면 인간의 마음이 그렇게 위대한 것이며, 중생에게 엄청난 사악함이 있다면 인간의 마음이 그렇게 사악한 것이다. 모든 법의 근본은 실로 마음이니, 이 마음을 바로 알고 닦지 않으면 안 된다.

그러나 마음은 미묘하여 파악하기 어렵다. 외계外界의 대상을 낱낱이 인식하고 기억하는가 하면 자기 자신을 또 그렇게 객관화하는 힘이 있다. 선택하고 행동하는 무한한 자유가 있으며, 선의善意에 결합하여 선업을 짓고 악의에 결합하여 악업을 짓는다. 번뇌를 일으킬 수도 있고 멸할 수도 있으며, 번뇌를 일으켜 생사에 헤매고 번뇌를 멸하여 열반에 안주한다.

그러기에 아함경은 다음과 같이 설한다. "마음이 더러운 까닭에 중생이 더럽고, 마음이 깨끗한 까닭에 중생이 깨끗하다. 마치 화가가 하얀 바탕에 여러 가지 채색으로 마음대로 그림을 그리듯이, 마음도 오온五蘊에 대한 무지로 말미암아 생사에 묶이고, 오온에 대한 여실지如實知로 해탈을 얻는다." **<잡아함 권10>**

분별망집分別妄執을 못 버려 소승을 행하는가 하면 분

별망집을 떠나 대승을 행한다. 깨달음을 못 열어 어두운 중생인가 하면, 깨달음을 열어 위대한 부처가 된다. 그러기에 화엄경은 "중생과 마음과 부처의 셋은 아무런 차별이 없다."고 설하고 있다.

중생의 마음은 이렇게 성불할 수 있는 무한한 가능성을 갖고 있다. 이것을 불성佛性이라고 말하는데, 이러한 불성은 지옥에서 천상에 이르는 중생에게 조금도 차이가 없다. "일체 중생은 모두 불성이 있다."는 것은 이것을 두고 하는 말이다.

그러나 불성이 있다고 해서 깨달음이 쉽게 이루어지는 것은 아니다. 중생의 죄장도 또한 무한히 두터울 수가 있기 때문이다. 중생은 중생으로서 남을 수 있는 무한한 가능성을 갖고 있다는 말이다. 심한 경우에는 불성을 갖고 있다는 말조차 하기가 어려울 때도 있다.

부처가 먼저 중생의 마음을 정화하는 삼승을 설함은 이 때문이다. 그런 뒤에 궁극적인 깨달음을 얻게 하는 것이 곧 일불승이다. 따라서 삼승을 행할 때 이미 일승에 들어서 있으며, 삼승은 한결같이 성불에 이르는 보살의 길이라고 말할 수가 있다.

### 2) 화엄경의 십지설

일불승설에 의하면 육바라밀을 닦는 보살은 말할 필요도 없지만, 사제를 닦는 성문도, 십이연기를 관하는 벽지불도 다같이 한 줄기 불승 속에 있다. 누구라도 삼보에 귀의하고 염불이라도 한 번 하는 순간 모두 이미 보살의 길 속에 들어서 있는 것이다. 심지어는 "장난으로 불탑이나 불화를 그리거나, 산란한 마음으로 나무불南無佛을 한 번 하고서도 모두가 이미 불도를 이루었다."고 법화경은 설하고 있다.〈권1〉

이런 견지에서 초기 화엄경(十地經)은 아함에서 대승에 이르는 전 불교 교리를 망라하여 한 줄기 보살도를 조직하고 있으니, 소위 화엄십지설이 곧 그것이다. 이것은 십주十住·십행十行·십회향十迴向이라는 예비 단계를 거친 뒤에 다음과 같은 십지(daśa-bhūmī)의 수행 계위階位를 밟고 있다.

① 환희지歡喜地(pramuditā) : 십대원十大願을 세움
② 이구지離垢地(vimalā) : 십선도十善道를 행함
③ 발광지發光地(prabhākārī) : 무상·고·무아 등을 관觀함
④ 염혜지焰慧地(arciṣmatī) : 삼십칠조도품三十七助道品을 닦음
⑤ 난승지難勝地(sudurjayā) : 사제四諦를 닦음
⑥ 현전지現前地(abhimukhī) : 십이연기를 관함
⑦ 원행지遠行地(dūraṁgamā) : 십바라밀十波羅蜜을 닦음
⑧ 부동지不動地(acalā) : 무생법인無生法忍을 얻음
⑨ 선혜지善慧地(sādhumatī) : 사무애지四無碍智를 얻음

⑩ 법운지法雲地(dharmameghā) : 대법우大法雨를 뿌림

이런 십지를 거친 뒤에 보살은 부처가 된다는 것이니, 계위의 수는 41위가 되는 셈이다(瓔珞本業經은 십주 앞에 十信位를 보태고, 佛地를 等覺位와 妙覺位의 둘로 갈라 52위를 설하고 있음). 십지에서 닦는 행법을 볼 때 아함의 교설로부터 대승경의 반야·법화 교설에 이르는 모든 교법이 포함되어 있다. 일불승설에 입각한 보살의 길이라는 것이 뚜렷하다.

## 3. 대자대비

불교는 제법諸法을 있는 그대로(如實히) 알아내는 지혜(般若)를 매우 존중한다. 그러한 지혜가 있음으로써 올바른 종교적 행위가 가능해지기 때문이다. 믿음(信)만 있고 앎(解)이 없으면 미신에 흐르기 쉽고, 앎만 있고 믿음이 없으면 오만하게 되기 쉽다.**〈화엄경〉** 불교도 종교인만큼 믿음의 중요성을 충분히 인식한다. 그러나 그러한 믿음과 함께 이지理智의 중요성을 또한 크게 강조하고 있는 것이다. 이런 견지에서 불교는 매우 지적인 종교라고 할 만하다.

그렇다고 해서 인간의 정의적情意的인 면을 전혀 등한시하는 것은 아니다. 지智를 강조하면 정情은 약해진다

고 생각될지 모른다. 그러나 이렇게 약해지는 정은 무지無知에서 발생했던 이기적인 정이었지, 순수하고 뜨거운 인정은 아니다. 순수하고 뜨거운 인정은 오히려 이기적인 아집(情)이 사라질 때 아무런 구애를 받지 않고 솟아오를 수가 있다. 그러기에 반야경은 "보살이 공을 익힐 때 능히 대자대비가 발생하나니 범계심犯戒心·진심瞋心·해태심懈怠心·난심亂心·무지심無智心이 생하지 않기 때문이라." **<대품반야 권1>**고 밝혀 주고 있다.

지혜를 바탕으로 발생하는 이러한 인간애를 불교에서는 자비(maitrī-karuṇā)라고 한다. 자慈(maitrī)는 어원적으로 '우인友人(mitra)'이라는 말에서 파생한 말로 진실한 우정·순수한 친애의 염念을 의미한다. 이에 대해서 비悲(karuṇā)는 애린·동정 등의 뜻으로써 보통 쓰이고 있는 말이다. 따라서 자비는 '남에게 이익과 안락을 주고(慈, 與樂) 불이익과 고통을 덜어 주려는(悲, 拔苦)' 인간애를 의미한다.

자비는 아함에서부터 강조되고 있다. 그곳에 사무량심이라는 교설이 있는데, 자慈·비悲·희喜·사捨의 네 마음을 일체 중생에 대해서 무한히 가지라는 것이다. 자와 비는 위에서 설명한 바와 같고, 희는 남이 즐거움을 얻었을 때 그것을 흔연히 기뻐해 주는 것이며, 사는 다른 사람에게 애증원친愛憎怨親의 마음을 갖지 않고 항상 평정을 유지하는 것이다.

대승불교에 이르면 지혜의 심화와 함께 자비도 더욱 강렬해진다. 보살이 무상無上의 깨달음을 구함은 아라한이 열반을 구하는 것과는 다르다. 보살의 서원에서 살펴본 바와 같이, 중생을 구제하기 위해 깨달음을 구하는 것이다. 어떤 경우에는 깨달음을 구하는 일을 보류하고서라도 중생제도에 나아간다. 육바라밀의 최초에 보시바라밀이 있는 것을 주의할 필요가 있다.

무상의 깨달음을 이룬 부처에게 있어서 자비는 다시 말할 필요가 없다. 이미 깨달음을 이루었으니 그의 모든 공덕은 오로지 중생에게 회향 될 수밖에 없다. 법화경의 2대 주제는 불국토 건설과 중생 교화라는 말을 하였다(제1항 참조). 이것은 부처의 그러한 자비의 실천이라고 볼 수가 있다. "너희는 모두 나의 아들이요, 나는 너희 아버지이니, 너희는 무수한 겁에 한없는 괴로움을 겪고 있노라. 내 너희를 모두 건져 삼계를 벗어나게 하리라." **<법화경 권2 비유품>**

이러한 부처의 인간애를 우리는 고타마 붓다(석가모니)에게서 볼 수가 있다. 깨달음을 이룬 뒤 그는 중생 속에 몸을 던져 열반에 들 때까지 45년간 한시도 쉬지 않고 사람들을 가르치고 있다. 얼마나 많은 사람들이 그의 가르침 속에서 눈을 뜨고 감사하였는가. 그러나 그를 비방하고 가해하려는 자도 없지 않았다. 그의 사촌 동생 데바닷타(Devadatta)를 예로 들 수가 있다. 그러나 그는 그러한

사람도 용서하고 성불의 기記까지 주고 있는 것이다. **〈법화경 권4 제바달다품〉**

그런데 불·보살이 이렇게 무한한 자비를 일으키는 이유는 무엇일까? 한 마디로 말해서 고통 받고 있는 형제를 잊을 수가 없기 때문이다. 자기는 비록 시름과 괴로움을 여의었다고 하더라도, 무수한 중생들이 죽어가는 저 슬픈 울음을 어찌 듣고만 있겠는가.

지자智者는 일체 중생이 생사의 고해에 빠져 있는 것을 보고 건지고자 하므로 슬픔을 일으킨다.

사도邪道에 헤매는데도 이끌어 주는 사람이 없음을 보고 슬픔을 일으키고,

오욕五欲의 진수렁에 빠져 나올 수 없으면서도 방일放逸하는 것을 보고 슬픔을 일으키고,

재물과 처자에 얽매여 빠져나오지 못함을 보고 슬픔을 일으킨다.

또 중생들이 악업을 짓고 고과苦果를 받으면서도 탐착耽着을 하는 것을 보고 슬픔을 일으키고,

오욕五欲을 갈구함이 마치 목마른 자가 소금물을 마시는 것과 같음을 보기에 슬픔을 일으키고,

행복을 구하면서도 그 원인을 닦지 않고, 괴로움을 싫어하면서도 애써 그 원인을 닦으며, 천상에 나고자 하면서도 계를 지키지 않기에 슬픔을 일으킨다.

또 중생들이 '나(我)'가 없는 데에서 '나'가 있다는 생각을 하니 슬픔을 일으키고,

생·노·사를 두려워하면서도 오히려 그 업을 짓는 것을 보고 슬픔을 일으키고,

무명의 어둠 속에 있으면서도 지혜의 등불을 밝힐 줄 모르니 슬픔을 일으키고,

번뇌의 불길에 타면서도 삼매의 물을 구할 줄을 모르니 슬픔을 일으키고,

오욕의 즐거움 때문에 무량한 악을 지음을 보고 슬픔을 일으키고,

오욕의 괴로움을 알면서도 이것을 구해 쉴 줄을 모름이 마치 배고픈 자가 독이 든 밥을 먹는 것과 같음을 보고 슬픔을 일으킨다.

또 중생들이 부처의 출세出世를 만나 감로의 법을 듣고도 수지할 줄 모르니 슬픔을 일으키고,

나쁜 벗을 믿고 선지식의 가르침을 따르지 않기에 슬픔을 일으키고,

많은 재물을 갖고 있으면서도 나눠줄 줄 모름을 보고 슬픔을 일으키고,

밭을 갈고 씨를 뿌리고 장사를 하는 것을 볼 때 모든 것이 괴로움이라 슬픔을 일으키고,

부모·형제·처자·노비·권속·종실들이 서로 사랑할 줄 모름을 보고 슬픔을 일으킨다. **〈우바새계경〉**

불·보살의 자비는 참으로 크고 크다고 하지 않을 수가 없다. 괴로움을 여의고 깨달음을 열어 남을 위해 살고 싶은 사람에게 그 큰 사랑은 언제나 개방되어 있는 것이다.

제 2 부

# 불교, 어떻게 믿을 것인가?

# 제 1 장
# 불교, 어떻게 믿을 것인가?

## 1. 종교 선택의 어려움

요즘 세상은 믿을 것이 없다고 한다. 남은 말할 것도 없고 친구나 친척, 심지어는 처자까지도 믿을 것이 못된다. 뉴스나 광고는 물론이지만, 학설까지도 견해가 엇갈려 어떤 쪽을 따라야 할지 알 수가 없다. 재산과 권리와 명예라는 것은 본래부터 덧없는 것이지만, 심지어는 종교와 성직자까지도 불신을 받고 있다. '불교, 어떻게 믿을 것인가' 라는 주제는 불교 신앙을 어떻게 할 것인가라는 믿음의 방법을 묻고 있는 말이지만, 불교를 어떻게 믿을 수 있겠느냐는 불신의 뉘앙스가 먼저 풍기는 것은 아이러니컬하다.

그러나 인간이 믿음을 상실하고 살 수가 있을까? 오늘 힘들여 일하는 것은 내일을 믿기 때문이고, 오늘 힘들여 가르치는 것은 다음 세대를 기대하기 때문이다. 내일은 차치하고라도, 지금 이 시점에 우리가 존재하고 있다는 것부터가 무엇인가를 믿고 그것에 의지하고 있음을 뜻한다. 따라서 믿음은 인간 존재를 가능케 하는 정신적 바탕이라고 할 수 있다. 그것이 흔들릴 때 인간은 불안해지고, 그것이 제약될 때 인간은 외로워지고, 그것이 사라질 때 인간은 죽게 된다. 반대로 그것이 일어날 때 인간은 소생하고, 그것이 확장되고 튼튼해질 때 인간은 외로움과 불안을 극복하여 밝고 힘찬 삶을 맞게 되는 것이다.

믿음은 이와 같이 인간 존재의 정신적 바탕이 되기에, 사람들은 믿음의 위험성을 겪으면서도 믿음을 또한 구하지 않을 수가 없다. 한 번 속은 친구라면 아예 돌아서야 함에도 불구하고 두 번 세 번 속는 것은 어리석음 때문이라기보다는 어딘가 믿고 싶은 인간성의 나약함 때문일 것이다. 이러한 인간성의 나약함은 재산의 파탄이나 불치병과 같은 절망적인 상황에서는 더욱 절실하게 믿음을 구하게 된다. 그리하여 물에 빠진 사람이 지푸라기라도 잡듯이 아무 교설이나 닥치는 대로 믿음을 일으킨다. 그리고 간혹 그런 맹목적인 믿음은 강렬하고 순수한 만큼 절망적인 상황을 이겨내는 절대적인 힘이 되기도 한다. 그래서 믿음은 그 내용이 진리냐 아니냐에 관계

없이 위대한 것이라고 말하고, 그런 믿음이 종교적 믿음의 특징인 것처럼 생각되기도 한다.

그러나 그러한 맹목적인 믿음을 진정한 종교적 믿음이라고 할 수가 있을까? 진정한 믿음이란 끝내 허망하지 않은 영원한 것이어야 할 것이다. 따라서 그 대상은 거짓이 아니라 진실이어야 하고, 일시적인 것이 아니라 영원한 것이어야 하고, 부분적인 것이 아니라 보편적인 것이어야 한다. 이러한 믿음의 대상을 우리 주변에서 찾는다면 그것은 종교라고 해야 할 것이다. 인류가 발생시킨 여러 가지 문화 현상 중에서 영원한 진리와 진정한 가치를 체계적으로 제시하고 있는 것은 그래도 종교이기 때문이다.

그러나 오늘날 우리 사회의 종교 현황은 어떤가? 불교를 비롯해서 기독교·유교·도교·무속 등과 같은 여러 가지 종교 관념이 난립해 있다. 공산주의적인 유물론도 고대사회에서는 일종의 종교 관념이었던 것이다. 뿐만 아니라 각 종교가 내세우고 있는 진리의 내용은 왜 그렇게 서로 다른가? 불교에서는 세계를 인간의 마음이 만들었다고 하고, 기독교에서는 하느님의 창조라고 하고, 유교에서는 음양의 원리에 의한 것이라 한다. 영원하고 궁극적인 진리는 하나여야 할 것인데, 왜 이렇게 각 종교의 주장은 서로 내용이 엇갈리는 것일까? 종교를 믿음의 대상으로 삼고자 할 때, 우리에게는 다시 이런 문제가 대두되는 것이다.

이럴 경우 이에 대해 우리가 취할 수 있는 길은 두 가지라고 할 수 있다. 하나는 어느 종교이든 하나를 골라 덮어놓고 믿는 길이고, 다른 하나는 각 종교의 교설에 관심을 갖고 그것이 과연 진리인가 아닌가를 먼저 문제로 삼아보는 경우이다. 이런 두 가지 방향에서 어떤 쪽을 택할 것인가는 각자의 자유이겠지만, 전자는 결코 종교적 자세라고 볼 수가 없다. 왜냐하면 종교는 항상 영원한 진리와 진정한 가치를 추구하는 것이기 때문이다. 그리고 아무 종교나 하나 골라 덮어놓고 따른다는 그러한 마음은, 그것이 바라는 세속적인 물질적 효과가 나타나지 않을 때에는 언제라도 딴 곳으로 눈을 돌린다. 따라서 진정한 종교적 믿음은 무엇보다도 먼저 종교적 교설의 진리성 여부에 관심을 갖고 그것을 먼저 확인코자 하는 데에 있다고 말할 수 있다.

종교적 믿음의 선행 조건을 이렇게 생각할 때, 우리에게는 이제 판단의 어려움이 따르게 된다. 그것은 아직 믿음의 단계에도 들어가지 못한 사람이 어떻게 그 종교에서 설하는 교설의 내용이 진리인지 아닌지를 헤아릴 수 있겠느냐는 것이다. 기독교에서는 인간은 신을 인식할 수 없다고 하고, 불교에서도 참다운 진리는 오직 부처와 부처만이 주고 받을 수 있을 뿐이라고 한다. 따라서 믿어보기도 전에 교설의 내용이 진리인지 아닌지를 알고자 하는 것부터가 잘못이요, 오만이라고 해야 할 지 모른다.

그러나 범속한 인간의 지적 능력이 아무리 불완전한 것이라고 해도, 선악이나 진위眞僞와 같은 것을 전적으로 식별할 수 없을 만큼 그렇게 불완전한 것은 아니다. 기독교와 같은 종교에서도 인간은 신을 완전하게는 알 수 없지만, 신이 스스로 그 자신을 인간에게 계시啓示함으로써 인간은 신에 대한 부분적인 지식을 얻을 수가 있다고 한다.

따라서 우리가 결혼 대상을 고를 때 먼저 그 사람이 믿음직한가 아닌가를 살펴 보듯이 종교에 대해서도 과연 그것이 믿음직한 진리인가 아닌가를 생각해 볼 필요가 있는 것이다.

## 2. 믿음의 자세

이런 견지에서 필자는 오늘 주제로 내세워진 불교라는 종교에 대해서 그것이 과연 믿을 만한 것인가 아닌가에서부터 우선 생각해 보고자 한다. 부처님 계시던 B.C. 5~6세기 경의 인도 사회는 '브라흐만(梵)'이라는 신적 존재를 우주의 창조주이자 본질로 믿는 정통적인 브라마니즘이 있었고, 다시 이에 맞서서 세계의 근원을 몇 개의 물질적 요소로 보는 사문沙門들의 다양한 종교 사상이 대립하고 있었다. 고타마 싯달타가 당시의 그러한 두 계통의 종교 사상을 믿어보고 닦아보고 그 궁극적인 경지를 체험해 보았던 것은 주지周知의 사실이다. B.C. 5~6 세기경의 인도 사회와 20세기의 현대사회를 동일 선상에서 비교할 수는 없다. 그러나 당시와 현대의 종교 관념을 비교해 볼 때 그들 사이에 근본적인 다름이 있다고는 생각되지 않는다.

브라마니즘의 범신론汎神論과 기독교의 유일신관唯一神觀은 크게 다른 것 같지만, 브라마니즘의 원천이 되고 있는 리그베다의 종교에는 유일신 관념도 없지 않았던 것이다. 그리고 물질적 요소에 대한 당시의 견해는 지·수·화·풍 사대설四大說이 기본적인 것이고, 현대과학에서는 104 원소설이 기본적인 것이지만, 이것 또한 분석 기술의 차이에 불과한 것이지 철학적 사유의 패턴이 근본적으로 다른 것은 아니다. 그렇다면 당시의 여러 종교 사상을 믿어보고 체험해 보았던 고타마 싯달타의 종교적 구도 편력은 오늘날 우리들이 '어떤 것이 과연 믿을 만한 종교인가' 를 문제로 삼았을 때 일어날 판단의 어려움에 대해 중요한 의미를 지닌다고 하겠다. 마치 예수 그리스도가 인간의 죄를 대신 받아 십자가에 못박혔듯이, 고타마 붓다는 인간의 힘든 종교적 방황을 대신 받아 겪어 주셨다는 말이다.

고타마 싯달타는 당시의 여러 종교가 문제성이 있다는 것을 발견한 뒤에는 곧 그들과 결별하여 붓다가야의 조용한 숲을 찾아가 그곳에서 독자적인 선정에 잠겨 마침내 진리를 깨달았다고 한다. 그리하여 그러한 진리를 세상에 나가 설한 것이 불교인데, 그러한 전도 과정에서 자기 자신을 항상 '깨달은 자'로 자처하고 있다. 뿐만 아니라 다른 중생들도 모두 노력만 하면 다 같이 그런 깨달음을 이룰 수가 있음을 강조하고 계신 것이다.

이에 대해 당시의 바라문들은 어떠했던가? 그들은 오직 자기들만이 브라흐만 신의 입에서 태어난 '신의 아들들'임을 자처하였고, 브라흐만 신과 교섭하고 제사를 집행할 수 있는 것도 오직 자기들 뿐이라고 주장하였다. 부처님과 이들 바라문과의 양자에서 누가 진실을 말하고 있다고 볼 수 있을 것인가?

부처님은 그가 깨달은 진리가 너무나도 깊고 미묘하여 일체의 언어와 사유를 초월한 것이므로, 이것을 중생들에게 깨우치기 위해서는 부득이 언어와 사유를 동반한 점진적 방편을 시설할 수 밖에 없었음을 솔직히 고백하고 계신다. 그리하여 자기의 언어적 교설은 절대적 진리가 아니라 저 언덕에 건너간 다음에는 마땅히 버려야 할 뗏목과 같은 것이니, 문자에 얽매이지 말고 항상 그 뜻을 생각하라고 간절히 설하고 계신다. 그러나 바라문들은 어떠했던가? 자기들의 베다 성전은 하늘에서 들은 '쑤루티(śruti)' 곧 '신의 계시'임을 강조하고 그곳에 씌어 있는 일자일구一字一句도 모두가 절대적인 진리라는 것을 주장하고 있다. 불교 경전에도 물론 '여시아문如是我門'이라는 말이 맨 처음에 붙어 있다. 그러나 이것은 부처님의 제자인 아난이 스승의 말씀을 들었다는 뜻에 불과한 것이다. 불교와 브라마니즘의 이러한 경전관經典觀에서 어떤 쪽이 더 진실을 말하고 있는가는 각자가 생각해 볼 일이다.

부처님은 자기의 교설이 중생을 깨우치기 위한 '삼승三乘'이라는 중층적 조직을 가진 미묘한 것이지만, 그러한 법을 들은 자가 누구나 다 깨달음을 이루는 것은 아니라고 말씀하고 계신다. "열반과 열반에 이르는 길은 분명히 있고 자기는 그것을 가리켜 주지만, 가고 안 가고는 각자에 달린 일로서, 자기인들 어떻게 하겠느냐." 하시는 것이다. "불교에 대한 믿음을 통해 모든 사람은 다 병이 낫습니까?"라고 물었을 때도 부처님은 낫는 사람도 있고 낫지 않는 사람도 있다고 솔직하게 대답하고 계신다. 브라흐만 신에 대한 기도와 제사를 통해 인간의 문제는 무엇이나 해결된다고 말했던 바라문들의 주장과 위와 같은 부처님의 자세는 좋은 대조를 보여주고 있는 것이다.

이상과 같은 비교는 이 밖에도 계속해서 많은 예를 들 수가 있을 것이다. 그리고 그러한 차이는 두 종교가 갖는 근본적인 입장의 차이에서 필연적으로 발생하는 것임은 물론이다. 그러나 그렇게 근본적인 차이에서 오는 것이라고 하더라도 그러한 근본적인 면에서 어느 쪽이 더 진실에 가까운 것인가를 짐작하는 것은 어렵지 않으리라고 본다. 부처님이 처음 바라나시에서 교진여 등 다섯 비구를 상대로 법바퀴를 굴리시고 그것이 급속도로 인도사회에 퍼져나갔던 것은 당시의 사람들에게 불교의 그러한 진실성이 발견되었기 때문일 것이다.

여러 종교가 난립해 있는 상황에서 어떤 것이 믿음직한 종교인가를 알아내는 어려움이 이상과 같은 방법으로 해결될 것으로 보는데, 이 밖에도 여러 가지 경로와 인연을 통해 사람들에게 종교적 선택이 이루어질 것이다. 그러나 일단 그러한 선택이 이루어지게 되면, 이제 그에 대한 전적인 '믿음'을 일으켜야 함은 당연한 순서이다.

불교에서는 입문자가 제일 먼저 갖춰야 할 그러한 믿음으로 '사불괴정四不壞淨'이라는 것을 설하고 있다. 불법승 삼보와 계戒에 대해 확고부동한 믿음을 일으켜야 한다는 것이다. 또 모든 불교인들은 항상 '육념六念'을 해야 한다는 것인데, 그것은 이전의 네 가지 믿음의 대상에 보시와 하늘의 과보(生天)를 추가한 것으로 그 여섯 가지를 항상 생각하라는 뜻이다.

인간은 타고 나면서 다섯 개의 감관을 갖고 인식과 활동의 작용을 하고 있다. 불교에 입문하여 수행하게 되면 그 위에 다시 새로운 다섯 개의 감관(五根)이 더 발생하여 다섯 가지의 힘(五力)을 지니게 된다는 것이 오근五根과 오력五力이라는 교설인데, 거기에서도 믿음이 제일 앞에 위치하고 있다. 그리하여 그런 믿음을 통해 '정진精進·염念·정定·혜慧'가 형성된다는 뜻을 보여주고 있는 것이다. 이러한 믿음은 '의심'에 대한 반대 개념이다. 따라서 원시경전에서는 다시 수행을 통해 극복되는 번뇌 속에 끊임없이 의심을 포함시키고 있으니, 인간의 청정한 본성을 가리고 있는 오개五蓋의 내용도 '탐貪·진瞋·수면睡眠·도거掉擧·의疑'로 되어 있으며, 불환과不還果에서 단절된다는 오하분결五下分結의 설에도 '탐貪·진瞋·유신견有身見·계금취견戒禁取見·의疑'로 되어 있어 의심이 항상 포함되어 있는 것이다.

절대적 믿음에 대한 이러한 요청은 대승경전에는 더욱 강력하게 나타나고 있다. 금강경에 "만일 어떤 사람이 이 경을 듣고 신심信心이 청정하면 곧 실상實相을 생하리니, 마땅히 알라. 이 사람은 가장 희유한 공덕을 성취하였느니라."고 설해지고 있다. 그러나 "모든 법의 그러한 실상은 너무나도 심오하고 미묘하여 오직 부처와 부처만이 다 알 수 있을 뿐 그 밖의 사람은 심지어는 보살들까지도 짐작조차 할 수 없는 것"이라고 법화경은 설하고 있다.<권2 방편품> 그러면서도 "여러 보살 중에서 신력信力이 견고한 자는 제외한다."는 단서를 붙이고 있으니, 이것은 깨달음의 세계가 아무리 들어가기 어려워도

'믿음'으로서 능히 들어갈 수 있음(以信能入)을 증언하고 있는 것이다. 이러한 대승 보살의 구도 과정을 자상하게 설해 나간 것이 화엄경이다. 따라서 그곳에서 보살은 무엇보다도 먼저 불법승에 대해 절대적인 믿음을 일으켜야 한다고 하고 "믿음이야말로 보살도의 근원이요, 공덕을 낳는 어머니요, 의심의 그물을 끊고 무상無上의 길을 열어준다."〈권14 현수품〉고 설해지고 있다.

그러나 불교에 있어서의 이러한 믿음은 신을 중심으로 한 종교에서 말하는 믿음과는 그 성질이 판이하다는 것을 잊어서는 안 된다. 전자에 의하면 신은 우주를 창조하고 지배하는 주主요, 인간은 피조물이므로 인간은 마땅히 주의 뜻에 따라 종從이 되어야만 구원을 얻을 수 있다는 것을 깊이 인식하는 데에 있다. 그러나 불교에서는 '부처'는 절대적인 진리를 깨달은 자요, 중생은 그러지 못한 자이므로, 마땅히 부처의 교법에 따라 수행해야만 최상의 깨달음을 얻을 수 있다는 것을 깊이 인식하는 데에 있는 것이다. 따라서 원시경전의 사불괴정에는 '불·법·승' 삼보가 신앙의 대상으로 설정되고 있으며, 기신론에서는 그러한 삼보에 '절대적 진리(眞如)'를 하나 더 추가하여 '진여·불·법·승'이 불교적 믿음의 대상이라고 논해지고 있는 것이다.

이와 같이 불교에 있어서의 믿음은, 인간은 누구나 절대적 진리를 깨달을 수 있다는 것이 그 기본적인 것으로 되어 있다. 따라서 신을 중심으로 한 종교에서는 인간이 신이 되려고 하거나 신과 동일한 위치에 있고자 하는 것이야말로 용서받지 못할 교만이요, 근원적인 죄라고 하는 데에 대해서, 불교에서는 오히려 그렇지 않는 것을 '교만'이라고 말하고 있는 것이다. 다시 말하면 부처님은 법화경에서 "모든 부처는 중생들에게 궁극적으로는 부처님과 똑같은 지견知見을 개시開示하고 오입悟入케 하고자 세상에 출현하는 것"이며 "지금까지 설해 온 여러 가지 삼승의 교법은 모두가 그러한 깨달음을 얻게 하고자 미묘하게 시설한 방편에 불과했다."는 것을 솔직히 고백하고 계신다. 그런 뒤에 '최상의 깨달음'을 얻고자 감히 뜻하지 않는 것이야말로 최대의 '교만(增上慢)'이요 <권1 방편품> 죄요 무지라고 규정하고 계신다.<무량수경>

따라서 불교에서는 믿음은 항상 최상의 깨달음을 얻고자 마음을 일으키는 '발심發心'과 함께 나타난다. 화엄경에 설해진 보살의 길은 '십주十住·십행十行·십회향十廻向·십지十地'로 조직되어 있는데, 그 최초에 위치하고 있는 십주의 제일 첫 단계는 발심으로 되어 있으며, 그러한 발심의 앞<권14 현수품>에서 믿음이 크게 강조되고 있는 것이다. 이것이 뒤에 보살영락본업경菩薩瓔珞本業經에서는 '십신十信·십주十住·십행十行·십회향十廻向·십지十地·등각等覺·묘각妙覺'이라는 '오십이위五十二位'설로 조직되고 있음은 물론이다.

불교에 있어서의 믿음은 이와 같이 항상 발심을 수반하는데, 이러한 발심은 부처님과 같은 최상의 깨달음을 얻고자 마음을 일으키는 것이므로 그것은 곧 종교적 실천의 행行으로 옮겨지지 않을 수가 없다. 화엄경은 이런 뜻을 잘 표현하여 십주 다음에 십행을 배치하고 있는 것이다. 따라서 불교적 신앙생활이란 어떤 것이냐 하면 한마디로 말해서 이상과 같은 불교적 '믿음'과 '발심'과 '행'을 하나로 연결한 종교적 생활이라고 말해도 좋을 것이다.

## 3. 진정한 불교적 신앙생활

불교의 신앙생활은 이와 같이 그 개념이 명백한 것이다. 그럼에도 불구하고 오늘날 이것이 제대로 인식되고 제대로 행해지고 있을까? 오늘 우리들이 '불교, 어떻게 믿을 것인가?'라는 주제를 내걸고 있다는 사실부터가 우리의 실생활에서 그것이 제대로 이루어지지 않고 있음을 뜻한다. 따라서 이제 좀더 구체적으로 우리 주변에서 행해지는 중요한 불교적 신행信行을 예로 들어 그 문제를 살펴보고자 한다.

① 우리 사회에서 전통적으로 가장 친근한 신앙 형태로는 우선 불상 앞에서 예불·공양·기도·발원하는 것을

들 수가 있다. 그런데 그런 불상을 한낱 문화재나 예술품, 심지어는 우상이라고 생각함으로써 신앙심을 퇴전시키는 일이 있다. 이것은 참으로 경계해야 할 오해라고 보고 싶다. 순수한 신앙심에 불상이 단순한 조형물로 비치는 일이 있을까? 영원히 살아 계신 부처님의 이미지를 촉발시키고 있는 것이다. 그렇다면 그것은 단순한 조형물이 아니라 부처님과 같은 것이니, 불교인은 무엇보다도 먼저 부처님 앞에 나아가 예경하는 데에서부터 매일의 신앙생활을 시작해야 할 것이다.

② 인간의 힘으로는 어쩔 수 없는 괴로움에 부딪혔을 때 불교인은 누구나 관세음보살을 염한다. 그리고 사후에는 서방 극락세계에 왕생할 것을 바래 부지런히 아미타불을 염하는 것이다. 그러나 이러한 염불은 너무 타력신앙의 방향으로 흘러 기독교적인 구원의 관념과 거의 구별할 수 없게 되어 있다. 위에서 살폈던 불교적 믿음과 발심의 본질적 의미는 어떤 경우에도 망실忘失되어서는 안될 것이다. 따라서 관음 신앙을 우리는 절망적인 상황에서도 오히려 불교적 믿음에 의지하라는 부처님의 뜻이라고 인식해야 할 것이다. 그리고 미타 신앙 또한 정토왕생의 진정한 원인은 바로 발심發心이라는 것을 항상 염하여 잊지 말아야 할 것이다.

③ 한국 불교는 중국 불교의 영향을 받아 대·소승을 구별하여 소승을 부정하고, 조선조 500년의 억불정책 아래

서 교학의 정체를 가져와, 선禪이 아니면 깨달음을 얻을 수 없다는 믿음이 깊이 행해지고 있다. 그러나 선교禪教는 근본에 있어서 하나이며 대·소승 또한 일불승一佛乘을 임시방편으로 식별해 놓은 것에 불과한 것이다. 그럴진대 무엇보다도 먼저 불교인은 부처님의 말씀을 근본으로 삼고, 최상의 깨달음을 얻고자 발심·수행하여 선재동자善財童子와 같은 보살의 길을 걸어가야 할 것이다. 이것이 진정한 불교적 신앙생활이라고 본인은 보고 싶다.

부처님은 법화경에서 다음과 같이 설하고 계신다.

"너희들은 이제 모든 부처님의 진정한 뜻을 알았을 것이다. 그러니 의심을 하지 말고 기뻐할지어다. 너희는 모두 부처가 될 것이다."

## 제 2 장
# 불교학은 아함에서부터

### 1. 아함경을 읽는 이유

불교를 처음으로 공부하려는 사람에게 나는 아함阿含에서부터 읽어가라고 권하고 싶다. 불교입문서나 불교학개론이 불교를 처음으로 대하는 사람에게 맨 처음에 추천되는 책들이지만, 이런 책들은 여행하는 사람이 행선지에 대해 알아보는 안내서와 같은 것으로서 여행에 들어서서의 실제적인 '길'은 아니다. 아함은 불교라는 긴 여로의 맨 처음에 밟아야 할 길인 것이다.

불문佛門에 들어와 이미 상당한 조예를 가진 사람이라도 자기의 불교가 어딘지 모르게 헛점이 있는 것으로 느껴지는 분이 있다면 이런 분에게도 나는 아함에서부터 다시 읽어가라고 권하고 싶다. 아함은 모든 불교학의 기초라고 할 수가 있다. 대소승大小乘의 모든 불교 사상은 원시불교로부터 시작된 것이고, 아함은 원시불교의 가장 중요한 자료이다. 아함에 대한 연구 없이는 불교학의 기초는 다져질 수 없는 것이다.

대승불교의 올바른 이해를 위해서도 나는 아함을 부디 읽어보라고 권하고 싶다. 대승불교는 아함의 이론과 정신을 바탕으로 성립한 것이라는 점에 오늘날 모든 학자들은 의견을 모으고 있다. 비근한 예로 반야심경만 보아도 거기 나오는 오온·십이처·십팔계·십이연기·사제·지智·득得·보살·불·삼먁삼보리와 같은 개념은 어느 것 하나 아함에 설해지지 않았던 것이 없다. 반야개공般若皆空의 제법무자성諸法無自性 사상은 아함에 숱하게 되풀이되고 있는 '오온은 무상無常·고苦·무아無我'라는 교의의 발달에 불과한 것이다.

우리 주변에는 법화나 화엄과 같은 높은 수준의 경전은 잘 알면서도 그러한 사상의 원천이 되고 있는 아함에 대해서는 아무 것도 모르고 있는 경우가 허다하다. 아함을 소승경전이라고 무시해서는 안 된다. 아함은 대승의 기초 경전이라고 해야 한다. 법화경에서 부처님은 중생으로 하여금 부처의 지견을 얻게 하려는 일대사인연一大事因緣을 갖고 세상에 출현하신다고 설하고 '삼승방편三乘方便 일승진실一乘眞實'의 교설에 뜻을 일으킨 사람들에게 모두 성불의 기별記別을 주고 계신다. 이것은 아함에 "여래如來는 세상에서 다섯 가지 일을 하지 않으면 안 되나니, 첫째는 법륜法輪을 굴리고, 둘째는 아버지를 위해서 법을 설하고, 셋째는 어머니를 위해서 법을 설하고, 넷째는 범부를 깨우쳐 보살행을 닦게 하고, 다섯째는 보살에게 기별을 주는 것이니라."〈증일아함 권15〉고 설한 부처님의 오사五事에서 넷째와 다섯째의 과업을 실행하고 있는 것이라고 말할 수 있는 것이다.

그리고 아함에 "마음이 더럽기에 중생이 더럽고, 마음이 깨끗하기에 중생이 깨끗하다. 비유하건대 화가가 하얀 화폭에 뭇 채색을 갖추어 여러 가지 그림을 그리는 것과 같다."〈잡아함 권10〉고 한 것은 화엄에서 "마음은 화가처럼 갖가지 오음五陰을 그리나니, 모든 세계 중에 만들지 않은 법이 없다. 마음과 같이 부처가 그렇고, 부처와 같이 중생이 그러하나니, 마음과 부처와 중생의 이 셋은 차별이 없다."〈야마천궁품〉고 한 주목할 만한 사상의 선구를 이루고 있음은 아함경을 한 번만 읽어도 분명히 알 수 있을 것이다.

이러한 예는 여기에서 일일이 들 수 없을 정도로 아함에 쌓여 있다. 대승불교의 기초를 이루고 있는 것은 아함이요, 아함을 완성하고 있는 것은 대승이라고 할 정도이다. 원시불교 사상의 연구를 위해서 뿐만 아니라 대승불교의 올바른 이해를 위해서도, 부디 아함에서부터 읽어

갈 것을 권하고 싶다.

## 2. 한역 4아함과 팔리 5니카야

부처님의 금구소설金口所說은 부처님의 재세시在世時는 물론 부처님이 입멸하신 뒤 2, 3백년까지도 구전으로 전해지고 있었다. 이것이 문자에 정착되기는 부파불교 시대에 경율론經律論 삼장의 성립이 이루어지면서부터라고 생각된다.

일미화합했던 불교 교단은 불멸 후 100 년쯤에 대중부大衆部와 상좌부上座部로 분열하고 이 근본 2부로부터 다시 18파가 파생하여 20부파를 이루게 된다. 각 부파는 각기 독자적인 삼장을 소유하고 있었던 것으로 생각되는데, 아함은 이 중에서 경장經藏에 해당된다.

아함이라는 말은 범어 'āgama'를 음역한 것인데 '옴'이라는 뜻을 나타낸다. 경장을 '옴'이라고 부르는 것은 그것이 구전으로 전승되어 온 때문일 것이다. 그러나 단순히 그런 뜻 하나만으로 경장을 아함이라고 부르지는 않았을 것이다. 구전으로 말한다면 율장律藏도 그렇게 말할 수 있기 때문이다.

부파불교 시대에 부처님의 교설에 대해서 체계적으로 이해하고 해석하려는 움직임이 일어나는데, 이런 움직임은 교단 내에 견해차를 발생시켜, 이것이 부파 형성의 중요한 원인의 하나가 되었다고 생각된다. 이럴 경우 이견異見의 대립 속에서 구전되어온 교설이야말로 움직일 수 없는 권위로 내세워질 것이다. 경장을 특히 아함이라고 한 것은 이러한 사정을 반영하고 있는 것이 아닐까? 아함이 당시에 얼마나 중요시된 경전이었던가를 알 수 있다.

오늘날 우리들이 접할 수 있는 한역 아함에는 다음과 같은 네 가지가 있다.

① 장아함長阿含(22卷 30經 佛陀耶舍 · 竺佛念共譯, 法藏部 소속)
② 중아함中阿含(60卷 222經 僧伽提婆譯, 有部 소속)
③ 잡아함雜阿含(50卷 1362經 求那跋陀羅譯, 有部系 소속)
④ 증일아함增壹阿含(51卷 471經 僧伽提婆譯, 大衆部 소속)

장아함은 긴 경전을, 중아함은 중간 길이의 경전을, 잡아함은 짧은 경전을 모아 편집한 것이고, 증일아함은 법수法數에 따라 1법에서 11법에 이르는 경전을 모아 엮은 것이다. 그러나 경전의 길이나 법수에 따라 기계적으로 수집해 놓은 것은 아니다. 일단 그렇게 분류한 다음, 그들을 다시 어떤 방침 아래 편찬한 것으로 생각된다.

이 편찬 방침에 대해서는 학자들 사이에 의견이 구구하지만, 어떻든 현 장아함은 4분으로 구성되어 있는데,

그 제1분은 부처님을 밝히고, 제2분은 부처님의 자각 내용으로서의 법을 밝히고, 제3분은 수행도를 밝히고, 제4분은 세기경世記經으로 이루어져 있다. 중아함은 원시불교의 전반에 걸친 교리가 오송五誦으로 편집되어 있음을 본다.

현재의 한역 잡아함은 내용 배열이 극히 혼란하고 이질적인 요소(아쇼카왕에 관한 권23, 25)까지 섞여 있다. 이러한 현상은 그것이 어느 땐가 착간錯簡된 것임을 나타내고 있는데, 학자들은 그 착간의 시기를 대개 A.D. 5~6세기경으로 보고 있다. 그리하여 착간 이전의 원형을 추구하여 훌륭한 성과가 발표되어 있다. 잡아함은 앞으로 이렇게 복원된 원형에 의하여 읽는 것이 좋을 것이다.

남방불교는 아함에 해당되는 경장으로 현재 다음과 같은 5니카야尼柯耶를 갖고 있다.

① Dīgha-nikāya(長部, 3품 33경)

② Majjhima-nikāya(中部, 15품 152경)

③ Saṅyutta-nikāya(相應部, 5품 2875경)

④ Aṅguttara-nikāya(增上部, 170품 2198경)

⑤ Khuddaka-nikāya(小部, 15경)

이 5니카야를 아함이라는 이름으로 부르지 않고 니카야尼柯耶(nikāya)라고 부르는 것은 전승傳承보다는 편집編

集이라는 뜻을 강조한 때문인 것으로 생각된다. 팔리어로 니카야는 '신身'이나 '집集'이라는 뜻을 갖고 있다.

각 부파의 경전이 대개 장·중·잡·증일의 형식으로 편찬되고 있음을 보면, 이런 편찬 형식의 기원은 상당히 오랜 것으로서 부파 분열 이전에까지 거슬러 올라갈 수 있을 것이다. 아닌 게 아니라 그 편찬 방식은 기억·구전口傳을 위한 형식이라는 것이 느껴진다. 따라서 구전되는 과정에서 형성된 편찬 형식이라고 볼 수 있다.

아함의 전승은 이렇게 오랜 역사를 가진 것이므로 각 부파의 지송경전持誦經典에는 차이가 생겨나기 마련이다. 이런 차이는 시대가 흐르고 부파간의 대립이 심해짐에 따라 부파적 요소까지 가미되어 더욱 증대되어 갔을 것이다. 오늘날 한역 4아함과 팔리 5니카야만 비교해 보아도 상당한 차이가 발견된다. 따라서 각 부파는 독자적인 삼장을 소유하고 있었다고 말하는 것이다.

한 부파의 삼장이 오늘날 완전하게 전해지고 있는 것은 남방불교南方佛敎의 팔리 삼장 뿐이다. 한역 4아함은 장·중·잡·증일을 갖추고 있긴 하지만 실은 여러 부파에 속했던 것이 한역되어 4아함을 형성하게 된 것이다. 이것은 그들의 내용을 자세히 고찰함에서 밝혀지는 것인데, 학자들은 각 아함의 소속 부파를 대개 앞의 표에서 표시한 바와 같이 추정하고 있다.

4아함은 총 183권에 이르는 방대한 부피이다. 그러나 그들 속에는 중복되는 것이 허다하고, 같은 내용에 편찬 형식만이 다른 것도 상당히 있다. 따라서 핵심적인 것만을 추린다면 그렇게 많지 않을 것이다. 오늘날 이런 작업은 행해지지 않고 있지만 언젠가는 행해져야 한다고 생각되며, 그런 작업이 행해져서 아함의 요집要集과 같은 것이 나온다면 아함의 지송에 커다란 도움이 될 것이다.

## 3. 불교의 원초적인 모습

아함에는 불교의 원초적인 형태가 적나라하게 드러나 있다. 거기에 나타나는 부처님은 모든 염오染汚의 차별상을 초월하여 광대무변한 법계에 충만해 있는 진리 그 자체로서의 부처도 아니고, 모든 괴로움을 여의어 청정무구한 정토에 안주하여 중생들의 귀의를 받고 있는 부처도 아니다.

오만하기 이를 데 없고, 사악하기 헤아릴 길 없는 중생들 속에서 처참할 정도로 고생하면서 진리를 위해 싸우는 지혜와 사랑의 인간으로 나타나 있다. 아함을 읽는 이는 누구나 부처님이라기 보다는 인간 싯달타의 너무나도 청순한 인간미에 우선 눈시울이 뜨거워질 것이다. 이런 느낌은 다른 경전에서는 맛볼 수 없는 것이다.

불교의 근본 사상과 입장이 무엇인가는 불교를 공부

하는 사람이 무엇보다도 먼저 알고 있어야 할 중요한 문제 중의 하나이다. 이러한 문제는 아함이 아니고는 제대로 파악하지 못할 것이다. 아함에서는 불교 흥기 당시 인도의 모든 종교와 철학 사상이 불교에 도전해 오고, 그런 도전에 대해서 부처님은 무엇이 진리이며 무엇이 인생의 의의인가를 밝히고 계신다. 따라서 불교의 근본 사상과 입장이 다른 철학을 배경으로 선명하게 부각되어 있는 것이다.

정통 바라문의 사상을 전변설轉變說이라 하고 새로운 사문들의 사상을 적취설積聚說이라고 한다면, 불교 철학은 연기설緣起說이라고 할 수 있다. 연기라는 것은 우리의 현실 세계를 각자의 무지에서 발생한 것으로 보는 세계관을 의미한다. 이러한 입장에서 부처님은 전변설의 '아트만(我)'을 부정하고, 적취설의 단견斷見을 부정하여 그러한 두 끝을 지양한 중도적 '무아'를 종교적 실천의 원리로 제시한 것이다.

연기만 알면 불교 철학은 다 알게 된다고 할 수 있다. 그러나 연기라는 것은 그렇게 쉽게 이해되는 것이 아니다. 아함에는 육근·십이처·육육법·오온·사제·십이연기와 같은 법들이 잡다하게 산설散說되어 있다. 아무런 체계도 철학도 없이 법을 설해 놓은 듯한 인상마저 주고 있다. 그러나 조심히 살펴보면 그들은 모두가 연기의 일종이다. 범부의 상식으로 이해할 수 있는 것으로부터 성인이 깨달은 것에 이르기까지 정교한 짜임새로 시설된 것들이다. 연기의 진정한 뜻을 파악하기 위해서는 무엇보다도 먼저 아함에서부터 읽어가고 그 미묘한 뜻을 심사숙고해 볼 필요가 있다.

아함에 그려진 부처님 제자들의 청순한 구도의 정열과 생명을 아끼지 않는 홍법弘法의 정신도 우리들을 무한한 감동에 젖게 할 것이다. 증일아함 권13에 그려진 아나율阿那律을 보자. 부처님 제자 중에서 아나율은 천안天眼제일로 알려진 사람이지만 그가 천안을 얻게 된 이야기는 오늘날 우리들이 읽기에는 너무나도 슬픈 이야기인 것 같다. 아나율은 어느 날 좌선하다가 깜박 졸았던 모양이다. 그때 마침 부처님이 이것을 보고 주의를 주셨는데, 그로부터 아나율은 결코 눈을 감지 않아 마침내 시력을 잃고 말았다는 이야기다. 처절할 정도로 뜨거운 구도심이라고 하지 않을 수 없다.

잡아함 권13에 나오는 부루나富婁那는 홍법에 목숨을 바친 일례라고 할 것이다. 어느 날 부루나는 부처님 앞에 나와 서쪽 지방의 포교에 나가겠다고 청하였다. 부처님은 그에게 "서쪽 지방 사람들은 사나우니, 욕을 하면 어떻게 하겠느냐?"고 물으셨다. 그때 부루나는 "때리지 않는 것을 다행으로 알겠습니다."고 대답했다. "만일 때린다면?" "몽둥이나 돌로 치지 않는 것을 다행으로 여기겠습니다." "몽둥이나 돌로 친다면?" "죽이지 않는 것을 다행으로 여기겠습니다." "만일 죽인다면?" "열반에 들게 해주는 것으로 감사하겠습니다." 부루나는 드디어 부처님의 허락을 받아 서방 포교에 힘쓰다가 그곳에서 목숨을 마쳤다 한다.

아함을 통해 이러한 부처님의 제자들을 만나게 되며 그들의 뜨거운 구도열은 우리로 하여금 자신을 반성하여 불자로서의 사명에 다시금 불타게 할 것이다.

# 제 3 장
# 불교의 우주론

## 1. 궁극적인 물음

현대의 종교학자들은 종교를 '신과 인간과의 재결합' 이라고 보던 종래의 기독교 신학적 정의를 반성하고, 보다 객관적이고 포괄적인 정의를 내리려고 노력하고 있다. 그러한 시도 중에서 우리들의 관심을 끄는 바는 종교를 인간의 궁극적인 문제에 대한 해답을 주는 것이라고 보려는 입장이다. 예를 들면 폴 틸리히(Paul Tillich)와 같은 저명한 종교학자는 '종교란 한 사회의 궁극적인 관심에 지향된 신념과 실천의 체계' 라고 기술하고 있으며, 일본 태생의 종교학자 키시모토(Kishimoto)는 '종교가 다른 문화적 활동으로부터 확연하게 구별되는 가장 특질적인 것은 인생의 궁극적인 의미와 생의 여러 가지 문제에 대한 궁극적 해결' 이라고 말하고 있다.

여기에서 말하고 있는 '한 사회의 궁극적 관심' 또는 '생의 궁극적 의미와 해결' 이란 도대체 무엇을 의미하는 것일까. 일상 생활에서 우리들이 가장 보편적으로 만나게 되는 문제들은 의식주에 관한 것이다. 의식주의 해결 없이는 인간의 생존은 지속될 수가 없으므로 가장 시급하게 그 문제가 대두되는 것은 당연하다. 정치와 경제라는 것도 따지고 보면 의식주 생활을 보다 평화롭고 공평한 질서 위에 안정시키려는 데에 목적이 있다. 과학기술의 발달도 물질생활을 보다 윤택케 하려는데 뜻이 있음은 물론이다.

그 뿐만이랴. 인류의 역사라는 것도 의식주의 보다 안전한 확보를 위한 투쟁사라고 볼 만하다. 짐승을 사냥하여 고기와 가죽을 얻던 때가 수렵시대이며, 농사에 착안하여 보다 안정된 생활에 정착하게 된 때가 농경시대이다. 종족간의 치열한 물자 쟁탈전에서 승리하기 위한 힘의 결속을 꾀한 곳에 고대 국가의 형성은 있었던 것이다. 이러한 인류의 역사 형성은 현대에도 그 기본 성격을 조금도 달리하고 있지는 않다. 국제간의 정치 경제적 이해타산이 충돌할 때는 언제라도 무력 충돌이 발발할 가능성을 안고 있으며, 세계 평화와 인류의 번영을 외치고 있는 강대국들이 한편으로는 무서운 핵무기를 개발하고 있는 것이다.

이렇게 볼 때 인간에게 가장 시급한 문제는 의식주에 관한 것이며, 이것이 모든 인간 문화의 바탕이 되고 있는 듯한 인상을 주고 있다. 그렇다면 종교학에서 말하는 궁극적인 문제라는 것도 바로 이러한 의식주에 관한 문제에 속한 것일까? 종교라는 현상도 애초에 인간 사회에서 발생한 것이므로 그러한 문제와 전혀 무관한 것일 수는 없을 것이다. 그러나 문제를 다루는 데에 있어서 종교는 다른 문화적 활동과는 전혀 각도를 달리하고 있다.

종교에서 관심하는 바는 인간의 생존을 어떻게 하면 더 좋은 조건에서 지속해 갈 것인가 하는 그런 것이 아니다. 세계 속에 던져진 덧없는 인간의 생존 그 자체에 눈을 돌려 그 존재 이유를 묻고 있다. 의식주의 확보를 위한 인류의 그 오랜 역사에도 불구하고 왜 오늘날에도 그것은 더 심각한 문제로 대두되고 있을까? 살아보려는 인간의 집요한 노력에도 불구하고 왜 그는 결국은 죽음을 맞이해야 하는가. 인류의 역사와 인간의 생존은 도대체 어떤 의의를 갖고 있단 말인가. 우주의 배후에는 알 수 없는 신비로운 수수께끼가 깃들여 있는 듯하다. 덧없는 인간의 생존 그 자체에 눈을 돌린 종교적 성찰은 이리하여 우주의 본질과 기원에 관한 문제로까지 심화된다.

현대 종교학에서 말하는 인간의 '궁극적 물음'이란 바로 이러한 물음을 의미하는 것이다. 그리고 종교는 이러한 문제에 대한 답변을 주는 데에 그 특질이 발견된다는 것이다. 이런 견지에서 독일의 종교학자 요아킴 바하(Joachim Wach)는 종교학에서 가장 근본적인 문제는 궁극적 본질에 관한 것, 우주와 세계에 관한 것, 세계 속의 인간이라고 말하고, 신학神學·우주론宇宙論·인간론人間論의 셋이 모든 종교적 사유의 중심이 된다고 말하고 있다.

불교도 종교라면 인간의 이러한 궁극적인 문제에 대해서 답변을 해주고 있을 것이다. 그 답변은 어떤 내용을 어떤 방법으로 베풀어주고 있을까? 이 글은 인간의 궁극적 문제에 대한 불교의 그러한 답변 중 우주론을 간단히 소개하려는 것이다.

## 2. 불교의 침묵

주지하는 바와 같이 기독교는 우주의 기원에 대하여 아주 명확한 답변을 해 주고 있다. 구약성서 제1장 창세기 첫머리에 "태초에 하나님이 천지를 창조하셨나니라." 라는 말이 나온다. 우주의 근원은 신(여호와 하나님)이라는 입장이다. 그리하여 이 신의 기본 성격을 기독교 신학은 다음과 같이 규정하고 있다. 세계와 인간을 창조하고 그 운명을 결정하는 절대적인 '힘'이고, 최고의 윤리성을 지닌 신성한 인격체이다.

그리고 그러한 신의 피조물인 인간이 오늘날과 같은 비참한 괴로움을 겪게 된 이유에 대해서는 아담과 이브의 신화를 통해 아주 명확하게 설명해 주고 있다. 최초의 인간인 아담은 순수 무구한 성품을 지녀 에덴 동산의 지극한 즐거움 속에 창조되었다. 그러나 사악한 뱀의 유혹에 빠진 이브의 설득으로 그는 신의 뜻을 어기고 선악의 나무에 열린 과일을 따 먹음으로써 저주받은 지상에 떨어져 분노와 증오에 싸인 자손을 낳으면서 죄의 댓가를 치르게 되었다는 것이다. 따라서 인간은 이제 자신이 죄인임을 의식하고 여호와 하나님께 속죄하고 그 구원을 받는 길밖에 없다는 결론에 도달한다.

동양 민족의 생활 윤리를 지배해 온 유교도 인간의 궁극적인 문제에 대해서 아주 간결한 해명을 해 주고 있다. 유교 사상을 철학적으로 심화하고 체계화한 것은 송대宋代의 주자朱子인데, 그가 저술한 유교 철학의 입문서인 근사록近思錄 첫머리엔 다음과 같은 말이 실려 있다. "극極이 없음이 곧 태극太極이다. 태극이 움직여 양陽을 낳고 움직임은 극에 이르러 고요해진다. 고요해짐은 음陰을 낳고 고요해짐이 극에 이르러 다시 움직인다." 그리하여 이러한 음양이 결합하여 수·화·목·금·토의 오행을 발생하고, 음양 오행이 결합하여 천지 만물을 발생시켜 무궁한 변화를 계속시킨다는 것이다. 기독교가 우주의 근원을 '신'으로 보고 있는 것과는 판이하게 유교는 그것을

'역易' 으로 파악하고 있다. 동일한 우주에 대해서 기독교와 유교는 그 견해를 이렇게 달리하고 있는 것이다.

그렇다면 인간의 본성에 대해서는 유교는 어떻게 보고 있을까. "오직 인간은 그 중에서 빼어남을 얻어 가장 신령스럽다. 형체가 생하여서는 정신이 발하여 인식을 한다. 오상(仁義禮智信)이 감동하고 선악이 갈라져 만사가 나온다." 인간의 본성을 착한 것으로 보고 있는 것이다. 이것은 그의 우주론에 상응하고 있다고 말할 수가 있다. 그러나 그러한 인간이 왜 오늘날과 같은 비참한 현실로 전락해 있을까. 이 문제에 대해서는 유교는 기독교나 불교처럼 그렇게 심각하지는 않은 듯하다. 그에 대한 묘사가 강렬하지 않기 때문이다. 그렇다고 해서 그러한 의식이 전혀 없는 것은 아니다. "성인은 그것을 정하되 중정인의中正仁義로써 하여 고요함을 위주로 인극人極을 세우고, 군자는 그것을 닦아 길吉하며 소인은 그것을 패悖하여 흉兇하나니라." 인간의 현실 상황을 '흉'으로 파악하고, 성인의 가르침을 따라 마음을 닦을 뜻을 나타내고 있는 것이다.

기독교와 유교는 이렇게 인간의 궁극적인 문제에 대해서 명확한 답변을 해 주고 있다. 그러면 불교는 어떤가. 이런 각도에서 불교 경전을 볼 때 뜻밖에도 불교는 기독교나 유교와는 전혀 다른 입장을 취하고 있음을 발견한다. 기독교의 창세기는 구약성서의 제일 처음에 위치하고 있으며, 유교 철학의 태극설도 근사록의 제일 처음에 위치하고 있다. 종교의 궁극적인 문제에서 우주의 기원이나 본질에 관한 것이 가장 근본이 되므로 그러한 서술 순서는 당연하다고 할 것이다. 그런데 불교는 어떤가. 불교의 원시경전은 아함경이며, 그 중에서도 장아함이 제일 앞에 위치한다. 그런데 이 장아함을 볼 때 그 제일 처음에 우주의 기원이나 본질에 관한 것이 아니라, 과거 일곱 부처님의 탄생·출가·수도·항마·성도·전법륜·열반에 관한 이야기가 나오는 것을 볼 수가 있다. 다시 말하면 다른 종교에서는 우주론이 설해질 장소에 불교는 부처님에 대한 이야기를 배치하고 있는 것이다. 불교의 우주론적 신화에 해당시킬 수 있는 것은 세기경世紀經에 나오는 이야기라고 말할 수가 있다. 그런데 이 경은 장아함의 제일 끝에 수록되어 있다. 뿐만 아니라 이 세기경은 남방불교의 불전에는 수록되어 있지도 않으니 이것은 그 경전의 성립이 매우 늦다는 것을 의미함과 동시에 그만큼 불교에서는 중요시되지 않았던 내용이라는 뜻이기도 한 것이다.

더욱 놀라운 것은 부처님은 우주의 기원이나 본질에 관한 문제에 대해서는 언어의 해설을 좀처럼 베풀려고 하시지 않았다는 사실이다. 부처님 당시에 만동자라는 비구가 있었다. 그는 부처님이 다음과 같은 문제에 대해서 해명해 주시지 않은 것에 대해서는 매우 불만을 갖고 있었다.

① 세계는 영원한가, 무상한가, 영원하기도 하고 무상하기도 한가, 영원하지도 않고 무상하지도 않은가?
② 세계는 유한한가, 무한한가, 유한하기도 하고 무한하기도 한가, 유한하지도 않고 무한하지도 않은가?
③ 영혼과 육체는 하나인가, 둘인가?
④ 여래는 사후에 있는가, 없는가, 있기도 하고 없기도 한가, 있지도 않고 없지도 않은가?

이 열네 가지 문제는 분명히 인간의 궁극적인 물음에 관련된 것들임을 볼 수가 있다. ①과 ②는 세계의 시간적·공간적 성질에 관한 것으로서 종교의 우주론에 관련되며, ③은 인간의 본성에 관한 것으로서 인간론에 관련되고, ④는 그러한 인간이 깨달음을 열었을 때의 소식을 묻고 있는 것으로서 생활론에 관련되고 있기 때문이다.

만동자는 이러한 문제를 내걸고 만일 부처님께서 이러한 문제에 대해서 명확한 답변을 해주시지 않으면 수도생활을 버리고 부처님 곁을 떠나겠노라고 다그쳤다. 그는 분명히 인간의 궁극적인 물음에 번민하고 있었으며 그 해결을 부처님에게서 구하려고 했던 것을 알 수가 있다. 이에 대해서 부처님은 어떤 답변을 해주시고 계실까. 뜻밖에도 부처님은 만동자에게 다음과 같은 말씀을 주고 계실 뿐이다.

만동자여, 내가 일찍이 너에게 그런 문제를 답변해 주기로 약속한 일이 있었던가? 그리고 너 또한 내게 그런 답변을 듣겠다는 조건 아래 내게 출가했던 것인가? 그런 일이 없었는데 네 이제 내게 그런 부질없는 항변을 하는 것은 무슨 까닭이냐? 네가 제기한 그런 문제를 내가 설명해 줄 수 없는 것은 아니지만, 만일 그것을 너에게 설명해 주고 있노라면 너는 그것을 다 듣기도 전에 목숨을 잃고 말 것이다.

비유하건대 여기 어떤 사람이 독 묻은 화살을 맞았다고 하자. 이 사람은 무엇보다도 먼저 그 독이 온 몸에 퍼지기 전에 화살을 뽑아야 할 것이다. 그럼에도 불구하고 그 사람이 고집하여 말하되, 화살을 쏜 사람이 어떤 사람인지, 성은 무엇이고, 이름은 무엇이며, 주소는 어디인지 등을 알기 전에는 화살을 뽑지 않겠다고 한다고 하자. 또는 그 화살이 나무로 만들었는지, 대로 만들었는지, 뿔로 만들었는지 등을 알기 전에는 그것을 뽑지 않겠다고 한다고 하자. 또는 화살촉이 쇠로 되었는지, 돌로 되었는지, 뼈로 되었는지 등을 알기 전에는 그것을 뽑지 않겠다고 한다고 하자. 그 사람은 그것을 채 듣기도 전에 목숨을 잃고 말 것이니라.

너의 질문 또한 그와 같은 성질의 것이다. 그러한 질문은 너의 깨달음과 지혜와 해탈에는 아무런 도움이 되지 않나니, 네가 성급하게 알고 행해야 할 바는 너의 현 존재가 괴로움이라는 사실과 나아가 그것을 근본적으로 해결할 길이니라.”

중아함 권60에 나오는 유명한 이야기다.

인간의 궁극적인 물음에 대해서 부처님은 답변을 회피하고 계시는 것이다. 그래서 이 열네 가지 질문을 불교에서는 ‘무기無記’라고 한다. 그러한 질문이 제기될 때마다 부처님은 언제나 침묵을 지키셨기 때문이다.

## 3. 종교의 진리성

부처님은 이렇게 우주의 기원이나 본질에 관한 궁극적인 문제에 대해 언어에 의한 답변을 피하고 계시는데 그 이유는 무엇일까? 부처님은 그러한 문제에 대해서 아예 관심이 없으셨던가. 결코 그렇지는 않다. 그렇다면 왜 그것을 기독교나 유교처럼 명쾌하게 설해 주시지 않으시는 것일까. 불교를 믿는 사람에게 이 점은 매우 불만스럽게 느껴지는게 사실이다. 그러나 사실은 오히려 그러한 곳에 종교적 진리에 대한 부처님 자신의 진지한 태도가 엿보이고 있다.

우주의 기원이나 본질과 같이 그렇게 중요한 문제에 대한 답변은 그것을 덮어놓고 제시하는 데에 뜻이 있는 것이 아니라, 올바른 해명을 하였느냐에 뜻이 있을 것이다. 모든 종교는 각기 독자적인 우주론을 제시하고 그에 입각해서 교리를 전개시키고, 그의 절대적 진리성을 주장하고 있다. 그런데 그러한 우주론의 내용이 왜 서로 질적인 차이를 나타내고 있을까? 기독교와 유교만 보더라도 전자의 신학적 우주창조설과 후자의 역학적易學的 우주변역설宇宙變易說은 결코 동질의 것이 아닌 것이다. 그렇다면 도대체 어떤 쪽의 해명을 우리는 진리라고 해야 할 것인가. 동일한 대상에 대해 이질적인 두 개의 진리는 있을 수가 없기 때문이다. 어느 한 쪽이 진리라면 다른 한 쪽은 허위일 것이다. 또는 둘 다 허위일지도 모르고, 또는 그들은 진리의 전체가 아니라 어느 일부분만을 파악하여 그것을 전체로 착각한 오류를 범하고 있을지도 모른다. 만일 그들의 우주론이 허위이거나 또는 미진한 것이라면, 궁극적 물음에 대한 우리들의 탐구는 다시 시작되지 않으면 안될 것이다.

종교의 진리성에 대한 이러한 회의는 여러 종교가 난립하여 각자의 진리성을 강력하게 주장할 때 그것을 대하는 사람에게 필연적으로 일어나기 마련이다. 그리고 그런 회의가 일어났다면 덮어놓고 신앙할 수만은 없을 것이다. 신의 계시에 의한 것이라거나, 성경에 씌여 있다거나, 또는 깨친 사람의 교시라는 종교적 권위만으로는 진리라고 받아들일 수가 없다는 말이다. 종교의 개창자도 하나의 인간으로서 궁극적인 문제를 탐구하여 해답을 얻고 그것을 다른 사람들에게 설한 것이라는 지극히 인간적인 수준으로 내려오게 된다. 동시에 그들도 인간인 이상 오류를 범할 수 있지 않겠느냐는 생각에 미치게 된다. 이렇게 되면 이제 그들의 주장이 과연 참다운 것인가 하는 것을 검토해 보는 방향으로 나아가지 않을 수가 없다.

그런데 매우 흥미롭게도 부처님은 당시 인도의 여러 종교 사상의 우주론에 대해서 그러한 비판적 검토를 하고 계시는 것을 본다. 이런 부처님의 비판적 검토를 살펴보기 전에 먼저 당시 인도의 각 종교 사상이 어떤 우주론을 전개시키고 있었던가를 소개할 필요가 있다. 주지하는 바와 같이 불교가 일어나던 당시의 인도 사상계는 크게 두 계통으로 갈라져 있었다. 하나는 베다·범서·삼림서·우파니샤드라는 일련의 문헌의 성립 속에 전개된 전통적인 바라문의 사상이고, 다른 하나는 이러한 바라문 사상에 도전한 새로운 사상가들, 다시 말하면 불교 경전에 소위 육사외도六師外道라고 불리는 사문沙門들의 사상이다. 이 두 계통 중에서 먼저 정통적인 바라문의 우주론을 살펴보자.

베다 문헌 중에서 가장 오래된 것은 리그 베다인데 여기에는 벌써 신학적인 우주창조설이 나타나고 있다. 즉 우주를 창조한 것은 '조일체신造一切神'으로서 그는 마치 목수가 나무로 집을 짓는 것과 같이 우주를 만들었다는 것이다. 그러나 이 우주창조설은, 만일 그렇다면 그 재료는 애초에 어떻게 있게 되었느냐는 것을 설명할 수 없다. 리그 베다에 나오는 우주출산설宇宙出産說은 이런 문제를 해결하려는 것으로 볼 수 있다. 이에 의하면 우주는 '생주신生主神'에 의해서 마치 부모가 애를 낳는 것처럼 산출되었다는 것이다. 아기의 출산에는 재료가 따로 필요치 않으므로 문제의 우주창조설의 재료 문제가 일단 해결된 셈이다. 그러나 아직도 문제는 완전히 해결된 것이 아니다. 능생자能生者와 소생자所生者의 차별은 타개되어 있지 않기 때문이다.

우주개벽설의 이러한 문제를 타개하기 시작한 것은 범서梵書와 우파니샤드 문헌에 나타나는 범신론적인 우주전변설宇宙轉變說이다. 먼저 범서의 전변설부터 간단히 소개하면, 생주신이 열을 일으켜 천·공·지의 삼계를 발생하고, 또한 태양·바람·불의 삼신을 발생하고, 이들은 다시 일체를 발생한 다음, 생주신은 그 일체 속에 들어갔다는 것이다. 다시 말하면 생주신의 열을 동력인으로 하고, 생주신의 몸을 질료인으로 하여 우주가 전개되었다는 말이다. 이렇게 되면 능생자와 소생자의 차별 문제는 사라지게 되며, 따라서 '생주신'이라는 이름도 바뀌어야 할 필요가 생긴다. 그리하여 '범梵'이라는 이름이 채택되는데, 이 낱말은 인격신으로서의 성격(男性)과 중성원리中性原理로서의 성격을 갖고 있어 알맞는 것이다.

범서의 이러한 우주전변설은 우파니샤드에 이르러 철학적으로 완성된다. 즉 태초에 유일자唯一者인 '유有'가 있어, 이것이 많아지려는 욕심을 일으켜 화火를 발생하고, 화는 다시 욕심을 일으켜 수水를 발생하고, 수는 또 욕심을 일으켜 지地를 발생하였다. 그리하여 이 화·수·지의 셋이 복합물을 만들고 '유'는 그 속에 '목숨의 자아(命我)' 형태로 들어갔다. 그래서 명색名色을 발생하고 명색에서 일체가 발생하였다는 것이다. 이런 우주론에 의하면 인간은 욕심을 바탕으로 목숨을 지닌 개아적個我的 존재로서 생사에 윤회하게 될 것은 당연하다. 따라서 괴로운 생사윤회를 해탈하려면 '범'과 '나'가 동일하다는 알음(智)에 의해 범행梵行과 선정禪定을 닦아 범계梵界에 돌아가야 한다는 결론에 도달하게 된다. 불교가 일어날 무렵 인도의 정통 사상은 적어도 이 정도의 종교사상을 발전시키고 있었던 것이다.

이에 대해서 사문들은 어떤 사상적 도전을 하고 있었던가. 사문들의 사상 계보는 복잡하고 자료가 빈곤하여 확실한 내용을 알 수가 없다. 그러나 그들은 바라문의 우주전변설이 자기네의 사회적 지위를 확립, 유지하기 위한 독단론이라고 단정하고, 종교적 교설에 대한 회의론을 펴거나 또는 확실한 논거 위에서 궁극적 문제를 해명코자 하였다. 이런 입장에서 우주의 근원을 몇 개의 요소로 보고 그런 요소들의 이합집산에 의해 세계와 인간의 생성·소멸이 있게 되는 것이라고 설하였다. 예를 들면 아지타는 우리들이 확인할 수 있는 가장 확실한 우주의 근원은 지·수·화·풍의 네 가지 요소라고 하였다. 파쿠다는 아지타의 이러한 사대설에 목숨·괴로움·즐거움의 셋을 추가한 칠신설七身說을 주장하였는가 하면 코살라는 여기에 다시 허공·얻음·잃음·생·사의 다섯을 추가하여 12요소설을 내놓았다.

생의 가치관에 있어서도 사문들은 바라문의 해탈 사상과는 정면으로 충돌하고 있었다. 아지타의 4대설에 의하면 인간은 죽으면 그만이다. 따라서 그는 현세의 쾌락이야말로 인생 최대의 가치라고 주장하였다(順世派). 한편 파구다의 7신설과 고사라의 십이요소설에는 목숨과 고·락·생·사 등이 불변의 요소로 포함되어 있는 것을 보면 인간의 삶은 싫든 좋든 간에 이미 결정된 것으로서 그것을 충실하게 살아갈 수밖에 없다는 뜻이 뚜렷하다. 그들이 생활파生活派라고 불려지는 것은 이 때문이다. 바라문의 종교적 이념이 생사윤회를 해탈하려는 것과는 정반대의 입장인 것이다.

한편 자이나교의 개조 니간타는 사문 계통에 속하면서도 그와는 달리 해탈 사상을 편 곳에 그의 독특한 입장이 있다. 니간타는 우주의 근원적 구성 요소는 목숨(命)과 목숨 아닌 것(非命)의 둘이라고 하고 전자에게는 의지意志와 상승성上昇性이 있다고 하였다. 후자는 법(운동의 조건)·법 아닌 것(정지의 조건)·허공·물질의 넷으로 세분되는데 물질은 업業을 일으켜 괴로운 생사의 원인을 지으며 하강성下降性을 띠고 있다고 한다. 니간타의 이러한 오실체설五實體說에 의하면 인간의 실존은 영혼(목숨)이 육체(물질)에 계박되어 생사에 윤회하는 모습으로 부각된다. 따라서 그는 육체의 계박을 멸할 극렬한 고행을 통한 영혼의 순화를 해탈의 요체라고 설하고 있었다.

인류가 생각해 낼 수 있는 거의 모든 우주론이 당시에 출현했던 듯한 인상을 준다. 이러한 여러 가지 우주론에 대해서 부처님은 이제 어떠한 태도를 취하고 계셨을까. 그들을 무비판적으로 받아들일 수는 없으셨을 것이다. 더구나 당시에는 이미 종교적 진리에 대한 회의론이 행해지고 있었음을 상기할 필요가 있다. 부처님은 그래서 우선 당시의 우주론이 다음과 같은 세 가지 범주 속에 모두 포섭된다고 보고 계신다.

① 존우화작인설尊祐化作因說(신 중심 사상이라고도 함)
② 숙작인설宿作因說(운명론 사상이라고도 함)
③ 무인무연설無因無緣說(우연론 사상이라고도 함)

첫째의 존우화작인설은 우주의 창조는 물론, 그 안에 일어나는 모든 현상은 그 원인이 신(尊祐)에게 있다는 견해로서, 정통 바라문의 우주론이 여기에 포섭될 것이다. 둘째의 숙작인설은 그러한 원인은 과거에 지은 바에 있다고 보는 견해로서, 니간타를 여기에 포섭시킬 수가 있을 것이다. 왜냐하면 니간타의 5실체설에서 목숨은 의지적 생명성이 있고 물질은 업을 일으키는 활동성이 있다고 하지만, 그들을 불변의 요소로 보고 있는 한 그러한 작용들은 기계적으로 나타난다고 판단할 수밖에 없기 때문이다. 셋째의 무인무연설은 모든 현상은 아무런 원인 없이 발생하고 있다는 우연론偶然論으로서, 니간타 이외의 사문들은 이곳에 포섭시킬 수가 있을 것이다. 요소들의 이합집산에 대한 이유나 설명이 없기 때문이다. 그런 다음 부처님은 이 세 가지 우주론에 대한 진리성을 다음과 같이 검토하고 계신다.

만일 모든 것이 신의 뜻에 의해 일어난다고 하면, 우리들이 나쁜 업을 짓는 것도 그 때문에 짓는다고 해야 할 것이다. 그리고 이것은 해야 한다, 이것은 해서는 안 된다는 의욕도 일어나지 않을 것이며, 또 노력이라는 것도 있을 수가 없을 것이다. 또 만일 모든 것이 과거에 지은 바에 의해 일어난다고 하면, 우리들이 나쁜 업을 짓는 것도 그 때문에 짓는다고 해야 할 것이고, 의욕도 노력도 일어나지 않을 것이다. 또 만일 모든 것이 아무런 원인 없이 일어난다고 하면, 우리들이 나쁜 업을 짓는 것도 그렇게 일어난다고 해야 할

것이고 의욕도 노력도 일어나지 않을 것이다.<중아함 권3>

다시 말하면 위의 세 가지 우주론은 인간의 죄악이라는 현상을 설명하지 못하는 것이니, 죄악이란 범한 자에게 책임을 물을 수가 있을 때에 한해 성립되기 때문이다. 동시에 인간에게 자유의지와 그에 입각한 노력이 있다는 엄연한 현실적 사실도 설명하지 못하는 것이다.

그렇다면 그 세 가지 우주론은 진리라고 말할 수가 없다. 왜냐하면 종교의 우주론이란 우리들이 살고 있는 현실 세계의 배후에서 그것을 지배·조종하고 있는 궁극적인 원리·본질 또는 원인에 대한 해명이므로, 만일 그것으로써 설명할 수 없는 현상이 조금이라도 나타난다면 그것은 궁극적인 진리라고는 말할 수가 없기 때문이다. 부처님은 당시 종교의 우주론을 이렇게 비판하고 계시는 것이다.

## 4. 업설에 의한 불교의 우주론

궁극적 물음에 대한 종래의 종교에 이렇게 문제성이 있다면 이제 우리들이 해야 할 바는 무엇일까? 궁극적 원리에 대한 새로운 탐구가 시작되지 않으면 안 될 것이다. 고타마 싯달타가 일찍이 처자와 왕궁을 버리고 산에 들어가 맹렬한 구도 생활을 하지 않을 수 없었던 것은 그 동기가 이런 곳에 있지 않았을까. 그리고 그 진리 탐구의 방법론은 현상 세계의 정확한 관찰로부터 시작하여 그것을 합리적으로 설명할 수 있는 궁극적인 원리를 탐구해 들어가, 그로부터 다시 현상 세계의 모든 현상을 설명해 보는 방법이어야 함은 다시 말할 필요가 없다. 고타마 싯달타가 깨달음을 얻은 방법은 바로 이 길이었고, 그가 부처님이 된 다음 전 인류에게 제시한 것도 바로 이 길이었다. 원시경전에 설해진 부처님의 깨달음은 십이연기설을 내용으로 하는데, "모든 부처님은 십이연기를 생사(현실 세계)로부터 시작하여 무명에 이르고, 무명(현실 세계의 원인)으로부터 다시 생사에 이르는 순서로 관찰하신다."고 설하고 있는 데에서 그것을 엿볼 수가 있다.

앞서 살펴 보았던 세 가지 우주론은 현실 세계의 인간의 죄악과 의지를 합리적으로 설명할 수 없었다. 그래서 그들의 진리성이 부정되었던 것이다. 그렇다면 이제 새로운 진리 탐구에 있어서는 '인간에게 의지가 있다'는 것을 엄연한 사실로 확정하고, 이로부터 그 배후의 원리를 탐구해 들어가야 할 것이다. 이런 견지에서 부처님의 교설을 볼 때 거기 나오는 십이처설은 우리들의 깊은 관심을 끈다.

어느 날 생문生聞이라는 바라문이 부처님께 "일체一切라는 것은 어떤 것입니까?"라고 물은 일이 있다. 그랬

더니 부처님은 서슴없이 "일체는 십이十二에 들어가나니, 소위 눈·귀·코·혀·몸·의지(意)와 색·소리·냄새·맛·촉감·법法이니라."고 답하고 계신다. 이것이 십이처설의 내용이다. 불교의 중층적인 교리 조직에서 가장 기초적인 교설이다. 그런데 모든 것이 포섭된다는 그 십이처를 보자.

인간의 여섯 감각 기관과 그에 대한 여섯 인식 대상으로 이뤄졌음을 볼 것이다. 이것은 무엇보다도 먼저 우리들이 의지해야 할 바는 인식 가능한 현실 세계이며, 진리 탐구는 이로부터 출발해야 한다는 입장과 상통한다. 그리고 그러한 현실 세계의 중심을 이루고 있는 것은 인간인데, 그 주체를 의지라고 파악하고 있는 것이다. 의지의 존재를 엄연한 현실적 사실로 받아들인 것을 엿볼 수가 있을 것이다.

인간을 이렇게 의지로 파악하고 이런 견지에서 이제 그를 둘러싼 자연환경을 살펴보자. 그것은 어떤 대상물로 나타나는가? 인간이 의지적인 작용을 가하면 '필연적인 반응'을 보이는 성질을 띤 것으로 나타난다. 가령 여기 어떤 물체에 5kg의 힘을 가하면 그것은 그 역량만큼의 반응을 반드시 보여주는 것이다. 이것 또한 우리들이 현실 세계에서 직접 보는 명백한 현상 또는 사실이라고 해야 할 것이다. 이런 견지에서 부처님은 십이처설에서 '의지' 즉 인간의 대상을 '법'이라고 규정하고 계시는 것이다. 법이라는 말은 법률이라는 개념으로 흔히 쓰이지만 인도에서는 그 밖에 자연 법칙, 필연적인 것, 의지가 없는 것, 자연물 등의 뜻으로 쓰이고 있는 것이다.

인간의 인식 대상을 이렇게 통틀어 법이라고 규정함을 보고 비난할 사람이 있을지 모른다. 인간을 둘러싸고 있는 것에는 자연물이 주가 되어 있지만 사람들도 포함되어 있기 때문이다. 그러나 의지를 가지고 있는 대상이라고 하더라도 이쪽에서 작용을 가하면 일차적으로는 자연물과 같은 반응을 수행하려고 한다. 예를 들면 우리가 어떤 사람을 밀었을 경우, 그가 의지적으로 버틴다면 몰라도 그렇지 않을 경우는 자연물처럼 밀려나가기 때문이다. 십이처설에서 의도하는 바는 인간의 의지에 대한 대상의 이러한 일차적인 반응의 성격을 명백히 하려는 것임을 알아야 할 것이다.

이상에서 살펴본 바와 같은 인간의 의지적 작용을 불교에서는 '업業'이라는 말로 부른다. 그리고 이러한 업에 대해서 그 대상이 나타내는 필연적인 반응을 '보報'라고 한다. 업은 원인이고 보는 결과이므로 업인業因·과보果報로 표현하기도 한다. 업에는 반드시 보가 따를 것이고 그들의 성질은 상응할 것이다. 선업에는 좋은 보가, 악업에는 나쁜 보가 따른다는 말이다.

우리 현실에 나타나는 모든 현상은 원칙적으로 이런 업·보의 인과율에 의함은 새삼 말할 필요가 없다. 인과율이 전제되지 않으면 자연과학은 성립 근거를 잃을 것이고, 노동과 보상 또한 업·보의 관계이며, 착한 일을 하는 사람은 잘 살고 죄를 지은 사람은 벌을 받고 있는 것이다. 따라서 업과 보의 필연적 관계는 우리 현실 세계의 엄연한 법칙이며 모든 현상 또한 그에 의해 설명되어야 할 것이다.

그러나 이런 견지에서 우리 현실계를 다시 한번 되돌아 볼 때 우리는 이따금 이해할 수 없는 현상을 발견한다. 모든 현상은 반드시 업·보의 법칙으로 설명되어야 할텐데 그것으로는 도저히 설명되지 않는 현상을 보기 때문이다. 가령 우주의 생성 소멸은 너무나도 신비스러울 뿐만 아니라, 가까운 주변을 돌아 볼 때도 어떤 사람은 악업을 지었는데도 잘 살고 있으며, 어떤 사람은 착하고 착한데도 왜 그렇게 고생만 하고 있는지, 이런 현상을 우리는 어떻게 생각해야 할 것인가. 그러한 현상은 신의 힘에 의해서 발생한다고 보아야 할 것인가. 또는 숙세에 지은 원인에 의해 또는 아무런 원인 없이 우발적으로 발생한다고 보아야 할 것인가. 만일 그런 방법으로 이해한다면 그 견해는 앞서 살펴보았던 존우화작인설·숙작인설·무인무연설로 전개될 것이고, 결국은 부처님의 그에 대한 비판에서 본 바와 같은 문제성에 빠지게 될 것이다. 그렇다면 어떻게 보아야 할까. 문제는 매우 복잡해졌지만, 그러나 우리가 인식할 수 있는 이 세계에는 분명히 의지와 법, 업과 보의 관계가 엄연한 사실로써 존재하고 있다는 것을 양보할 수는 없을 것이다. 부처님이 "일체는 십이처에 들어가나니라."고 못박은 뜻을 이해함직하다.

그럴 경우, 다시 말하면 업·보의 현실적 사실을 양보하지 않을 경우, 문제의 현상도 일단 그런 업보적 현상이라고 볼 수밖에 없을 것이다. 그리고 이렇게 볼 경우, 업·보의 관계는 이제 숙세宿世·현세現世·내세來世의 삼세에 걸쳐 전개된다고 가정할 수밖에 없게 된다. 문제의 현상을 분석해 보면, 어떤 현상이 나타났는데 그 업인이라고 할 만한 것이 인식되지 않을 경우와 업인은 있는데 그 과보라고 할 만한 현상이 나타나지 않을 경우의 둘이다. 이런 두 현상을 업보적인 견지에서 본다면, 첫째 경우는 그 업인을 현세 이전에 있었던 것으로 가정할 수밖에 없고, 둘째 경우는 그 과보를 현세 이후에 있을 것으로 가정할 수밖에 없을 것이다. 현세 이전은 숙세가 되고 현세 이후는 내세가 될 것은 물론이다.

결국 우리들의 현실 관찰과 그것을 합리적으로 이해해 보려는 노력은 일종의 가설에 도달한 셈이다. 자연과학에서는 사물의 배후 법칙을 알아내기 위해 가설을 세워 그 정당성을 검토해 본다. 종교적 진리 탐구에 있어서도 이러한 방법을 굳이 꺼릴 필요는 없을 것이다. 종교의 우주론이라는 것도 비판적인 입장에서는 일종의 가설이기 때문이다. 문제는 그러한 가설의 진리성에 있을 것이다.

종교적 가설의 진리성은 그것으로써 현실 세계의 현상이 합리적으로 설명될 수 있는가를 검토해 보는 길밖에 없다. 이런 견지에서 이제 앞서 우리들이 도달한 '업·보의 삼세 전개'라는 가설을 검토해 보자. 존우화작인설이나 숙작인설 또는 무인무연설과는 비교도 안될 정도로 현실 세계를 합리적으로 설명할 수가 있다. 뿐만 아니라 업·보가 삼세에 걸쳐 전개되고 있기 때문에, 우리가 인식하는 현 세상에는 그 '의아로운 현상'이 나타날 수밖에 없으며 또 이러한 현상의 존재는 업·보가 삼세에 걸쳐 전개되고 있음을 증명해 준다고 할 것이다.

이런 견지에서 부처님은 다음과 같이 설하고 계신다. "만일 고의로 업을 지으면 반드시 그 보를 받나니 현세에 받기도 하고 내세에 받기도 하나니라. 그러나 고의로 짓는 업이 없으면 보를 받지 않나니라."**<중아함 권3 사경>** 이것이 불교에서 설하는 업설의 원리적인 내용이다. 업과 보의 종류와 그에 대한 설명은 다음 기회로 미룬다.

불교의 이러한 업설에 의할 때 인간의 현실 상황은 그가 짓고 있는 업에 대한 보의 총화總和가 바야흐로 나타나고 있는 것이다. 그러나 그러한 현실은 동시에 그의 새로운 업이 작용해야 할 대상이라는 것을 잊어서는 안 된다. 눈앞에 불행이 닥쳤다면 책임은 오로지 자기에게 있는 것이지 남이나 운명이나 신에게 있는 것이 아니다. 그것을 타개할 수 있는 것도 오로지 자기 힘이며, 남이나 운이나 신의 힘이 아니라는 것이 뚜렷해진다. 불교의 업설을 흔히 숙명론과 혼돈하는 사람이 있다. 그러나 이것은 커다란 잘못이다.

니간타의 업설을 숙명론으로 본다면 몰라도 불교의 업설은 결코 그런 것이 아니다. 과거의 업보다는 현실을 타개해 나갈 현재의 인간 의지와 그 노력에 커다란 비중이 가 있다는 것을 잊어서는 안 될 것이다. 이래서 불교의 업설은 강력한 인생관이 될 수가 있다. 업·보의 필연적인 존재를 확실하게 이해한 사람은 악업을 지을 엄두도 못낼 것이다. 따라서 불교의 업설은 건전한 사회윤리가 될 수가 있다.

업설은 또 우주를 움직이는 근원적인 힘이 무엇인가에 대한 불교의 답변이기도 하다. 앞서 소개한 바와 같이 기독교는 우주의 근원을 '신'으로 보고, 유교는 '역'으로 본다. 불교가 일어날 무렵 인도의 정통파 바라문교에서는 '범'으로 보고, 이에 맞선 사문들은 물질적인 '요소'로 보았다. 이제 불교는 어떻게 답하고 있는가?

불교의 업설에 의할 때 우주를 움직이고 있는 궁극적인 힘은 바로 중생들 자신의 '업력業力'인 것이다. 불교학에서는 우주 안에 있는 전 중생들의 이러한 공동적인 업을 '공업共業'이라는 말로 표현하고 '세계는 공업의 소성所成'이라고 말하고 있다. 이러한 여러 가지 우주론 중에서 이제 어떤 것이 정당한가는 독자들의 비판적인 판단에 맡길 따름이다. 다만 여기서 한 가지 말해 두고 싶은 것은 중생들의 업력은 우주를 능히 파괴할 수 있는 작용을 일으킬 수가 있다는 점이다. 커다란 우주를 바라볼 때 인간을 포함한 중생들은 너무나 미약한 존재다. 이렇게 미약한 존재들이 어떻게 우주를 움직이는 힘이 될 수가 있느냐고 반문할 사람이 있을 지 모른다. 그러나 오늘날 우리들 인간을 보라. 가공할 만한 핵폭탄을 개발해 내었으며, 이것이 만일 잘못 사용되면 그 연쇄반응은 전 우주의 조화를 파괴할 원인이 충분히 될 수가 있는 것이다.

이렇게 업설은 불교의 우주론이 될 가능성이 있는데 경전에는 실제로 그것을 우주론에 적용시킨 예까지 발견된다. 장아함 끝(권18～22)의 세기경이나 또는 그 별행경이라고 볼 수 있는 기세경·기세인본경 등이 그 좋은 예이다. 우주를 신의 창조로 보는 종교에서는 대개 우주론적 신화를 발생시키고 있다.

기독교의 구약성서 첫머리에 나오는 창세기는 그런 종류의 신화이다. 그런데 그와 비슷한 이야기가, 다시 말하면 우주의 구조·생성·소멸 등에 관한 신화와 비슷한 이야기가 세기경·기세경·기세인본경 등에 담겨 있다는 말이다. 그 이야기는 상당히 길어 간단히 소개할 수가 없다. 아함경의 교리를 체계화한 '구사론'이란 문헌이 있는데 이것에 의하여 그 요점만을 소개하면 다음과 같다.

먼저 모든 중생들의 업력에 의해 허공에 바람이 일기

시작하여 풍륜風輪이 생긴다. 중생들의 업력에 의해 다시 풍륜 위에 구름이 일어나 수륜水輪을 생하고, 업력에 의해 다시 수륜 위에 바람이 일어나 수면을 때리고 응결시켜 금륜金輪을 생한다. 금륜 위에 수미산이 솟고, 이것을 중심으로 그 주위에 일곱 산이 생하고, 그 최외각에 철위산이 둘러 앉는다. 그리하여 각산 사이에 물이 고여 여덟 바다가 생하는데, 수미산 부근의 일곱 산 사이에 생긴 바다를 내해內海라 하고, 그들과 철위산 사이에 생긴 바다를 외해外海라고 하고, 이 외해 속에 사대주四大州가 있어 수미산의 동서남북에 위치한다. 우리가 현재 살고 있는 곳은 수미산 남쪽의 섬부주贍部州이며, 이 밑에 염라왕국閻羅王國이 있고, 그 아래 다시 팔대지옥이 차례로 위치한다. 그리고 해와 달과 별들은 수미산을 둘러싸고 공중에서 돌아간다. 이것이 중생들이 몸 담게 될 세계(器世間)가 형성되는 과정이다. 최초의 풍륜으로부터 이러한 세계가 완성되는데 1소겁의 시간(1,590만 8년)이 걸린다고 한다.

세계가 생긴 다음 이곳에 중생이 생하는데, 그 순서를 살피기 전에 먼저 그들의 경계(衆生世間)부터 소개해 줄 필요가 있다. 중생의 경계는 크게 욕계欲界·색계色界·무색계無色界의 삼계로 갈라진다. 욕계는 욕심이 있는 경계로서 그로 말미암아 받게 되는 고통의 정도에 따라 지옥·축생·아귀·수라·인간·천신의 육취六趣가 식별되고, 특히 천신은 다시 육천으로 세별되고 있다. 색계는 선정을 닦아 욕심을 멸하지만 형색은 남아 있는 경계로서 사선천四禪天으로 나누기도 하고 18천으로 세별하기도 한다. 무색계는 색계의 형색마저 사라진 정定의 경계로서 사처四處를 헤아림이 보통이다.

중생들의 경계는 이와 같거니와, 이제 이들은 세계가 생긴 다음 그곳에 어떤 순서로 생하는가. 먼저 범천(색계의 최하위)이 하생하고, 계속해서 욕계 육천에 해당되는 타화자재천·화락천·도솔천·야마천이 하생하여 수미산 위의 하늘에 머물고, 도리천·사천왕이 생하여 수미산의 봉우리와 허리에 각각 머문다. 그리고 또 인간이 생하여 사대주에 머물고 축생은 바다에 생하여 육지와 공중에도 살게 되며 아귀는 염마왕국에 생하여 떠돌아 다니고 지옥취는 지옥에 생한다. 이밖에 다시 아수라가 있는데 이들은 수미산을 본거처로 하여 도리천과 항상 전쟁을 일으킨다. 이렇게 해서 천·인·아수라·아귀·축생·지옥취의 여섯 갈래 중생이 생하는데, 여기에 소요되는 시간은 19소겁이 걸린다는 것이다. 세계와 중생이 편성되는 이러한 시기를 성겁成劫이라고 부른다.

성겁 다음에는 주겁住劫이라는 시대가 온다. 그 기간도 20소겁이다. 이때 세계는 별로 변동이 없지만 중생의 과보에는 많은 변동이 나타난다. 초기의 중생은 형색이 아름답고 빛을 내며 하늘을 날을 수도 있으며 수명도 장구하다. 그러나 좋은 맛에 탐착하여 물질적인 음식을 취하게 됨에 차츰 몸이 더러워지고, 남녀의 구별이 생하며, 음식에 대한 욕심이 일어나 싸움이 벌어진다. 그러자 이것을 다스릴 국왕을 뽑게 되고 형벌이 제정된다. 중생의 악업은 더욱 심해지고, 동시에 수명이 짧아지기 시작하여 마침내 10세에 이르게 된다. 그러자 도병刀兵·질역疾疫·기근饑饉의 삼재三災가 발생하여 살아 남는 자 겨우 1만을 헤아리게 된다(제1소겁). 삼재의 괴로움을 겪는 중생들은 자신의 죄업을 뉘우치고 다시 선업을 행하게 된다. 동시에 수명도 증가하여 8만세에 이르게 되고 풍요한 사회가 된다. 그러자 다시 욕심과 악업이 심해져 수명이 10세로 감소된다(제2소겁). 인간 수명의 이러한 증감이 그 뒤에도 19번 반복된 다음 다시 10세에서 8만세에 증가하게 된다(20소겁).

이때 우주가 파괴되는 괴겁壞劫이 시작되는데 여기에도 20소겁이 있다. 먼저 중생이 파괴되는데 그 순서는 지옥취부터 시작하여 최후에 천신이 파괴된다(19소겁이 소요됨). 그런 뒤 화·수·풍의 삼재가 발생하여 풍륜으로부터 색계 제삼선천에 이르는 세계를 모조리 멸해 버린다(제20소겁). 괴겁이 지나면 허공만이 존재하는 공겁空劫이 오는데 이 기간도 20소겁이다. 공겁 다음에는 다시 중생들의 업력에 의해 성·주·괴·공겁이 반복하여 세계는 끝없이 생성·소멸한다는 것이다. 20소겁을 1중겁이라 하고 4중겁을 1대겁이라고 하므로 결국 한 세계는 1대겁을 시간적 단위로 하여 생성·소멸하고 있다는 말이 된다.

성주괴공을 되풀이하고 있는 이러한 세계는 하나만이 있는 것이 아니다. 우주 속에는 무수한 세계가 존재하고 있다. 1천 세계를 합한 것을 1소천小千 세계라 하고, 이 1소천 세계를 1천배한 것을 1중천中千세계라고 하며, 1중천을 다시 1천배한 것을 1대천大千세계라 한다. 이 소천·중천·대천을 '삼천대천세계三千大千世界'라고 하는데 이것을 한 부처님이 지배하는 세계라고 보고 있다. 그러나 이것으로 그치는 것이 아니다. 세계는 실로 무량하여 허공의 양과 같다는 것이다.

이상이 세기경·구사론 등에 설해진 불교의 우주론적 설화의 대강이다. 여기에서 우리들이 특히 주목해야 할 바는 세계의 생성을 중생의 의지적 업력에 의한 것으로 보고 있다는 점이며, 변천·소멸 그리고 다시 생성되는 과정에 있어서도 업력에 의한다는 입장이 한결같이 유지되고 있다. 이것은 우주를 신의 창조로 보는 신학적인 우주론이나 또는 성주괴공을 기계적으로 반복한다고 보는 우주론과는 본질적으로 다른 것으로서, 앞서 살펴 보았던 불교의 삼세 업보설을 우주의 동력인으로 보고 그런 입장에서 전개시킨 우주론임을 말해주고 있는 것이다.

## 5. 우주의 실상과 깨달음

불교 교리는 십이처설과 삼세 업보설로 다한 것이 아니다. 우주의 본질을 밝히려는 미묘한 교리가 그 뒤에 다시 중층적으로 전개되고 있다. 삼세업보설은 그러한 중층적 교리 조직의 첫걸음에 불과하다. 그러나 현실 세계의 정확한 관찰과 그에 입각한 합리적인 가설의 수립 및 검토라는 방법론은 새로운 교리가 나올 때마다 한결같이 응용되고 있다. 그리하여 우주의 본질에 대한 보다 올바른 이해에 착실하게 접근해 가고 있다.

그러한 교리 조직을 여기서 독자들께 납득시킬 만큼 설명할 수는 없다. 필자는 앞서 업설에서 상당한 지면을 쓰면서 그러한 노력을 해 본 셈이지만, 업설 뒤의 교리 조직은 그보다도 훨씬 미묘하게 전개되고 있기 때문이다. 따라서 그러한 내용은 독자들의 연구에 맡겨두고, 중요한 교리들의 항목과 그에 대한 간단한 소개만을 해 두고자 한다.

① 육식설六識說

② 십팔계설十八界說

③ 사대설四大說

④ 육계설六界說

⑤ 오온설五蘊說

⑥ 사제설四諦說
⑦ 십이연기설十二緣起說
⑧ 육바라밀설六波羅蜜說
⑨ 일불승설一佛乘說

불교는 현실 세계의 모든 것이 십이처에 포섭된다고 봄은 앞서 소개한 바이지만, 이러한 십이처는 하나도 항구불변하는 것이 없다. 덧없이 생주이멸生住異滅하고 있는 것이다. 그러나 아무런 법칙도 없이 변화하고 있는 것은 아니다. 어떤 것이 생하려면 반드시 인因과 연緣이라는 두 조건이 갖추어져야 한다. 이것을 체계적으로 말한다면 '육식六識은 육근六根을 인因으로 하고 육경六境을 연緣으로 하여 일어난다'고 할 수가 있다(육식설). 십팔계는 십이처의 세계관에 육식이 발생하므로써 띠게 된 입체적인 구조를 보여준다.

한편 육근과 육경은 모두 지·수·화·풍의 사대 요소로 분석된다. 그렇게 되면 십팔계는 육계(지 · 수 · 화 · 풍 · 허공 · 식)로 파악될 것이다. 이렇게 보면 육식설에서 육계설에 이르는 교리들은 십이처의 세계로부터 그것을 구성하고 있는 요소들을 탐구해 들어가 그 근원적인 모습을 밝히고자 하는 것임을 알 수가 있다. 불교 흥기 당시의 사문들이 과학적인 물질분석을 통해 우주의 근원을 탐구해 들어간 작업과 일맥 상통함이 있는 것이다.

오온설은 이러한 요소설에 입각해서 인간 존재의 구성 형태를 해명한 것이다. 오온은 색·수·상·행·식의 다섯을 가리키는데, 그 바탕이 되고 있는 색은 사대요소를 '나'라고 집착하는 것을 뜻하기 때문이다. 좀더 구체적으로 말하면, 사대요소가 결합한 일시적인 형체(色)를 항구 불변적인 나로 집착하면 이로부터 개체를 형성하는 수·상·행·식이 발생하여 인간 존재의 근간부(蘊)를 이루게 된다는 말이다.

사제설은 오온설의 이러한 인간관에 입각해서 삶의 가치를 제시한 교설이다. 오온으로 이루어진 인간 존재는 그 자체가 괴로움(苦)이다. 이 괴로움은 오온이 집기集起하기 때문이다. 따라서 괴로움을 근본적으로 해결하려면 그 원인을 멸滅하는 길 밖에 없다. 그러기 위해서는 '나'에 대한 바른 견해(正見)를 갖고 종교적인 길(道)을 닦지 않으면 안 된다. 사제는 이러한 고·집·멸·도의 네 가지 뚜렷한 사실(諦)을 가리키는 것이다. 그리고 4제를 닦으면 예류預流·일래一來·불환不還·아라한의 사과四果를 차례로 얻게 된다고 한다.

이렇게 볼 때 육식설에서 육계설에 이르는 교설들은 분석적인 관찰로 우주의 근본을 탐구해 들어간 일종의 우주론이라고 보겠고, 오온설은 그에 입각한 인간론이요, 사제설은 생의 가치론이라고 말할 수가 있을 것이다. 업설에 비할 때 이 교리 조직은 우주의 근원과 생의 가치에 대해 새로운 차원을 열어 주는 보다 심화된 교설임은 다시 말할 필요가 없다. 우주를 움직이는 근원적인 힘에 대한 업설의 해명은 우주의 근본 요소에 대한 의식에는 아직 미치지 못할 것이며, 그것이 뜻하는 생의 가치 또한 안락한 과보(生天)를 얻는 데에 머물러 생사의 근본적인 해결에는 미치지 못하고 있기 때문이다.

사제를 닦으면 차례로 사과를 얻게 된다는 것은 앞서 소개하였는데, 이러한 길을 완성하였을 때 명明이 발생한다고 한다. '명'이라는 말은 '실재하는 것, 발견되는 것' 등의 뜻을 갖고 있다. 그런데 이러한 명에 대한 무지가 무명無明이며 이러한 무명이 인간의 마음속에 있을 때 이것에 연緣하여 행行·식識·명색名色·육처六處·촉觸·수受·애愛·취取·유有·생生·노사老死가 일어난다고 한다. 이것이 소위 십이연기설이다.

그렇다면 '명'은 불교의 요소설에서 다시 한 걸음 더 들어가 우주의 본질을 밝힌 것이며, 십이연기는 이에 입각해서 인간의 생사 괴로움이 어떻게 발생하였는가를 밝혀준 인간론이라고 말할 수가 있다. 생의 가치가 어디에 있는가는 새삼 논할 필요가 없다. 무명에서 연기한 인간의 생사 현실은 실체가 없다. 따라서 공空이다. 그러나 허무와는 다르다. 헛된 세계의 괴로움은 있기 때문이다. 따라서 그것을 멸진해야 한다. 그렇다면 현실 세계는 유有라고도 못하고 무無라고도 못한다. 따라서 중도中道라고 한다. 이러한 내용의 십이연기를 깨달은 사람을 벽지불이라고 부른다.

대승불교의 육바라밀은 우주의 궁극적인 본질에 대한 탐구를 새로운 차원에서 다시 한 걸음 더 밀고 나간 것이다. 사제나 십이연기설에 의하면 생사와 열반, 무명과 무명의 멸진과 같은 두 법은 엄연히 분별된다. 그리고 생의 가치는 후자에 있게 된다. 그러나 이 분별과 집착이 과연 올바른 것인가? 열반이나 무명의 멸진이 있게 된 성립 근거를 생각해 보자. 이들은 생사나 무명을 연緣으로 하여 발생한 것이다. 그렇다면 연기한 법이요, 연기한 것이라면 실체가 공한 것이라고 볼 수밖에 없다. 동시에 우주의 본질은 분별·집착을 초월한다고 해야 한다. 그러한 본질은 이제 어떤 개념으로 표현할 수가 있을까. 언설과 사유를 초월해 버렸기 때문이다. 구태여 이름을 붙인다면 '그런 것(如)' 이라고나 할까.

우주의 궁극적 본질에 대한 이러한 지혜를 '반야般若' 라고 한다. 반야는 무분별지無分別智요, 평등지요, 공지空智이다. 그리고 이러한 반야의 실천을 통해 분별 망념의 괴로운 존재 형태에서 피안에 도달하는 것을 '바라밀' 이라고 한다. 반야바라밀다에 행하는 자를 보살이라고 하는데, 일체의 분별과 집착을 떠난 그의 무한한 자아 부정적 실천은 남과 사회를 결코 외면할 수가 없다. 보살이 반야와 더불어 보시·지계·인욕·정진·선정을 포함한 육바라밀을 닦음은 이 때문이다.

이렇게 볼 때 불교 교리는 업설에서 육바라밀에 이르기까지 어느 것 하나 인간의 궁극적 물음에 대한 답변 아닌 것이 없다. 우주의 근원적 힘·요소·본질이 무엇이며, 인간은 어떻게 해서 현재와 같은 괴로운 생사에 전락케 되었으며, 어떻게 살아야 할 것인가가 중층적으로 해명되고 있는 것이다. 그렇다면 불교의 우주론을 거론한다는 것부터가 새삼스러울 정도이다.

우리는 흔히 '일체유심조一切唯心造'라는 말을 듣는다. 이보다도 더 간결한 우주론이 있을까? 육조대사가 이르되 "여기 한 물건이 있는데, 머리도 없고 꼬리도 없다. 이름도 없고 자字도 없다. 위로는 하늘을 받치고 아래는 땅을 받친다. 밝기가 해와 같고 검기가 칠흑과 같다. 항상 움직이고 사용하는 속에 있지만 거둬들이지 못한다. 이것이 무엇인고?" 하였을 때 이보다 더한 우주론은 없을 것이다. 뿐만 아니라 대승불교의 이러한 유심설唯心說에 입각해서 우주론적 신화와 비슷한 이야기까지 설해진 예를 볼 수가 있으니 능엄경의 우주론이 그 한 예라고 할 것이다.

그러나 우주의 궁극적인 본질에 대한 어떤 해명이 참다운 진리성을 띠려면 신의 계시에 의했다던가, 성인의 말이기 때문이라던가, 가설의 정당성이 현실적으로 검토되었다던가, 또는 냉철한 이지적 사유에 의했다던가

하는 것만으로는 부족할 것이다. 실제로 그것이 체험되지 않으면 안 된다. 이런 뜻에서 부처님은 법화경에서 끝으로 다음과 같이 설하고 계신다.

우주(諸法)의 실상實相은 오직 부처와 부처만이 주고 받나니, 소위 그러한 상相·성性·체體·힘(力)·작용作用·인因·연緣·과果·보報·본말구경등本末究竟等이니라.

우주의 실상은 깨달음을 열기 전에는 알 수가 없다는 뜻이다. 이렇게 되면 우주의 본질적 실상에 대한 언설적 해명은 불교에서는 다시금 없다는 말이 된다. 불교의 우주론을 듣고자 했던 우리들의 기대가 다시금 어그러지는 느낌이다.

그러나 부처님은 그 해답을 영원히 깨달음 속에 묻어 두시려는 것은 아니다. "부처가 세상에 출현함은 모든 중생들께 부처와 똑같은 지견知見을 갖게 하고자 함이라."고 누누이 강조하고 계신다. 궁극적인 진리를 손아귀에 쥐고 있으려는 것이 아니라, 어떻게라도 중생들께 열어 보여 주려고 애태우고 계신다.

그리하여 깨달음에 이르는 길을 정성들여 시설施設해 놓으셨으니 그것이 바로 지금까지 살펴왔던 중층적(方便) 교리조직이다.

"세상에는 오직 하나의 불승佛乘이 있을 뿐, 제2승·제

3승은 없나니라." 좀더 구체적으로 말하면 사제설(아라한승)·십이연기설(벽지불승)·육바라밀(보살승)은 한결같이 부처님의 깨달음에 이르는 길이다. "삼승은 오직 하나의 불승에서 분별해 놓은 것에 불과하다."

불교는 우주의 궁극적 실상에 대해서 이렇게 '깨달음'과 '깨달음에 이르는 길'이라는 독특한 방식을 가지고 제시하고 있다. 이러한 방법은 안이하게 궁극적 문제를 해결하려는 사람들을 실망시킬지도 모른다. 그러나 인간에게 지워진 가장 중요한 문제에 대한 답은 그것을 쉽게 제시하였다는 데에 뜻이 있는 것이 아니라 참답게 제시되었느냐 하는 것에 보다 중요한 의미가 있다. 진지하게 진리를 구하려는 사람들에게 불교는 결코 실망을 주지 않을 것이다.

# 제 4 장
# 아함의 무아윤회설

## 1. 서론

인간은 몸과 마음의 두 부분으로 이루어졌음은 누구나 쉽게 느낄 수 있다. 이럴 경우 인간의 죽음은 그 두 부분이 결합 관계를 풀고 마음은 몸을 떠나는 것으로 생각된다. 인간이 막 죽었을 때 그 주검은 형태적으로는 살아 있을 때와 아무런 다름이 없고 다만 의식 곧 마음만이 떠나고 없기 때문이다. 죽음과 삶에 대한 이러한 비교·관찰은 삶의 본질을 목숨이라고도 보게 된다. 왜냐하면 '숨'이 있고 없음에 의해서 죽음과 삶이 결정되기 때문이다.

인도의 베다(Veda) 문헌에는 '마나스(manas)'와 '아수

(asu)'가 거의 같은 뜻으로 사용되고 있으며, 이들은 인간이 죽을 때 몸을 버리지만, 몸을 버린 뒤에는 어떠한 형태로든지 그 자체를 계속한다는 뜻으로 나타나 있다. 이런 데에서 우리는 인도의 윤회 사상의 시원을 찾아 볼 수 있는데, 마나스나 아수가 몸을 버린 뒤 멸하지 않고 그 자체를 계속한다면 이 불멸의 마나스나 아수는 다시 어떤 몸을 받아 그것과 결합한다는 생각에 이르게 될 것이 예상되기 때문이다.

베다 시대로부터 브라흐마나(Brāhmaṇa) 시대에 들어서면서 인간의 구성 요소에 대한 분석적 관찰은 한층 더 발전하는데, 그 주안점은 역시 죽음을 중심으로 멸하는 것과 멸하지 않는 것을 구별하여 죽지 않는 영원불멸의 참다운 주체를 찾는 데 있었다. 죽음과 삶을 결정지웠던 '아수'라는 말은 이 시대에 '프라나(Prāṇa)'라는 말로 대치되는데, 이것은 그러한 분석적 관찰에 의하여 숨을 여러 가지로 분석한 결과 가장 근원적인 숨은 프라나로 생각되었기 때문일 것이다. 아수에 대해 이러한 관찰이 행해졌다면 마나스에 대해서도 응당 그러한 관찰이 행해졌을 것이다. 이 시대에 인간의 모든 정신기능(마음) 가운데서 가장 중심적인 것을 '아트만(ātman)'이라고 하였음을 주의해야 한다. 우리의 마음을 살펴볼 때 그의 모든 기능에 내재하여 그들을 통일·제어하고 있는 것을 찾으면 그것은 곧 '나(아트만)'로 돌아가기 때문이다.

프라나와 아트만은 이리하여 죽지 않는 불멸의 근원적 주체로서 다같이 최고의 위치를 차지하게 되지만, 보다 근원적인 것을 추구하는 브라흐마나 시대의 사색 과정에서 프라나는 아트만에 흡수되고 만다. 왜냐하면 아트만에는 본래 '숨'이라는 뜻이 있어 프라나의 뜻을 갖고 있기 때문이다. 죽음에 임하여 몸을 떠나가는 것은 마나스나 아수가 아니라 이제 아트만이다.

윤회의 주체로서의 아트만의 이러한 성질을 계승하면서, 그러한 아트만에 상응한 여러 속성 가운데서도 특히 '불변의 본질'.이라는 점을 파고 들어 그것을 전 우주의 근본 원리 곧 '브라흐만(brahman 梵)'과 동일하다는(梵我一如) 데에까지 심화시킨 것은 우파니샤드(upaniṣad)의 철인들이다. 이쯤 되면 아트만은 이제 우주창조의 제일 원리·만유의 본체로서 '나'의 테두리마저 벗어난다.

불교는 이러한 아트만의 존재를 강력하게 부정하고 일어났다. 이것이 불교의 무아설無我說(anātma-vāda)로서 인도 철학사에서 이채를 띠는 가장 특징적인 사상이라 할 것이다. 아트만의 부정은 필연적으로 윤회의 부정에까지 이르러야 한다. 그런데 불교는 또 업보의 존재를 인정하고 있다. 이런 점에서 학자들은 불교의 윤회설을 우파니샤드의 유아윤회설有我輪廻說에 대해 무아윤회설無我輪廻說이라고 부르고 있다.

무아윤회설은 일견 자가당착을 면할 수 없는 것 같다.

무아설과 윤회설은 서로 모순되기 때문이다. 이런 문제성에서 현대의 학자들은 불교의 윤회설을 '민중 교화를 위하여 불교 안에 채택한 하나의 통속적 종교 관념'이라고 보고자 한다. 무아설과 업의 주체 문제는 현대 학자들이 아니라 이미 아함에도 문제되고 있다. 일례를 들면 중아함경 권11(고려 17·1126 b)에 "만일 색이 무상하고 수·상·행·식이 무상하다면, 살고 있는 자는 누구이며 고락을 받는 자는 누구란 말인가?"라고 묻고 있다.

그러나 무아설과 업보·윤회설은 과연 그렇게 서로 모순하고 있을까? 아함에는 그런 문제에 대해서 여러 가지 답변을 주고 있는데, 그 중에서 가장 대표적인 것은 잡아함 권13(고려 18·836 a)의 다음과 같은 경설이라고 본다.

云何第一義空經. 諸比丘 眼生時無有來處 滅時無有去處. 如是眼不實而生 生而盡滅 有業報而無作者. 此陰滅已 異陰相續. 除俗數法. 耳鼻舌身意 亦如是說. 除俗數法. 俗數法者 謂此有故彼有 此起故彼起 如無明緣行 行緣識 廣說乃至純大苦聚集起. 又復此無故彼無 此滅故彼滅. 無明滅故行滅 行滅故識滅 如是廣說 乃至純大苦聚滅. 是名第一義空法經

어떤 것을 제일의 공경이라 하는가. 비구들이여, 눈은 생길 때에도 오는 곳이 없고 멸할 때에도 가는 곳이 없다. 이와 같이 눈은 참답지 않아 생기고 생겼다가는 모두 멸하나니, 업보는 있지만 지은 자는 없느니라. 이 근간이 멸하고 나면 다른 근간이 이어받나니 세속의 수법數法과는 다르니라. 귀·코·혀·몸·의지에 있어서도 또한 이와 같이 말하지만 세속의 수법과는 다르니라.

세속의 수법이란 이른바 '이것이 있기 때문에 저것이 있고, 이것이 일어나기 때문에 저것이 일어난다.'는 것이니, 무명을 연하여 결합이 있고 결합을 연하여 식별이 있으며 이와 같이 널리 설하고 내지 아주 커다란 괴로움의 무더기가 집기하느니라. 다시 '이것이 없기 때문에 저것이 없고 이것이 멸하기 때문에 저것이 멸한다.'는 것이니 무명이 멸하기 때문에 결합이 멸하고, 결합이 멸하기 때문에 식별이 멸하며, 이와 같이 널리 설하고 내지 아주 커다란 괴로움의 무더기가 멸하나니라. 비구들이여, 이것을 제일의 공법경이라 하느니라.

따라서 이 경설을 중심으로 아함의 윤회설이 그의 무아설과 과연 모순하고 있는지의 여부를 고찰하려는 것이 이 글의 목적인데, 이 고찰은 먼저 무아설의 그 '무아'가 어떤 내용을 가진 것인가를 검토하는 데서부터 시작되어야 할 것이다.

## 2. 무아설의 내용

'무아'라는 말이 아함에 사용된 예를 보면 무상無常·고苦라는 말과 함께 어떤 주어에 술어로 연결되어 있음이 보통이다. 이런 문장에서 주어의 위치를 차지하고 있는 말은 다양하지만, 대표적인 것은 십이처·육육법·오온·십이연기라고 할 수 있다. 이들은 어느 것이나 우리들이 살고 있는 현실 세계, 아함의 술어를 빌리면 일체一切·세간世間을 가리킨다. 이러한 현실 세계는 연이생緣已生·유위법有爲法, 다시 말하면 '연기한 것'이다.

따라서 아함의 무아설은 단순한 무아설이 아니라 연기에 입각한 것이요, 그것이 부정하고 있는 '나'는 그렇게 연기한 나를 가리킴을 알 수 있다. 이러한 내용을 가진 무아설을 필자는 '연기무아설緣起無我說'이라고 부르고 싶다.

연기무아설이 부정하고 있는 '나'는 좀더 구체적으로 말하면 연기한 '온蘊'을 가리키고 있다. 아함에는 여러 가지 아견我見과 아소견我所見이 설해 있는데, 그 '나'는 항상 '온'과 밀접한 관계를 갖고 있는 것이다. 가령 네 가지 유신견有身見을 예로 들면,

① 오온이 나이다.
② 나는 오온을 갖고 있는 것이다.

③ 나 속에 오온이 있다.

④ 오온 속에 나가 있다.

로 되어 있다. 따라서 연기무아설이 부정하고 있는 '나'는 '온'과 동일하거나 또는 그와 밀접한 관계를 가진 것이라고 할 수 있다.

이러한 '온'의 '나'는 무아설이 아니라도 연기를 살필 때 그 실재성이 마땅히 부정된다. 아함의 연기설에는 여러 가지 유형이 있지만, 제일의第一義적인 것은 십이연기라고 할 수 있다. 이 십이연기의 성격을 규정짓고 있는 근본 요인은 무명無明(avidyā)과 행行(saṁskāra)이다. 따라서 이것을 중심으로 '온'의 '나'가 왜 본래부터 존재하지 않는가를 살펴볼까 한다.

무명은 아함에 사제(satya)에 대한 무지라고 설명되어 있다. 이런 설명은 부처님이 그 뜻을 완전히 나타내는 요의설了義說이라고 할 수 없지만, 어떻든 무명은 '실재하는 것(satya)을 모르는 상태'를 가리키고 있음만은 확실하다. 이러한 모름의 상태는 바꿔 말하면 실재하지 않는 것을 실재하는 것이라고 알고 있음이다. 다시 말하면 뒤바뀐 착각(顚倒想)이다.

'행'은 이러한 무명에 연하여 일어난 것임으로, 실재하지 않는 것을 실재하게끔 하려는 형성작용形成作用이라고 할 수 있다. 다시 말하면 '온'을 성립·유지시키는 근본 작용이다. '유위有爲(saṁskṛta)'라는 말이 미계迷界의 모든 법을 특징 지우는 술어가 되고 있음은 이 때문이다.

무명과 행이 이런 성질을 가진 것이라면, '나'는 '있다'고 할 수 없다. 왜냐하면 그것은 실재하지 않는 것을 실재한다고 생각한데서 연기하여 하나의 큰 '온'을 이루고 있는 것이기 때문이다. 전세 든 사람이 그 집을 아무리 자기 집이라고 생각하고 있어도 그것은 여전히 주인의 집이고, 그가 생각하고 있는 바와 같은 자기 집은 실재하지 않는 것과 같다. 서론에 인용한 아함의 경설은 이러한 '나'를 "실체없이 생하고(不實而生) 생하여서는 없어진다(生而盡滅)."고 표현하고 있다.

이와 같이 연기의 고찰은 필연적으로 무아설에 도달한다. 그러나 단순히 그런 결론을 설하려는 것만이 무아설의 목적은 아니다. 무아설의 진정한 뜻은 그렇게 실재하지 않는 '나'에 집착하지 않음은 물론, 적극적으로 그것을 없애는 실천을 부르짖는 데에 있다. 연기설이 '온'의 성립 과정을 밝혀주는 철학적인 설명이라면, 무아설은 그러한 '온'의 '나'를 제거하기 위한 실천 원리이다. 이것이 연기설과 무아설의 관계요, 차이이다.

무아의 원어 '안아트만(anātman)'은 비아非我로도 무아로도 해석되는 말이다. 학자들 가운데는 이 두 가지 뜻에서 무아설의 원뜻을 무아보다는 비아에서 찾으려는 이가 많다. 물론 그 두 가지 뜻은 아함에 모두 유력한 근거를 갖고 있다. 일례를 들면 네 가지 유신견 가운데서 "오온이 나다"라고 보는 아견我見은 비아를 뒷받침해 주고, "오온 속에 나가 있다."는 아소견我所見은 무아를 뒷받침해 준다. 그러나 무아설이 '나'를 없애는 실천 원리라는 점에서는 비아보다는 무아에 그 의의가 있음을 알 수 있다. 중국의 역경가들은 거의 전부가 '무아'라는 뜻을 취하였다.

이상 고찰한 바와 같이 무아설은 '나'를 부정하는 것이지만, 그러나 부정되는 것은 무명에서 연기한 '온'의 '나'이므로 참다운 '나'가 부정되는 것은 아니다. 참다운 '나'는 오히려 그러한 부정을 통해야만 나타난다. 추호라도 나의 긍정이 있다면 나타날 수가 없다. 불교에서 아트만을 내세우지 않음은 실로 이 때문이다.

무아는 곧 공(空 śūnyatā)이며 제법실상諸法實相이며 반야般若이며 아트만이다.

## 3. 업의 주체

연기를 고찰할 때 '나'의 실재성은 부정되지만, 그러나 그러한 '나'가 아주 없다는 것은 아니다. 연기설은 오히려 그러한 '나'의 발생 과정을 설명해 주는 교설이고, 이러한 성질의 연기설이 불교 안에 뚜렷하게 존재해 있다는 것은 그러한 '나'가 없지 않음을 뚜렷하게 표시해 주고 있다고 해야 한다.

여기에 곤란한 문제가 발생한다. '나'는 "없지만 있다"는 것이 논리적으로 어떻게 성립할 수 있을까? 있음과 없음은 모순 개념이므로 그 둘은 동시에 성립할 수가 없다.

아함의 이론적 중도설中道說은 이러한 문제를 무난히 해결해 주고 있다. 그 내용은 "세간世間의 집集을 여실히 정관正觀할 때 세간이 없다는 견해가 일어나지 않고, 세간의 멸滅을 여실히 정관할 때 세간이 있다는 견해가 일어나지 않는다. 여래는 이 두 끝을 떠나 중도를 설하나니 그것은 곧 연기"<잡아함 10, 고려 18·799 b>라는 것이다. 이것은 없음과 있음을 차라리 다같이 부정함에 의하여 그 둘을 한 개념 속에 통합하여 논리적인 성공을 거둔 것이다.

따라서 무아설의 무아도 '나'는 없지만 아주 없다는 뜻이 아니다. '나'는 없지만 그러나 아주 없지 않다는 그러한 뜻을 담은 중도적인 무아이다. 왜냐하면, 그것은 연기에 입각한 연기무아설이기 때문이다.

구사론은 이러한 '나'를 '거짓 나(假我 prajñaptyātman)'라고 하고, 그러한 '나'는 실로는(dravyatas) 없지만 거짓으로는(prajñaptitas) 있음이 허용되며, 이러한 거짓 '나'의 허용은 지혜의 일부에 속한 것으로 보고 있다.

'나'는 본래 없지만 '나'를 여의는 줄기찬 실천이 요구됨은 불교의 무아설이 이와 같이 중도적인 것이기 때문이다. 무명이 완전히 다하여 '온'의 '나'가 없어질 때까지 무아의 실천은 행해지지 않으면 안 된다. '나'가 본래 없음을 아는 것만으로는 해탈이 아니다. '지즉성知卽成'이 불교에서 인정되지 않는 이유가 여기에 있다.

불교의 무아설이 이와 같이 중도적인 것이라면 업의 주체 문제가 제기될 필요가 없다. 업의 주체는 '아주 없지도 않은' 바로 그 '온'의 '나'이기 때문이다. 관심은 차라리 그러한 '온'이 생사에 윤회할 때 어떠한 모양을 띠느냐에 집중되어야 한다.

이 물음에 대한 아함의 답을 우리는 서론에 인용한 경설 가운데서 "이 음이 멸하고 다른 음이 상속한다(此陰滅已 異陰相續)."는 곳에서 구할 수 있다. 이 귀중한 시사는 그러나 얼른 보아서는 이해하기 어려운 점이 없지 않다.

그 경설에서 '음'은 '온'과 같은 말이므로, 무명에 연하여 행이 일어나고 행에 연하여 식·명색·육처·촉·수·애·취·유·생·노사가 일어나 하나의 집합체를 이루고 있는 것을 가리킨다. 따라서 그것에는 무명에서 노사에 이르는 십이지(支)가 다 갖추어 있다고 해야 한다. 이러한 '음'이 멸한다고 함은 무명을 비롯한 십이지가 다 멸한다는 말이 된다.

그러나 무명은 죽음에 의해서 멸하는 것이 아니다. 무

아의 실천이 완성될 때라야 비로소 멸하는 것이다. 그리고 또 만일 무명이 멸한다면 다른 '음'을 상속시킬 근거는 어디에 남는다는 말인가. "이 음이 멸하고 다른 음이 상속한다."고 하지만 '음'의 완전한 멸은 생각할 수가 없다. 어떤 형태로든지 남아 있다고 보아야 한다.

부파불교 시대에 항속적인 심식心識의 존재를 상정한 것, 예를 들면 독자부犢子部의 비즉비리온非卽非離蘊, 화지부化地部의 궁생사온窮生死蘊, 경량부經量部의 일미온一味蘊 등은 그러한 생각에서 나온 것으로 볼 수 있다.

그러나 연기를 다시 고찰해 볼 때, 그러한 항속적인 심식의 존재는 상정할 필요가 없음을 알게 된다. 앞에서 무명은 실재하는 것에 대한 무지로 말미암아 실재하지 않는 것을 실재하는 것으로 알고 있음이고, 행은 그렇게 실재하지 않는 것을 실재하게끔 하는 형성 작용이라고 했다. 그러나 이것은 너무나 추상적인 말이다. 실재하는 것과 실재하지 않는 것은 구체적으로 어떠한 것이며 그 둘은 어떠한 관계에 있는가.

아함에는 물론 이에 대한 설명이 없지만, 간접적으로 어느 정도 그것을 밝힐 수가 있다. 십이연기설에서 온의 속성을 규정짓고 있는 근본 요인은 무명이고, 온은 그 결과이다. 따라서 '온'의 속성을 알 때 이로부터 무명의 성질을 알아낼 수가 있다.

아함에서는 '온'의 '나'는 불변의 주체로서 나타난다.

비담가毘曇家의 술어에 의하면 '상일常一·주재主宰'의 속성을 띤다. 그렇다면 무명을 즉 가변의 객체를 불변의 주체(常一主宰)로 보는 착각이다. 그리고 행은 그러한 가변의 객체를 불변의 주체로 형성하려는 의욕(思 cetanā)이요 작용이다. '나'는 이런 행에 의하여 형성·유지되고 있는 '온'이다.

무명과 행을 구체적으로 이렇게 생각해 볼 때, "이 음이 멸하고 다른 음이 상속한다."는 경설이 쉽게 이해된다. 행은 언젠가는 무상하지 않을 수 없다. 왜냐하면 그것은 가변의 객체를 불변의 주체로 형성하려는 작용이므로 힘이 들고(苦), 이 힘의 한계를 넘으면 감당할 수 없기 때문이다. 이럴 때 '온'은 파괴되는데, 이것이 십이연기 최후 지분인 '죽음'이며, 경설의 "이 음이 멸하고"의 뜻이다.

이러한 온의 파괴는 행에 의하여 억제되고 있던 법의 가변성이 변화를 수행한 것이라고 할 수 있다. 따라서 이렇게 변화를 수행하는 순간 달라진 법 위에 새로운 무명이 놓인다. 왜 새로운 무명이 놓이는가 하면 이전에 무명이 있었기 때문이다. 이 말은 이전의 무명과 새로운 무명이 동일하다는 뜻이 아니고, 십이연기설의 이해에 있어서 앞의 무명의 발생을 시인했다면 달라진 법 위에서도 그것을 시인해야 한다는 말이다.

이렇게 무명이 놓이면 이것을 연하여 행·식 등이 일어

나 온을 형성하는데, 이 '온'은 이전의 '온'과 다른 것이고 또 이전의 온이 멸하는 순간 형성된다. 그러므로 "다른 음이 상속한다."는 경설은 참으로 적절한 표현이다. 무아 실천에 의하여 나를 없애지 않는 한 온의 상속은 계속하여, 아함의 표현을 빌리면 "상常도 아니고 단斷도 아니다." 이것이 생사윤회의 모습이다.

이상과 같이 생각해 볼 때 아함의 무아윤회설은 이론적 정연함이 시종일관한다. 거기에 비즉비리온·궁생사온·일미온과 같은 항속적 심식을 상정할 필요가 없다. 아니, 상정해서는 안 된다. 그런 것의 상정은 오히려 무아윤회설의 정연한 이론 체계를 손상시키기 때문이다.

## 4. 결론

불교의 무아설은 단순한 무아설이 아니라 연기에 입각한 연기무아설이다. 그것이 부정하고 있는 '나'는 무명에서 연기한 '온'의 '나'로서 참다운 아트만의 부정이 아니다. 참다운 아트만은 '나'의 부정을 통해서만 나타나고 추호라도 '나'의 긍정이 있으면 나타나지 못한다. 불교가 무아설에 시종일관함은 이 때문이다.

연기무아설에서 '나'는 부정되지만, 그러나 절대적으로 없다는 말은 아니다. 절대적으로 없지는 않은 이 '나'

가 업보·윤회의 주체이다. 따라서 연기무아설은 있음과 없음의 두 끝을 떠난 중도로서, 이것을 윤회설과 모순된다고 봄은 잘못이다. 업설을 '불교 안에 채택된 하나의 통속적인 종교 관념'이라고 함은 삼가해야 한다. 문제성이 있는 것은 무아윤회설이 아니라 오히려 우파니샤드 등의 유아윤회설이다. 아트만을 범아일여의 경지에까지 심화해 놓고 아직도 그것을 윤회의 주체라고 한다면, 이론적으로 해탈은 있을 수 없다. 그러한 해탈이란 그러한 아트만에 계합함이라고 할 수 있는데, 그 아트만이 윤회하고 있다는 말이 되기 때문이다.

불교의 무아윤회설은 유아윤회설의 이러한 이론적 결함을 멀리 뛰어 넘었다. 그의 윤회와 해탈의 이론 체계는 참으로 정연하다. 그것은 유아윤회설의 결함을 지양하여 발생한 듯한 느낌마저 준다.

어떻든 불교의 무아설이 나타난 뒤에는 인도의 정통적인 사상계에서도 아트만을 윤회의 주체로는 보지 않게 된 것 같다. 이것은 불교가 인도 사상에 끼친 중요한 공헌의 하나라고 할 것이다.

## 제 5 장
# 죄악범부와 정토신앙

### 1. 극한 상황의 의식

대승경전은 현재 약 650여 부를 헤아리고 있는데, 그 중에서 아미타불의 서방정토를 찬탄하고 있는 것은 200여 부로서 전체 경전의 3분의 1 정도에 이른다. 정토 교설이 대승불교에서 어떠한 비중을 차지하고 있는가를 짐작케 한다. 미타 정토에 관한 이러한 경전 중에서 대표적인 것은 다음의 삼부경이다.

① 구마라즙역鳩摩羅什譯 아미타경阿彌陀經 (小經) 1卷
② 강승개역康僧鎧譯 무량수경無量壽經 (大經) 2卷
③ 강양야사역畺良耶舍譯 관무량수경觀無量壽經 (觀經) 1卷

정토사상이란 한 마디로 말해서 이러한 정토 경전에 설해진 교설을 바탕으로 인도의 용수龍樹·무착無着·세친世親, 중국의 혜원慧遠·담란曇鸞·도작道綽·선도善導, 신라의 원효·경흥憬興, 일본의 법연法然·친란親鸞 등에 의해서 전개된 사상이라고 말할 수가 있다. 내용적으로는 미타의 본원력本願力에 의해서 정토에 왕생하여 불퇴전의 경지에 이름을 목적으로 한다고 요약할 수가 있다.

미타의 본원력에 전적으로 의존하는 이러한 입장은 지금까지 우리들이 살펴왔던 원시불교에서 대승불교에 이르는 여러 가지 불교 사상과 비교할 때 매우 이채로운 감을 준다. 종전의 한결같은 입장은 "법에 의지하고 자신에 의지하라."는 철저한 합리주의적 정신이었다. 그런데 정토 사상에서는 왜 자신의 힘보다는 미타의 본원력을 절대적으로 강조하고 있는 것인가? 정토사상은 당시(B.C. 1세기 경)의 힌두이즘의 영향하에 성립했다는 학설이 있을 정도로 그의 본원력 구제설은 유신론적 종교사상에 비슷한 바가 있는 것이다.

그러나 정토교의 정토교다운 특색은 바로 이러한 타력교적인 점에 있다. 그리고 정토 사상에 대한 이해는 바로 이러한 정토교적 종교성이 왜 대승불교에 발생하게 되었는가를 살피는 일에서부터 시작하는 것이 순서이다.

정토교 발생의 사상적 동기를 문제로 하는 이러한 견지에서 정토관계 문헌을 살필 때 우리는 그곳에 강력하게 대두되고 있는 극한 상황 의식을 주의하지 않을 수가 없다. 정토 삼부경의 하나인 무량수경에는 지금까지 살폈던 원시경전이나 반야·법화·화엄과 같은 대승경전에서는 찾아보기 어려울 정도로 우리들이 처해 있는 현실 사회의 괴로움이 심각하게(五苦·五痛·五燒) 묘사되고 있다. 다시 관무량수경에는 아사세라는 불효막심한 아들로 말미암아 처참한 상황에 처한 빈비사라왕頻毘沙羅王의 왕비 위제희韋提希 부인을 설법의 대상으로 등장시키고 있는 것이다.

경전상에서 뿐만 아니라 정토사상가들 속에서도 정토교의 이러한 극한 상황 의식은 얼마든지 엿볼 수가 있다. 용수는 정토교를 하열법下劣法을 즐기는 범부를 위한 이행도易行道로서 이해하고, 도작道綽은 정토교에 있어서의 극한 상황을 말법 시대로 파악하여 그러한 시대에 가장 알맞은 법은 오직 정토교 뿐이라고 단정하고 있다. 그리고 중국 정토 사상을 대성한 선도善導는 관무량수경의 '심심深心'에 대해 자신이 죄악범부임을 깊이 믿는 것이라고 주석하고 있다.

이러한 사실들은 정토교가 애초에 극한 상황에 처하여 자신의 힘으로는 깨달음을 실현할 수 없는 나약하고 죄장罪障 두꺼운 범부를 의식하고, 그런 의식 위에서 싹터, 그 싹이 대승불교의 풍토 속에서 독특한 결실을 보게 된 것임을 말해 주고 있다. 정토교를 올바로 이해하기 위해서는 정토교의 이러한 근본 입각지를 항상 염두에 두어야 할 필요가 있는 것이다.

## 2. 정토 왕생

정토 교리를 구성하고 있는 중요한 개념의 하나는 말할 필요도 없이 '정토'인데 글자 그대로 그것은 부정잡예不淨雜穢가 사라진 청정한 부처님의 국토를 가리키고 있다. 즐거움이 충만한 땅이라고 해서 극락세계라고도 불린다.

정토계 경전에는 미타의 서방정토 외에도 여러 가지 정토가 설해지고 있다. 미륵보살의 도솔천정토兜率天淨土, 약사여래의 유리광정토瑠璃光淨土 등이 그것이다. 그러나 그 중에서도 가장 수승한 것은 미타의 서방정토라고 부처님들은 찬탄하고 계신다. 아닌게 아니라 무량수경이나 관무량수경 등에 설해진 미타정토의 장엄상은 다른 정토에 비할 수가 없을 정도로 훌륭하다. 땅이나 수목 등이 모두 황금이나 칠보로 되었을 뿐만 아니라 부처님의 깨달음을 얻으려는 보살·성문들이 성황을 이루고 있다.

미타 정토의 이러한 장엄상을 용수는 열 가지 모습(十相)으로 정리하고, 무착은 십팔원정十八圓淨으로, 세친은 삼엄三嚴 이십구 종種으로 정리하였지만, 한 마디로 말해서 물질적으로나 정신적으로나 수도하는 데에 아무런 부족함이 없는 곳이라고 말할 수가 있다. 모든 것이 여의치 못한 우리들의 현실 세계를 정토교에서는 '예토穢土'라고 부르는데, 이러한 예토에 비할 때 미타정토는 실로 꿈만 같은 곳이다. 부처님과 같은 일체지一切智를 얻고 싶지 않은 사람이 어디 있을까마는, 그런 것을 구하기에는 너무나도 우리들의 생활이 각박하다. 아침부터 저녁까지 일을 해도 생활은 항상 쪼들리기만 한다. 그러나 서방 극락세계를 보라. 그곳은 모든 것이 황금이나 칠보로 되어 있지 않는가. 따라서 그런 나라에 가기만 하면 경제적인 문제는 걱정할 필요가 없을 것이다. 경제적인 문제 외에도 우리들의 예토에는 수도에 장애가 되는 요건이 한두 가지가 아니다. 시시각각으로 위험이 닥쳐와 생명을 보존하기가 어려울 뿐만 아니라 갖은 유혹과 번뇌가 우리들의 마음을 괴롭힌다. 그러나 극락세계를 보라. 아미타불은 '무량한 수명과 광명을 가진 부처님'이란 뜻이다. 그러한 부처님의 땅에 태어나는 사람들 또한 무량한 수명과 광명의 공덕 속에 있게 될 것임은 물론이다. 한 마디로 말해서 미타정토는 그곳에 가기만 하면 부처님과 같은 깨달음을 얻는 것이 어렵지 않고, 누구나 쉽게 불퇴전지에 이르러 보처보살補處菩薩이 될 수가 있는 곳이다. 정토 사상은 바로 이러한 정토에 왕생하는 것을 목적으로 한다. 따라서 '왕생'이라는 개념이 다시 정토 교리에 있어서 중요한 술어가 되는데, 글자 그대로 그것은 '가서 태어난다'는 뜻이다. '가서 태어난다'는 말은 '간다'는 말과 '난다'는 말이 복합된 것이다. '간다'는 것은 예토에서 타방 정토에로 가기 때문이다. 미타의 서방정토를 비롯한 여러 가지 정토는 우리들의 사바 예토를 중심으로 방위가 표시되어 있음이 예사이다. '난다'는 것은 정토에서 새로운 출생(化生 또는 胎生)을 받기 때문이다. 정토 왕생은 인간의 임종과 밀접한 관계를 갖고 경전에 나타나고 있는 것이다. 정토 경전에 나타나는 정토 왕생은 이상 소개한 바와 같은 형태를 띠고 있다. 다시 말하면 정토는 찬란한 낙토樂土로서 묘사되고 왕생은 임종 후의 일로 제시되고 있는 것이다. 정토 교학에서는 이러한 정토설을 '지방입상指方立相'이라고 말한다. 방위를 지시하고 장엄상을 건립하기 때문이다. 그러나 대승불교의 반야사상에서 볼 때 이러한 지방입상적인 정토설을 용납할 수가 있을까. 반야개공般若皆空·일체불가득一切不可得의 견지에서 볼 때 정토장엄이나 임종·왕생과 같은 교설을 글자 그대로는 받아 들이기가 어려울 것이다. 따라서 정토사상가들 사이에서는 반야사상과 정토 교설과의 이러한 모순을 화해하려는 여러 가지 시도가 행해지고 있다.

정토가의 그러한 시도 중에서 특히 주목되는 것은 정

토를 수행자의 마음에 나타나는 해탈계로 보려는 입장이다. 용수에 의하면 정토는 부정잡악이 사라진 중도실천의 묘과妙果이며, 무착과 세친에 의하면 불삼신佛三身 중의 수용신受用身(報身)이 머무는 보토報土인 것이다. 예토와 정토를 마음 하나로 보는 선가禪家의 유심정토설唯心淨土說은 이러한 정토관을 궁극에까지 밀고 간 것이다. 이러한 정토관에 의할 때 정토와 예토는 공간적으로는 동일한 위치를 점하게 된다. 다만 주관적인 심식心識이 다를 뿐이다. 따라서 정토장엄상도 공空과 가假가 상즉相卽하는 원리로 이해하게 됨은 물론이고, 담란이 말하는 바와 같이 왕생도 "불왕不往의 왕往이요 불생不生의 생生"이 되는 것이다. 심지어는 정토장엄은 해탈계를 상징적으로 또는 문학적으로 표현한 것이라는 생각도 하게 된다. 이러한 정토관은 정토 교설과 반야사상의 갈등을 해소하여 정토교를 선양하는 데에 뜻이 있었음은 물론이다. 그러나 정토를 단지 유심적으로만 이해하려는 태도가 있다면 그것을 우리는 경계해야 한다. 왜냐하면 정토교는 본래 자기 힘으로는 해탈을 실현할 수 없는 극한 상황에 처한 범부를 상대로 부처님의 자비가 베풀어진 교설이기 때문이다. 세친은 정토장엄을 '부처님의 원심장엄願心莊嚴'이라고 강조하고 있는데 이 뜻을 우리는 깊이 음미할 필요가 있는 것이다.

### 3. 본원력과 염불

정토교는 이렇게 정토에 왕생하는 것을 목적으로 하는데 이 목적은 어떤 방법으로 이루어지는가. 정토교에서는 그것을 부처님의 본원력에 의한다고 한다. 원시불교에는 업설에 입각한 생천설生天說이 있었다. 인간보다 상위의 천상에 태어나려면 보시·지계를 비롯한 십선업十善業을 닦아야 한다. 정토교의 정토 왕생은 원시불교의 이러한 생천설에 기원을 둔 것으로 생각되고 있지만, 그 방법에 있어서는 그와는 달리 부처님의 본원력을 크게 강조하고 있는 것이다. 본원이란 부처님께서 발심 때에 세우는 서원을 가리킨다. 그러한 서원 속에는 자신의 깨달음을 기어이 실현하겠다는 자리自利적인 것이 주가 되겠지만, 그에 못지 않게 남에게도 깨달음을 얻게 하자는 이타利他적인 서원이 동시에 세워진다. 경우에 따라서는 그런 이타적인 서원이 자리적인 서원보다도 우위를 차지하여, 지장보살처럼 지옥중생을 다 제도하기 전에는 성불하지 않겠다는 경우도 있을 수가 있고, 아미타불처럼 부처의 깨달음이 극한 상황에 처한 중생이라도 제도할 수 있는 것이 아니라면 그것을 취하지 않겠다는 서원이 있을 수도 있을 것이다. 본원력에 의한다는 것은 불·보살의 바로 이러한 이타구제利他救濟적인 원願의 힘에 의한다는 말이다.

그리하여 부처님이 그러한 본원력이 사상적으로 주의를 받게 되면서 정토계 경전에는 부처의 본원의 수가 점점 불어나고 있음을 본다. 즉 아촉불국경阿閦佛國經에는 이십원二十願, 평등각경平等覺經에는 이십사원, 무량수경에는 사십팔원(梵本에는 四十九願)으로, 이러한 사실은 미타 정토에 관한 교설이 경전상에서 어떻게 형성되어 오는가를 보여 주고 있는데, 그러한 발전의 최고 단계에 있는 무량수경의 원願에 의하면 죄악범부를 어떻게라도 구제하려는 원심願心으로 가득차 있음을 본다.

정토사상가들은 미타의 이러한 사십팔원 중에서 특히 제십팔원에 비상한 관심을 모으고 있다. 그 내용은 "시방중생이 지심신락至心信樂하여 내 나라에 생하고저 하며 내지 '십념十念' 하되 만일 생하지 않는다면 정각을 취하지 않겠노라."라는 것이다. 정토사상가들이 이러한 내용의 제십팔원을 미타 본원 성취의 참다운 정신이라고 하며 중요시하는 것은, 정토교의 목적이 정토 왕생에 있고 그런 왕생에 있어서 범부에게 가장 알맞은 길은 이 제십팔원의 내용이기 때문이다. 임종과 같은 극한 상황에 이르러서도 정토 왕생을 바라는 십념十念 정도는 할 수가 있겠기 때문이다. 더구나 관무량수경에는 이 십념설이 다시 더 죄악범부를 구제하려는 방향으로 진전되고 있다. 무량수경에서는 제십팔원에 "오역五逆과 방법謗法을 범한 자는 제외한다."는 조건이 붙어 있는데, 관무량수경에는 오역죄는 허용되고 있으며 십념도 '나무불南無佛'을 열 번 외는 '십성十聲'으로 나타나고 있는 것이다. 정토 왕생은 어려운 일이 아니다. 아무리 큰 죄를 범했다고 하더라도 지심으로 참회하여 '나무아미타불'을 열 번이라도 염하면 왕생할 수가 있다. 그것은 자력으로가 아니라 미타의 본원력에 의한 것이다. 비참한 죄악감 속에서 절망할 필요는 없다. 부처님의 사랑이 있기 때문이다.

## 제 6 장
# 자비 크신 구세 관세음보살

### 1. 관세음보살을 생각하라

뭇 생류生類 속에서 인간으로 생을 받은 것은 참으로 다행한 일이다. 지상의 어느 생류보다도 인간은 복된 삶을 누리고 있기 때문이다. 더구나 젊음과 건강이 함께 할 때 인생의 기쁨은 더할 나위 없다. 높은 산봉우리를 정복하고 넓은 바다를 가르는 젊음은 보는 이의 마음까지 즐겁게 한다. 젊음이 있기에 세상은 온통 아름답고 곳곳에 노래와 춤이 어우러져 흐른다.

그러나 그런 젊음과 건강에 왜 추한 늙음과 병이 찾아들어 마침내는 저 막막한 죽음의 어둠 속에 사라지게 하는가? 지상에 생을 받은 자로서 영원한 젊음을 누린 자는 아직 한 사람도 없다. 예수도 석가도 현실적으로는 모두 돌아가고 말았다. 현대 의학이 아무리 발달한다 하여도 영원한 젊음과 건강은 실현시키지 못할 것이다. 그렇다면 젊음과 건강은 한 때의 꿈이요, 마침내 괴로움으로 끝날 덧없는 것이라고 하지 않을 수 없다.

젊음과 건강에 못지 않게 진실한 사랑 또한 모든 사람이 한결같이 그리워하는 대상이다. 내가 비록 불행하게 되어도 나를 영원히 사랑해 줄 사람, 그런 사람이 우리는 한없이 그리운 것이다. 진실한 사랑만 있으면 어찌 인생이 외롭다 하랴. 문학작품이 재산이나 권리보다는 사랑을 즐겨 주제로 삼음은 이 때문이리라.

그러나 그러한 사랑에도 왜 쓰라린 헤어짐이 찾아드는 것일까. 영원히 맺지 못할 사랑의 애달픔……. 설혹 맺어졌다 해도 이내 떠나가는 이별의 슬픔……. 사랑하는 사람과 백년을 함께 산다 하여도 죽음에 임해서는 별 수 없이 헤어지고 말 것이다. 사랑 또한 영원한 가치라고 할 수는 없다.

헤어짐이 괴로움이라면 만남은 행복한 것일까. 이것 또한 일률적으로 말할 수는 없다. 사랑하는 사람과 만나는 것은 즐겁지만 우리가 매일 만나야 할 사람은 그렇지 못하다. 저 강인한 인상들, 오만한 태도, 간사한 웃음, 타산적인 접근……. 남을 미워해서는 안 된다고 마음먹으면서도 미워하지 않을 수 없는 사람들뿐이다. 만남 또한 즐거운 것만은 아니다.

하루하루 살아간다는 것도 정말 힘이 든다. 풀 한 포기, 벌레 한 마리도 자기 혼자 힘으로 살아갈 수 있는 능력을 가졌건만, 인간은 왜 나면서부터 엄청난 비용이 드는 것일까? 아침 저녁 만원 버스에 시달리면서 일을 해도 항상 부족한 살림……. 서로 속이고 짓밟는 아귀다툼에서 패배하는 날이면 사회의 영원한 낙오자가 되고 만다. 설혹 성공하여 넉넉한 의식주를 확보하고 부귀와 권세를 얻었다고 하여도 그것이 또 얼마나 오래가는 것인가. 인생은 참으로 막막한 괴로움의 바다라 하지 않을 수 없다.

이렇게 생각할 때, 우리에겐 아무런 희망이 없다. 무엇을 위해 살고 있는지조차 알 길이 없다. 젊음과 사랑을 주었으면 그것을 영원히 누리게 할 것이지 왜 이렇게 늙음과 헤어짐이 있게 하는가? 신의 벌이라면 너무 가혹한 벌이요, 운명의 장난이라면 너무나 잔인한 장난이다. 또한 우리 마음의 무지에서 일어난 것이라면 그것은 너무나도 어리석은 무지라 하지 않을 수 없다.

부처님은 인간의 이런 괴로움을 한없이 괴로워하시고, 그 근본적인 해결에 전 생애를 바치신 분이라 해도 좋다. 불교의 기초 교설이 풍부하게 간직된 아함경에는 다음과 같은 말씀이 수없이 되풀이 되고 있다.

어떤 것을 일러 괴로움(苦諦)이라 하는가?

① 나는 것은 괴로움이다. ② 늙고 ③ 병들고 ④ 죽는 것이 괴로움이다. ⑤ 사랑과 헤어지고 ⑥ 미움과 만나는 것이 괴로움이고 ⑦ 구해도 얻지 못하는 것이 괴로움이다. ⑧ 한마디로 말해서 인간 존재를 구성하는 다섯 가지 근간 (五取蘊)이 괴로움이다.

위에서 살펴본 바와 같은 인간의 절망적인 괴로움이 여덟 가지 항목으로 잘 조직되고 있는 것이다(八苦).

인간으로 태어나는 것은 즐거운 일이다. 젊고 건강하고 살아 있는 것이 즐겁지 않다는 것은 아니다. 사랑과 만나고, 미운 사람과 헤어지고, 구하는 바를 얻는 것이 어찌 즐거움이 아니겠는가? 인생의 어두운 측면보다는 밝은 측면을 보아야 한다는 것도 우리가 다 아는 일이다.

그러나 문제는 그런 즐거움이 얼마나 오래 가느냐 하는 데에 있다. 모든 것은 덧없이 사라져 쓰라린 환멸만을 남겨주는 데에 괴로움이 있는 것이다. 그러기에 아함경은 다시 다음과 같이 강조하고 있다. "모든 것은 덧없고, 덧없는 것은 괴로움이요, 괴로운 것은 '나(영원한 가치)' 라고 할 수 없다."(三法印說) 불교에서 인생을 괴로움이라고 단정함은 이런 현실의 엄연한 사실 때문이다. 일부러 현실의 어둡고 부정적인 측면만을 보고자 하는 것은 아니다.

관세음보살 신앙의 바탕이 되는 법화경 권7 보문품普門品에는 인간이 실제 생활에서 겪게 되는 절망적인 극한 상황이 다시 다음과 같이 나열되고 있다.

① 큰 불이 일어나 어쩔 수 없이 타 죽게 되었을 때
② 홍수가 져서 세찬 물살에 떠내려갈 때
③ 바다에서 태풍을 만나 배가 부서져 죽게 되었을 때
④ 칼이나 몽둥이를 든 사람이 가해하고자 할 때
⑤ 무서운 귀신이 나타나 괴롭힐 때
⑥ 죄를 지어 또는 짓지 않고도 형틀에 묶이게 되었을 때
⑦ 장사하는 사람들이 떼를 지어 도적들이 들끓는 험한 길을 지나게 될 때
⑧ 음욕이 치열하게 일어날 때
⑨ 노여움이 불길처럼 일어날 때
⑩ 어리석음이 통탄스러울 때
⑪ 애를 낳지 못하는 여인이 아들·딸을 바랄 때
⑫ 잘 살던 사람이 갑자기 망할 때

이와 같은 12가지 상황은 법화경 보문품이 설해지던 당시 사회의 두드러진 재난을 열거했던 것으로 보인다. 그러나 어찌 그뿐이랴. 그 밖에도 많은 재난이 있다. 따라서 그 12가지는 몇 가지 예로 전체를 포섭하는 표현 양식이라 볼 수 있다. 그런데 그와 비슷한 사고와 재난은 오늘날 우리 주변에서도 끊임없이 발생하여 뉴스에 보도되고 있다. 결코 남의 일만이 아니다. 언제 자기 자신

에게도 닥칠지 모르는 재난들인 것이다.

아미타불阿彌陀佛의 청정한 서쪽 극락세계를 설해 주는 무량수경無量壽經에는 이 세상의 괴로움이 다시 다음과 같이 묘사되고 있다.

사람들은 각박하여 급하지 않은 일에 아귀다툼하고, 그런 다툼 속에서 애타게 일하며 겨우겨우 살아가고 있다. 남녀·노소·존비 가릴 것 없이 재산을 걱정하고, 재산이 있건 없건 모두 노심초사하여 편안할 날이 없다. 밭이 있으면 밭을 걱정하고, 집이 있으면 집을 걱정하고, 가축·노비·금전·가구·의복·음식 등을 걱정한다. 그런 걱정에 수재·화재·도난·빚 등의 걱정이 겹치고, 긴장이 쌓여 목숨이 끊어져 떠나가도 함께 가줄 사람조차 없다. 부귀를 누리는 사람에게도 오히려 이런 괴로움이 있어, 추울 때나 더울 때나 마음 놓지 못한다. 가난한 사람은 또 궁핍한 나머지 항상 모자라 한다. 밭이 없으면 밭 갖기를 걱정하고, 집이 없으면 집 갖기를 걱정하고, 가축·노비·금전·가구·의복·음식 등을 갖고자 걱정한다. 하나를 얻으면 다시 더 바라고, 그것을 얻으면 또 더 바래, 끝없는 궁핍에 허덕여, 추울 때나 더울 때나 마음 놓지 못한다. 그러다가 목숨을 잃으면 선한 일을 해본 적이 없어 어느 길에 떨어질지를 알지 못한다.**〈취사의역함〉**

있는 사람이나 없는 사람이나 다같이 겪는 세상의 괴

로움이 실감나게 묘사되고 있는 것이다.

이상 몇 가지 예를 들어 보았지만 불교는 다른 종교에서는 예를 찾을 수 없을 정도로 괴로움에 대한 의식이 강렬하다. 기독교가 인간의 죄에 대한 의식이 강하고 유교가 도덕에 관한 의식이 강하다면, 불교는 괴로움에 대한 의식이 강하다고 말해도 좋을 것이다. 그렇다면 그런 괴로움에 던져진 인간을 불교는 다시 어떻게 보고 있는가? 그 속에서 영원히 헤어나지 못하는 절망적인 존재로 보는가?

그렇지는 않다. 불교는 우리에게 다시 괴로움을 극복할 밝은 희망의 길을 제시해 주고 있는 것이다. 괴로움의 원인을 밝혀 그것을 멸하는 수행의 길이 아함경을 비롯한 여러 경전에 자세하게 설해지고 있다. 그러나 그러한 수행의 길은 상당한 시간과 노력을 필요로 한다. 괴로움의 원인을 밝히려면 모든 존재의 구조를 철저히 연구해야 하고 그에 입각한 수행은 꾸준한 노력이 뒤따라야 하기 때문이다.

따라서 오로지 수행에 전념하는 사람이 아니면 실감하기 어렵다. 바쁜 세상에서 생업에 종사하는 사람에겐 여간 힘든 일이 아니다. 더구나 그런 수행의 여유가 없는 절박한 상황에선 어떨까? 법화경 보문품에 나열된 열두 가지 상황과 같은 경우를 생각해 보자. 목숨이 경각간에 달려 있는 그런 상황에서 무엇을 할 수 있겠는가? 그대로 죽는 길밖에 없을 것이다.

그런데 법화경 보문품은 그런 때에 "관세음보살을 생각하고 한 마음으로 그 이름을 부르라."고 한다. 그러면 관세음보살이 곧 "그 음성을 듣고 그들을 모두 위험과 괴로움으로부터 벗어나게 해 주신다."는 것이다.

무량 백천억 중생이 갖은 괴로움을 겪어도 관세음보살에 관해 듣고 한마음으로 그 이름을 부르면 관세음보살이 그 음성을 듣고 모두 벗어나게 해주시리라. 관세음보살의 이름을 지니는 자는 불에 들어가도 불이 태우지 못하나니, 그 보살의 위신력 때문이다.

지푸라기 하나라도 잡지 않을 수 없는 절망적인 사람에게 꿈만 같은 희망을 주는 말씀이다. 불교를 믿는 사람이 괴로울 때나 즐거울 때 관세음보살을 부르는 것은 이 경전의 말씀에 입각한 것이다. 따라서 법화경 보문품을 일명 관음경觀音經이라고도 부른다.

아미타불의 서쪽 극락세계를 설해주는 무량수경無量壽經과 같은 계통의 경전으로 관무량수경觀無量壽經이 있는데, 그곳에는 그런 극한 상황에 '아미타불'을 생각하고 그 이름을 부르라고 설하고 있다.

오역五逆, 십악十惡과 같은 갖은 악업을 지은 중생은 마땅히 악도에 떨어져 끝없는 괴로움을 받으리라. 그런 어리석은 자가 죽음에 이르러 다행히 착한 벗(善知識)을 만나, 그로부터 법을 듣고 부처님을 생각하라는 가르침을 받는다. 그러나 그는 이미 괴로움이 절박하여 부처님을 생각할 여유가 없다. 이때 착한 벗이 이르기를 "부처님을 생각할 수 없거든 나무아미타불을 지심으로 불러라."하고, 그가 지심으로 소리를 내어 끊어지지 않게 열 생각(十念)을 갖추어 나무아미타불을 부른다면 부처님의 이름을 부른 까닭에 생각 생각에 80억겁 생사의 죄가 없어지리라. 그리하여 목숨이 다하는 순간에 해둘레(日輪)와 같은 금색 연꽃이 자기 앞에 나타남을 보고 한 생각 사이에 극락세계에 왕생케 되리라.

무량수경에 의하면, 극락세계에 가려면 최소한 깨달음을 얻겠다는 마음을 일으키고(發心), 열 번이라도 아미타불을 지심으로 믿고 생각해야 한다(十念)는 두 가지 조건이 갖추어져야 한다(三輩衆生의 下輩). 그러나 이 관무량수경에서는 그렇지 못한 죄악중생이라도 열 번만 '나무아미타불' 을 부르면(稱名) 극락세계에 갈 수 있다는 것이다(九品衆生의 下品下生). 절박한 임종에 있는 죄악 중생에게 이 또한 커다란 희망을 주는 말씀이라 하지 않을 수 없다.

그러나 이러한 아미타불 신앙도 관세음보살과 밀접한 관계를 가지는 것이요, 그 연장이라 말해도 좋다. 아미타불을 좌우에서 모시는 두 보살을 모든 경전은 관세음보살과 대세지보살大勢至菩薩이라고 설하고 위의 관무량수경의 경문에도 곧 이어 다음과 같은 말씀이 따르고 있는 것이다.

연꽃 속에서 십이 대겁大劫을 채우면 연꽃이 피고, 연꽃이 필 때 관세음보살과 대세지보살이 그곳에 이르러 큰 슬픔(大悲)의 음성으로 모든 법의 실상을 설해 죄악의 법을 멸해 주시리라. 그러면 그는 그것을 듣고 환희하여 깨달음(菩提)의 마음을 일으키리라(發心).

중생과 직접적인 접촉을 하는 것은 관세음과 대세지 두 보살이라는 뜻을 나타내고 있는 것이다. 그 중에서도 특히 관세음보살이라고 해야 한다. 왜냐하면 모든 경전은 '큰 우정과 큰 슬픔(大慈大悲)'의 대표적인 보살을 관세음으로 치고 있기 때문이다.

종교적 상징이 풍부한 밀교密教 계통 경전에는 관세음보살의 그러한 세상을 건지는 기능이 더욱 심화되고 있다. 그리하여 많은 관세음보살의 분신을 발생하고, 단순히 이름을 부르는 것에서 한 걸음 더 나아가 여러 가지 진언眞言과 의궤儀軌가 설해지고 있다.

관세음보살의 이름만 불러도 물러서지 않는 단계(不退轉

地)에 오르고 모든 병과 장애와 두려움을 떠나고 죄업을 소멸하리라. 하물며 관세음보살이 설한 진언을 지니고 읽고 행함에 있어서랴. 마땅히 알라. 그는 깨달음을 얻음이 마치 손바닥에 있는 것과 같으리라.

밀교 경전에 설해진 그러한 관세음보살의 진언은 너무나 수가 많고 복잡하여 간단히 소개할 수 없을 정도이다. 한국 불교에서 조석으로 예송하는 천수천안관세음경千手千眼觀世音經의 '광대원만무애대비심다라니廣大圓滿無碍大悲心陀羅尼'는 그 중의 하나로서, 그 내용은 뒤에서 소개하겠거니와 관세음보살의 이름을 부르고 아미타불을 생각한 뒤 이 대비심다라니를 외면 다음과 같은 뜻이 이루어진다는 것이다. 오랜 생사의 중죄重罪가 멸하고, 뜻하는 부처님의 땅에 태어나고, 삼악도에 떨어지지 않고, 무량한 삼매三昧와 변재辯才를 얻고, 구하는 바를 얻고, 뜻대로 남자의 몸을 받고, 참회할 길 없는 파법破法의 죄를 멸하리라는 것 등이다.

뿐만 아니라 그 진언을 외우는 자는 15종의 좋은 생을 받고 15종의 나쁜 죽음을 안 받는다고 한다. 그 중 15종의 나쁜 죽음은 굶어 죽는 것, 형벌로 죽는 것, 원수 손에 죽는 것, 전쟁에서 서로 죽이는 것, 짐승에게 물려 죽는 것, 뱀에게 물려 죽는 것, 물에 빠지거나 불에 타죽는 것, 독약에 의해 죽는 것, 벌레 독에 죽는 것, 미쳐 죽는 것,

높은 데서 떨어져 죽는 것, 악인 때문에 죽는 것, 악귀 때문에 죽는 것, 나쁜 병 때문에 죽는 것, 스스로 목숨을 끊어 죽는 것 등이다.

이것은 관음경에 설해진 극한 상황을 계승하면서 그것을 훨씬 더 확충하고 체계화한 것으로 볼 수 있다. 뿐만 아니라, 관세음과 함께 그의 본사本師이신 아미타불을 생각하라는 것은 아미타불 신앙까지 그 속에 종합하고자 한 것임을 알 수 있다. 밀교 경전은 인도 대승불교의 후기에 성립한 것이므로, 그런 종합적인 색채가 나타나는 것이다. 그렇다면 밀교에서 '진언'을 중시하게 된 것도 관음경이나 무량수경에서 설하고 있는 '이름 부르기(稱名)'가 진언의 형태로 발전해 간 것으로 보아도 좋을 것이다.

이렇게 보면 절망적인 상황에 처한 인간에게 밝은 희망의 빛을 던져주는 대승불교의 여러 교설은 모두 법화경 보문품의 관음 신앙에 뿌리를 둔 것이라고 말해도 좋다. 이제 문제는 그것을 우리가 어떻게 받아들여 믿을 수 있겠느냐 하는 것이다. 좀더 자세히 말하면, 관세음이라는 보살은 어떤 분이시기에 그의 이름을 부르는 것 하나만으로 절망적인 괴로움이 저절로 해결될 수 있느냐 하는 것이다. 도저히 믿어지지 않는 것이다.

믿어지지 않기 때문에 믿어야 한다는 것인가? 아닌게 아니라 법화경은 대승경전에서 믿음의 절대성을 주장하기 시작한 대표적인 경전이다. "부처님이 이룬 희유하고 난해한 법은 오직 부처님과 부처님만이 아시나니, 그 법에 큰 믿음을 낼지니라."라고 설하고 있으며, 보문품에도 "괴로움과 죽음에 임해 의지할 바는 오직 관세음이라는 것을 생각 생각에 의심치 말라."라고 설하고 있다.

무량수경에는 "만일 어떤 사람이 죄와 복은 믿지만 부처님의 불가사의한 지혜를 의심하고 극락 세계에 왕생하기를 바란다면, 그곳에 왕생(胎生)하더라도 그 의심 때문에 궁전 같은 곳에 갇혀 500세 동안 부처님을 보지 못하리라."라고 설해 있다. 앞에 소개한 밀교의 천수경에서도 마찬가지다. "대비심대다라니를 외면 어떤 중죄라도 없어지지만, 다만 한 가지 그 진언에 의심을 일으킨 자는 제외한다."는 단서가 붙어 있다.

그러한 믿음의 절대성은 다른 종교에서도 다같이 설하고 있다. 가령 기독교를 예로 들면, 신은 전지전능한 창조주요, 인간은 한낱 피조물에 불과하다. 따라서 인간이 신을 알고자 하거나 되고자 하는 것은 교만이요 죄악이다. 죄를 범한 인간은 신의 용서를 바라고 그 구원을 전적으로 믿을 뿐이라고 한다. 믿음의 절대성이 관음 신앙에 못지 않게 강조되고 있는 것이다.

그러나 덮어놓고 믿는다는 것은 위험하기 짝이 없다. 사람을 잘못 믿었다가 화를 입는 경우를 흔히 보지만, 종교에 있어서는 더욱 그렇다. 오늘날 얼마나 많은 사람들이 종교적 광신자에 의해 오도되고 있는가? 맹목적인 믿음 때문에 재산을 잃고 목숨을 잃는 사람이 하나 둘이 아니다. 믿음에는 반드시 믿을만한 진실성이 있어야 한다. 다시 말하면, 지혜에 의해 뒷받침될 때 믿음은 비로소 건전한 방향을 찾게 된다는 말이다.

그러기에 불교에서는 믿음의 절대성을 강조하면서도 그것을 전부라고는 하지 않는다. 깨달음에 들어가는 길목에 불과한 것으로 본다. 법화경은 믿음을 강조하는 대표적인 경전이지만, 불교에 들어온 자가 부처님이 되고자 하지 않는다면 그야말로 최대의 교만이라고 설하고 있다. 기독교의 교만과 비교해 볼 필요가 있다. 화엄경 또한 보살의 길은 맨 먼저 믿음(十信)에서 시작하여 십주十住, 십행十行, 십회향十廻向, 십지十地를 거쳐 깨달음에서 완결되는 것으로 설하고 있다.

그렇다면 관음 신앙에 대해서도 우리는 일단 관세음보살의 불가사의한 영험을 믿어야 한다. 그러나 그것으로 그쳐서는 안될 것이다. 관세음보살은 도대체 어떤 보살이기에 그런 힘을 가지고 계신가를 물어야 한다. 그리하여 그럴만한 진실성을 발견하여야 할 것이다. 그럴 때 비로소 관세음보살에 대한 믿음은 한결 더 확고해지고 순수한 것이 될 수 있을 것이다.

## 2. 관세음보살은 어떤 보살인가?

관세음보살은 우선 불교 경전에 괴로움의 근본을 다한 반야般若(지혜)의 대표적인 보살로 설해지고 있다. 앞서 우리는 괴로움의 양상에 대해 살펴본 바 있거니와 그런 괴로움은 인간에게 왜 있게 되는가? 신의 벌인가, 운명의 장난인가, 아니면 인간의 무지 때문인가. 불교는 물론 맨 마지막 경우로 보고 있다. 어떤 이유에서일까? 그에 대한 만족할 만한 답변을 간단히 제시할 수는 없다. 불교의 전체 교리를 철저하게 연구하고 그에 입각해서 수행해 보기 전에는 이해할 수 없는 성질의 것이기 때문이다. 그러나 논리의 전개상 필요한 몇 마디 말은 불가피할 것 같다.

인간과 자연을 포함한 세계의 모든 것은 덧없고, 덧없는 것은 괴로움이다. 괴로운 것은 '나(不變의 주체)'라고 할 수 없다. 그런데도 인간은 그렇게 덧없는 것을 나라고 집착하고 있다. '나(불변)'라고 집착하면 그것은 더 이상 변해서는 안되는 것이다. 변했다가는 '나'가 되지 못하기 때문이다. 그러나 주변에 변화가 생기면 그 영향을 받아 '나'의 물질적인 바탕은 변하고자 한다. 물질적인 것(色)은 외부의 대상이건 내부의 신체이건 간에 자연법칙적 인과율을 따르기 때문이다. 그렇게 되면 의지적인 아집(정신)은 자신의 존속을 위해 자연적인 변화(신체)에 대해 역작용을 일으키지 않을 수 없고, 그런 역작용은 힘이 들 것임에 틀림없다. 이 힘드는 것이 바로 괴로움이다.

따라서 중생은 이런 안의 괴로움을 덜기 위해 밖으로 업(활동)을 일으키게 된다. 괴로움을 주는 대상을 미워하고 편안함을 주는 대상을 사랑한다. 그런 업(원인)에는 반드시 그에 상응한 과보가 따르지 않을 수 없다. 자기만을 위한 악업에는 괴로움이, 자기와 남을 함께 위한 선업善業에는 즐거움이……. 따라서 금생에 받지 못한 과보는 내생에라도 반드시 받게 될 것이다. 이렇게 되면 업과 과보의 인과 관계는 과거·현재·미래의 삼세에 걸쳐 전개하게 되는 것이다.

이러한 삼세 인과를 깨친 자는 스스로 악업을 끊고 선업에 힘쓰지 않을 수 없다. 남을 생존 경쟁적 적대자로 보지 않고, 자신의 안락을 위해 절대로 필요한 동반자로 보게 된다. 남의 것을 빼앗으려 하지 않고 한없이 베풀어 주려(布施) 한다. 이런 우정이 곧 자비라는 말 속의 그 '자慈' 이다. 그러나 이런 깨침이 없는 자는 어떨까? 어두운 무지(痴暗) 속에서 갖은 악업을 지을 것이고, 악업에는 반드시 괴로움이 따른다. 그리하여 절망적인 괴로움의 길을 더듬게 될 것이다.

그렇다면 인간을 절망적인 괴로움에 빠뜨리는 것이 무엇인가는 이제 더 이상 묻지 않아도 된다. 바로 자기 마음 속의 무지(痴暗)와 밖으로 향한 악업인 것이다. 동시에 그런 괴로움을 극복하는 길도 물을 필요가 없다. 무지와 악업을 멸하는 것 이외의 것이 아니기 때문이다. 천고千古의 베일에 가렸던 수수께끼가 풀리는 것 같다. 인류는 얼마나 오랫동안 그 문제로 번민해 왔던가. 불교가 제사나 기도보다도 선업을 강력하게 권하게 되는 것은 이 때문이다.

그러나 그것으로 문제가 완전히 풀린 것인가? 인간의 선업에는 한계가 있다. 저 광막한 우주와 무량한 생류 속에 인간은 얼마나 미미한 존재인가. 아무리 노력하여도 언젠가는 덧없음을 면할 수가 없다. 그렇다면 업의 이런 한계성을 극복할 길은 없을까? 우리는 다시 이러한 새로운 문제에 부딪치게 된다. 그럴 경우 안으로 눈을 돌려 아집我執이라는 것에 주목하게 될 것은 당연한 순서이다. 왜냐하면 아집으로 말미암아 안에 괴로움이 생겼고, 그 괴로움을 덜려고 밖으로 활동을 일으킨 것이 선·악(惡業)의 업이기 때문이다.

아집은 분명히 잘못된 집착이다. 모든 것은 덧없고, 덧없는 것은 괴로움이요, 괴로운 것은 '나'가 아니다. 그런데도 그것을 '나'라고 집착한 것이기 때문이다. 따라서 그것은 실체가 없는 허망한 것을 집착한 망집妄執이라 하지 않을 수 없다. 그런 망집에서 인간의 근원적인 괴로움이 발생하고 그로 말미암아 생사의 괴로움에 헤매고 있다면, 어찌 그것을 그대로 놓아두랴. 철저하게 망집을 부정하여(無我實踐) 참다운 나를 찾아야 할 것이다. 이런 견지에서 불교의 교리는 세속적인 교설에서 다시 아집 부정의 해탈의 교설로 발전하고 있다.

아집을 버리고 담담히 바라보는(捨) 경계, 그것을 법계法界라고 부른다. 괴로운 생사의 굴레에서 벗어났다고 해서 해탈이라고도 부르고 뜨거운 번뇌의 불길이 꺼졌다고 해서 열반이라고도 부른다. 아함경이 궁극적으로 설하는 종교적 이념은 바로 이런 열반이라고 해도 좋다.

그러나 그런 열반을 다시 '절대적인 실체'로 집착한다면 어떻게 될까? 그것 또한 일종의 아집이요, 망집이라 해야 할 것이다. 왜냐하면 열반이라는 것도 따지고 보면 '생사'라는 것이 있으므로 그에 따라 있게 된, 일종의 상대적인 진리이다. 불교 술어로 말하면 '연생緣生한 법'이다. 따라서 그런 상대적인 것을 절대적인 진리로 집착한다면 어찌 망집이라 하지 않겠는가.

망집에는 반드시 괴로움이 따른다. 앞서 우리는 아집에서 괴로움이 발생케 되는 이유를 간단히 살펴본 일이 있지만, 그런 원리가 이 새로운 망집에도 적용되어야 하기 때문이다. 그렇게 되면 생사와 열반 등을 분별하는 망집을 부정하는 교설이 다시 베풀어지지 않을 수 없다. 대승불교는 바로 이런 자각에서 일어난 불교라고 해도 좋다. 대승불교의 초기에 성립한 금강경은 다음과 같이 설하고 있는 것이다.

보살은 어떻게 깨달음에 마음을 내야 하는가(發心)? 일체 중생을 열반에 들게 하되, 한 중생도 열반을 얻은 자는 없다고 보라. 왜냐하면 보살에게 조금이라도 아집이 있으면 보살이 아니기 때문이다.

따라서 분별망집을 부정하는 대승보살의 행은 끊임없이 계속될 수밖에 없다. 어떤 경계를 얻으면 그것 또한 분별망집이 되기 때문이다. 얻음도 없고 얻음 아닌 것도 없다. 중생은 본래부터 청정하다. 모든 법은 이렇게 자성自性(아집)이 공空해 버리지만, 그러나 이러한 공은 허무나 공간과 같은 개념과 혼동해서는 안 된다. 그와는 전혀 다른 개념이다. 한없이 청정한 법계를 지속적으로 드러내는 것이기 때문이다. 이런 지혜를 반야라고 하고, 그런 반야는 궁극적으로 이 세계를 초월하고 말 것이다. 이것을 반야바라밀다라 한다. 반야가 피안에 이른다는 뜻이다. 인간의 근원적인 괴로움은 이런 반야의 완성에 의해 비로소 해결된다고 볼 수 있다.

이런 관점에서 대승불교는 방대한 양의 반야경전般若經典을 설하고 있다. 그러나 보살이 공관空觀의 실천을 통해 피안에 이르렀다고 해도, 그의 괴로움은 완전히 사라진다고 볼 수는 없다. 왜 그런가? 자기는 비록 벗어났지만 무수한 동료 중생들이 뒤에서 신음하고 있기 때문이다. 사랑하는 사람들이 괴로워하는데 어찌 자기만이 행복할 수 있겠는가. 그는 다시 괴로운 세계에 돌아오지 않을 수 없다. 그리하여 동료 중생들을 건지는 데 몸을 바칠 수밖에 없게 된다. 보살의 이런 마음을 큰 우정(大慈)이요, 큰 슬픔(大悲)이라 한다.

뿐만 아니라 피안에서 차안此岸에 돌아오는 그러한 과정에서 보살의 깨달음은 지극히 바르고 원만한 것이 된다. 보살은 피안에 이르러 깨달은 바가 없지 않지만, 그러한 깨달음은 피안에 치우친 감이 없지 않다. 그런 깨달음의 빛으로 다시 차안에 돌아와 차안을 비추어 볼 때 비로소 전체적인 법의 실상이 요연해질 것이다. 이런 '다시 없는 바르고 원만한 깨달음(아뇩다라삼먁삼보리 anuttara-samyak-sambodhi)'을 보살은 얻게 되고, 그런 깨달음을 얻은 사람을 여래如來요, 부처라고 부르게 되는 것이다.

그러기에 법화경은 불교를 더러운 땅(차안)에 피는 하얀 연꽃에 비유하고, 불교에 들어온 모든 사람들에게 부처님과 같은 깨달음을 구할 것을 강조하고 있다. 부처님 땅(佛國土)을 장엄하고 중생을 가르칠 것이 모든 보살의 사명(授記)으로 부과되고 있는 것이다. 중층적으로 심화되는 불교 교리는 법화경의 이런 교설로 일단 체계적인 골격이 갖추어진다. 화엄경·무량수경 등 그 밖의 교설들은 이상 간단히 소개한 교리 조직을 바탕으로 그것을 부연 응용한 것으로 보아도 좋을 것이다.

관세음보살은 이런 불교 교리 체계에서 반야교설을 대

표하는 보살로 설해지고 있다는 말이다. 방대한 반야경의 핵심을 따낸 반야심경은 다음과 같은 서두로 시작되고 있다.

거룩한 관자재觀自在(관세음)보살이 한없이 깊은 반야바라밀다에 행하실 때 자세히 내려다보시니 다섯 가지 근간(五蘊)이 있는데, 그들은 자성이 모두 공함을 보셨느니라.

뿐만 아니라 그 뒤의 본문은 관자재보살이 사리불에게 반야의 진리를 설한 내용으로 되어 있다. 따라서 반야심경 또한 일종의 관음경이라 해도 좋다.

그러나 반야심경은 방대한 반야경의 극히 작은 일부분에 불과하고 성립 또한 이른 것으로는 볼 수 없다(4세기 경 성립). 따라서 반야심경에 관세음보살이 주인공이 되었다고 해서 그를 곧 반야의 대표적인 보살이라고 단정함은 속단이라고 할지 모른다. 반야교설 발전의 근본이 되는 소품반야경에는 관세음의 이름은 보이지도 않고 대신 살다바륜薩陀波崙과 담무갈曇無竭보살이 등장하고 있다. 그러나 소품반야경의 그 두 보살 가운데서 전자는 반야를 구하는 자로, 후자는 반야를 설하는 자로 나뉘어져 있다. 하지만 반야심경의 관자재보살은 반야를 직접 실천했던 자요, 지금은 그것을 체계적으로 설하는 자로 나타나, 한 몸에 그 두 측면이 융합되어 있는 것이다.

뿐만 아니라 관자재라는 이름은 그가 반야의 대표적인 보살임을 유감없이 발휘하고 있다. 관자재는 범어로 'avalokiteśvara' 로 되어 있는데, 'avalokita' 와 'īśvara' 로 분석된다. 그 중에서 전자는 'avalokayati(내려다본다)' 라는 말의 과거분사(형용사)이고, 후자는 '가진 임(主)', '다스리는 임' 이라는 명사이다. 따라서 '내려다뵌 임' 이라는 뜻이 되지만, 범어에서 모든 형용사는 명사로 전용될 수가 있다. 그렇다면 '내려다뵌(과거분사)' 은 '내려다본 것' 이라는 뜻으로 해석되어야 하고, 이렇게 해석할 경우 'īśvara' 라는 말과 잘 어울려 '내려다본 것을 다스리는(또는 가진) 임' 이라는 뜻이 된다.

그런데 그 '내려다본 것' 의 내용은 구체적으로 어떤 것일까? 위에 인용한 반야심경의 서두에 "관자재보살은 자세히 내려다보시니 다섯 가지 근간이 있다."는 구절이 보인다. '내려다본다(觀)' 는 말이 서로 같은 것이다. 그렇다면 '내려다본 것' 은 '다섯 가지 근간(五蘊)' 이라고 볼 수 있지 않을까? 다섯 가지 근간은 아함경에서 인간 존재를 구성하는 근간적인 부분, 곧 색色·수受·상想·행行·식識을 가리키고 한 걸음 더 나아가 모든 것(一切)·모든 법(諸法)·이 세계(世間)를 가리킨다. 반야심경에서도 같은 뜻을 계승하고 있다.

그러한 다섯 가지 근간의 세계는 중생들의 분별망집이 행해지고, 그 때문에 절망적인 괴로움을 겪고 있는 곳이다. 그러한 괴로움을 근원적으로 멸하는 길은 그런 분별망집이 공함을 보고 그것을 철저하게 타파하는 길밖에 없을 것이다. 그러기에 반야심경은 곧 이어 "그들은 자성이 공함을 보셨다."는 말이 따르고, 한역漢譯 심경은 다시 그 뒤에 "일체의 괴로움을 건너셨다(度一切苦厄)."는 말을 추가하고 있는 것이다.

관자재보살은 일찍이 이러한 반야의 공관空觀을 실천하셨다. 반야심경의 서두는 관세음보살의 옛날 행을 서술해 주고 있기 때문이다. 그러나 지금(반야심경의 본문)은 어떤가? 피안에서 다시 차안으로 돌아와 사리불에게 반야의 교설을 베풀고 계시는 것이다. 사리불은 아함경에서 가장 지혜가 수승한 부처님의 제자로 알려져 있다.

따라서 그는 아직도 괴로움의 영역에 머물러 있는 일체 중생을 대표한다고 볼 수 있다. '내려다본 것' 이라는 말에 '다스리는 임' 이라는 말이 합성된 것은 그 보살이 이렇게 차안으로 돌아와 반야교설을 베풀어 중생들을 건지고 계시기 때문일 것이다.

이렇게 볼 때 '관자재' 라는 범어 이름은 그가 반야 교설의 대표적인 보살이라는 뜻을 잘 나타내고 있다. 큰 반야와 큰 자비의 실천자로서의 그는 중생의 세계를 내려다보고 그것을 다스리고(교화) 계시며, 중생들은 일심으로 그를 우러러 믿고 따라야 한다는 말이다. 그는 괴로운 세계의 임이요, 주主이시기 때문이다. 하늘과 땅을 소유하고 다스리는 신이 '하늘-임(天主)'이라면, 그런 하늘-임까지를 포함한 다섯 가지 근간(괴로움)의 세계를 소유하고 다스리는 보살이 바로 '관자재'라는 뜻이다.

이상과 같이 분석되는 관자재의 범어 이름이 한자로는 관자재 또는 관세음으로 번역되어 있다. 전자는 '관觀'자를 능동태로만 보지 않으면 어느 정도 원어에 가깝다 하겠지만, 후자는 어떻게 된 일인가? 학자들은 옛 범어 원전 속에 'avalokita(내려다본)-svara(소리)'라는 말이 발견되므로 관세음은 그것을 번역한 것이 아닌가 생각한다. 또 법화경 보문품에도 "관세음보살이 즉시 그 음성을 보고(觀) 해탈시켜 준다."는 말이 보이므로 의미상으로도 통한다는 것이다.

그러나 불교 혼성 범어에서는 'avalokiteśvara'가 'avalokita-svara'로 철자되기가 쉬운 일이며, 또 현 범본 법화경을 조사해 본 결과 '즉시 그 음성을 보고(卽時觀其音聲)'라는 말은 보이지 않는다. 구마라즙鳩摩羅什이 법화경을 번역하면서 뜻을 보충하기 위해 써 넣은 것임에 틀림없다. 상식적으로 생각해도 음성은 듣는 것이지 보는 것이 아니다. 그렇다면 관세음이라는 번역은 문제성이 없지 않다고 하겠다.

그러나 '관세음'이라는 이름은 오랜 신앙의 역사 속에 뿌리를 내려 오늘에 이르고 있다. '관자재' 보다도 오히려 더 사람들에게 친숙해진 이름이다. 그렇다면 한낱 이름을 갖고 왈가왈부할 필요는 없다고 본다.

관세음이건 관자재이건 '내려다본 것의 임' 이건 신앙의 대상은 다같이 그 '임' 이기 때문이다. 뿐만 아니라 관세음보살의 이름은 그 밖에도 대비성자大悲聖者·시무외자施無畏者·원통대사圓通大士·남해대사南海大士·천광명千光明 등의 많은 것이 있고, 앞으로도 얼마든지 새로운 이름과 분신이 나올 수 있다.

이상 관세음보살의 이름을 살펴 보았거니와, 그런 관세음보살이 "중생의 세계에 활동할 때 설법과 방편은 어떻게 하는가?" 법화경 보문품(관음경)은 다시 다음과 같은 여러 가지 몸을 나타내어 관세음보살은 중생을 건져주신다고 설하고 있다.

① 부처(佛) ② 벽지불 ③ 성문 ④ 범왕 ⑤ 제석천 ⑥ 자재천 ⑦ 대자재천 ⑧ 천대장군 ⑨ 비사문(사천왕) ⑩ 소왕小王 ⑪ 장자 ⑫ 거사 ⑬ 재관宰官 ⑭ 바라문 ⑮ 비구·비구니·우바새·우바이 ⑯ 장자·거사·재관·바라문의 부녀 ⑰ 동남童男·동녀童女 ⑱ 천·용·야차·건달바·아수라·가루라·긴나라·마후라가·인비인 ⑲ 집금강신

모두 19항목에 이르고 있는데, 이것을 관세음의 19응신十九應身이라 부른다. 보문품을 충실히 계승하고 있는 능엄경 권6은 그것을 다시 가감·부연하여 32응신을 세

우고 있음은 널리 알려진 사실이다.

관세음보살은 중생이 부르는 곳은 어디나 찾아가신다. 하늘이건 인간이건 심지어는 귀신의 세계까지……. 그리하여 그들을 건질 수 있는 최선의 형상을 취하고 계시는 것이다. 따라서 "모든 중생은 그를 일심으로 공양치 않으면 안 된다."고 보문품은 말을 맺고 있다. '공양'이라는 말은 다른 종교의 공희供犧나 제사에 해당시킬 수 있다. 그렇다면 다른 종교에서 기도의 대상이 되는 최고의 신을 법화경에서는 관세음으로 대신해 주고 있음을 뜻한다.

반야심경과 보문품에서 볼 수 있는 이러한 관세음의 성격은 그 밖의 경전에서도 마찬가지다. 해심밀경解深密經 권4 지바라밀다품地波羅蜜多品은 보살의 10지地와 6바라밀을 설해주고 있는데, 그것은 관자재보살과 부처님의 문답으로 진행되고 있다. 관자재의 반야적 측면을 드러낸 것이라 할 수 있다. 화엄경 제34 입법계품入法界品에는 55선지식善知識(두번씩 만나는 사람이 있으므로 실지로는 53명)이 선재善財 동자의 보살행을 지도하고 있다.

그런데 그중 제28번째 선지식으로 '큰 슬픔의 법문과 광명의 행(大悲法門光明之行)'을 설하는 관세음보살이 등장한다. 관세음의 자비적 측면을 드러낸 것이라 할 것이다.

법화경은 보살들에게 지상의 부처나라를 장엄하여 중생들을 가르칠 것을 수기授記하고 있음은 앞서 말한 바가 있다. 그러한 부처 땅은 보살 때의 발원에 따라 장엄의 양상이 달라진다. 대승경전에 설해지는 여러 가지 정토淨土는 그런 발원에 의해 장엄된 과보의 땅(報土)이라 할 수 있다. 따라서 정토는 부처님 수 만큼이나 많을 수 있는데, 그 중에서 가장 뛰어나고 안락하기로 널리 알려진 것은 아미타불의 서쪽 극락세계이다.

그런 아미타불의 극락정토를 설하는 경전에서 관세음은 다시 어떻게 수용되고 있는가? 앞서 살펴본 바와 같이, 그는 대세지보살과 함께 아미타불을 좌우에서 모시는 두 협시脇侍 보살의 하나로 나타난다. 우리들이 속해 있는 세계를 불교는 사바세계라 하는데, 법화경 보문품은 관세음의 구제활동을 분명히 사바세계의 일로 하고 있다. 사바는 극락세계가 아니다. 그런데 관세음보살이 그런 극락세계의 대표적인 보살이라는 것이다. 그렇다면 관세음보살은 사바에서 극락세계로 적籍을 옮겨간 것인가?

그렇게 볼 수는 없다. 그보다는 관세음보살의 큰 슬픔과 구제 활동이 정토신앙의 형태로 확장된 것이라고 보는 것이 나을 것이다. 사바는 참으로 괴로움 투성이다. 궁핍한 자원, 폭발적인 중생, 극심한 경쟁, 들끓는 죄악, 수많은 질병……. 그 속에서 절망적인 죽음을 맞이한 사람들이 어떤 곳에 태어나길 바랄까(願生)? 모든 종교는 천당이나 지옥과 같은 사후 세계를 설해주고 있다. 불교 또한 업설에서 육도(천 · 인 · 수라 · 아귀 · 축생 · 지옥) 윤회를 설해주고 있다. 그러나 그런 곳은 괴로움을 완전히 다한 곳이 아니다. 천당이나 하늘에 태어난다고 하더라도 덧없음을 면할 수가 없기 때문이다.

이에 비해서 극락세계는 어떤가? 땅이 황금으로 되어 있을 정도로 물자가 풍족하고 영원한 수명과 광명이 넘치고 있다. 불보살이 주야로 법을 설해 누구나 쉽게 깨달음을 이룰 수가 있다. 사바세계나 사후 천국과 비교할 때 꿈만 같은 곳이다. 죽음에 닥친 자가 어찌 그런 곳에 태어나기를 바라지 않겠는가? 아미타불의 극락세계는 부처님이 그런 사람들(願生者)을 위해 특별히 장엄해준 부처나라라 볼 수 있다. 무량수경의 삼배三輩 중생이나 관무량수경의 구품九品 중생 같은 왕생자는 모두 임종을 계기로 하고 있는 것이다.

그러나 극락세계가 그렇게 수승한 곳으로 주장될 수 있는 근거는 무엇일까? 만일 그럴만한 근거를 제시함이 없이 그런 말을 한다면, 극락세계의 장엄은 한낱 미사여구에 불과할 것이다. 따라서 믿을만한 근거가 제시되어야 하는데, 그런 근거를 찾을 경우 반야바라밀다를 떠나 어디서 찾을 것인가? 관세음보살은 바로 그런 반야바라밀다를 대표하는 보살이다. 극락세계의 장엄에 관세음보살이 들어가지 않으면 안 될 이유가 여기에 있다. 아미타불의 협시보살로 관세음이 나오지 않을 수 없다는 말이다. 이렇게 생각할 때 정토 교설은 그것 자체가 관세음 신앙의 연장이라고 해도 좋을 것이다.

큰 지혜와 큰 자비의 실천자요, 괴로운 세계의 임이신 관세음보살은 이제 이렇게 사바세계에서 극락세계로 활동무대를 넓히고 있는데, 밀교경전에서는 다시 어떤 모습을 보여 주시는가? 우선 몸의 형태부터가 기괴해지고 있다. 그 중 중요한 것을 들면 다음과 같다.

성관음聖觀音(Āryālokiteśvara bodhisattva)
여의륜관음如意輪觀音(Cintamanicakra bodhisattva)
십일면관음十一面觀音(Ekādaśamukha bodhisattva)
불공견색관음不空羂索觀音(Amoghapāśa bodhisattva)
천수관음千手觀音(Sahasrabhuja bodhisattva)
마두관음馬頭觀音(Hayagrīva bodhisattva)
준지관음准胝觀音(Cundī bodhisattva)
청경관음靑頸觀音(Nīlakaṇṭha bodhisattva)

얼굴이나 눈, 손, 팔, 지니는 물건 등의 수와 모양이 기괴하기 이를 데 없는 것이다.

그러나 이러한 모습들은 중생을 제도하려는 관세음의 특징적인 의지와 활동을 구체적으로 상징한 것으로 볼 수 있다. 가령 여의륜관음의 여의보주如意寶珠는 모든 뜻을 성취시켜 주는 구슬로서 중생들의 욕구를 충분하게 만족시켜 주는 관세음의 능력에 통하는 바가 있다. 불공견색관음의 견색은 전쟁에 쓰는 올가미로서 중생을 붙잡는데 실패함이 없는(不空) 관세음보살의 큰 자비를 생각케 한다. 천수관음이 가진 일 천의 손과 일 천의 눈은 관세음 보살이 뭇 중생을 낱낱이 보고 낱낱이 건져 주는 활동에 상응한다.

그러나 이러한 변화관음의 발생(5~6세기 경)을 단순한 조형예술적 동기에서라고 만은 볼 수 없을 것 같다. 그보다는 당시 인도에서 신앙되고 있던 힌두이즘(Hinduism)의 신들을 관세음화하려는 것에 보다 근본적인 동기가 있었지 않았나 느껴진다. 십일면관음은 인도의 십일황신十一荒神(Ekādaśarudra)에 기원을 두고, 불공견색관음의 아모가(Amogha)는 시바(Śiva)신의 별명이요, 견색(pāśa)은 두루가(Drugā) 여신이 지닌 무기였다. 마두관음은 리그베다(Ṛg-veda)의 마사馬詞(Aśvamedha)에서 유래한 것 같고, 준제관음의 춘디(Cundī)는 두루가 여신이 나타내는 화신化身의 하나와 이름이 같다. 청경관음의 청경(nīla-kaṇṭha)은 공작새를 가리키지만, 이 또한 사바 신의 한 별명인 것이다.

힌두이즘의 신들을 관세음화한다는 것은 관세음의 활동 영역이 다시 더 확장되었음을 의미한다. 사바세계에서 극락세계로 활동 무대를 넓힌 관세음은 이제는 다른 종교에도 눈을 돌려 그들까지 건져주려는 큰 자비를 발휘하고 있다는 말이다. 그렇다면 관세음의 분화는 힌두이즘에 한정될 수는 없을 것이다. 관음 신앙이 인도에서 중국으로 전파되고, 중국에서 다시 한국·일본 등으로 전파되는 과정에서 수 많은 변화관음을 발생하고 있음은 물론이다. 양류楊柳·용두龍頭·백의白衣·엽의葉衣·어람魚藍·수월水月·합리蛤蜊 등의 삼십삼 관음은 잘 알려져 있다.

이와 같은 형태적 분화 외에 다시 관세음보살은 밀교 경전에서 가장 많은 진언·다라니를 설하고 있는 보살이다. 보현普賢·금강수金剛手·미륵彌勒·문수文殊 등도 진언을 설하고 있지 않은 것은 아니지만, 수량 면에서 관세음보살의 진언에 미치지 못하고 있다. 그 중요한 것을 들면 다음과 같다.

천전다라니千轉陀羅尼·보현다라니普賢陀羅尼·소복독해다라니消伏毒害陀羅尼·육자신주다라니六字神呪陀羅尼·광대원만무애대비심다라니廣大圓滿無碍大悲心陀羅尼·십일면신주다라니十一面神呪陀羅尼·대준제다라니大准提陀羅尼·여의륜다라니如意輪陀羅尼·불공견색다라니不空羂索陀羅尼 등.

이 중 불교에서 조석으로 염송하고 있는 것은 천수경의 '광대원만무애대비심다라니' 이다. 그러나 한자음이 변하여 원음과 너무 떨어진 감이 있어, 다음에 원음과 뜻을 실어 둔다.

범문 천수관음대비심다라니千手觀音大悲心陀羅尼(神妙章句)

namo ratna-trayāya (삼보에 귀의합니다).

nama āryāvalokiteśvarāya bodhisattvāya mahāsattvāya mahākāruṇikāya (聖觀自在菩薩 摩訶薩 大悲主에게 귀의합니다). oṁ sarva-bhāyeṣu trāṇa-karāya (一切 恐怖에서 수호해 주시는 이에게). tasmai namaḥ-kṛtvā imam āryāvalokiteśvara-bhāṣitaṁ nīla-kaṇṭha-nāma hṛdayam āvartayiṣyāmi (그에게 귀의하여 이 聖觀自在보살이 설하신 靑頸이라는 心呪를 지송하리니) sarvārtha-sādhanaṁ śubham ajeyaṁ sarva-bhūtānāṁ bhava-mārga-viśuddhakam (일체의 所願을 成就하는 것이며, 勝妙한 것이며, 일체 중생의 生死路를 淨化하는 것이옵니다).

tad-yathā (그것은 다음과 같다).

oṁ aloke alokamatilokātikrānte(옴 非世間에, 非世間 · 出世間의 超越에). hehe hare.

mahā-bodhisattva (大菩薩). smara smara. hṛdaya (心呪). kuru kuru. karma-sādhana-sādhana (業의 成就成就). dhuru dhuru. niyāntṛ mahāniyāntṛ (調御者 大調御者). dhara dhara. dhātṛ-indreśvara (持世 自在主神). cala cala. mala-vimalāmala (垢 離垢 無垢). budhi ehyeye. lokeśvara rāga-viṣa-vināśana dveṣa-viṣa-vināśana moha-viṣa-vināśana (世自在 欲毒消滅 瞋毒消滅 痴毒消滅). horu horu mala horu hare. padma-nābha (蓮華船). sara sara siri siri suru suru. budhyā budhyā (悟로 悟로). bodhāya bodhāya (覺에로 覺에로). maitreya-nīla-kaṇṭha (慈氏 靑頸보살) kāma-sudarśana (愛善見) prahlāda-manaḥ (歡喜心) svāhā. nīla-kaṇṭhāya (靑頸보살에게) svāhā. varāha-mukha-siṅha-mukhāya (豚面獅子面보살에게) svāhā. padma-hastāya(蓮華手보살에게) svāhā. cakrāyudhāya (輪戰보살에게) svāhā. śaṅkhaśabda-vibodhāya (螺聲覺보살에게) svāhā. mahā-lakuṭa-dharāya (持棒보살에게) svāhā. vyāghara- carma-nivasanāya (着虎皮보살에게) svāhā. namo ratna-trayāya (삼보에 귀의합니다). nama āryāvalokiteśvarāya (聖 관자재보살에게 귀의합니다). svāhā.

나모 라트나 트라야야. 나마 아랴발로키테스바라야 보디삿트바야 마하삿트바야 마하카루니카야. 옴 사르바 바예수 트라나 카라야. 타스마이 나마 크리트바 이맘 아랴발로키테스바라 바시탐 닐라칸타나마흐리다얌 아바르타이샤미 사르바아르타사다남 수밤 아제얌 사르바부타남 바바마르가비수다감.

타드야타. 옴 알로케 알로캄 아틸로카아티크란테. 헤헤하레 마하보디삿트바. 스마라 스마라 흐리다야. 쿠루 쿠루 카르마사다나 사다나. 두루 두루 니얀트리 마하니얀트리. 다라 다라 다트린드래스바라. 찰라 찰라 말라 비말라 아말라. 부디 에혜혜 로케스바라 라가비사비나사나 드베사

비사비나사나. 모하비사비나사나. 호루 호루 말라 호루 하레 파드마나바. 사라 사라 시리 시리 수루 수루 부댜 부댜 보다야 보다야 마이트레야닐라칸타 카마수다르사나 프라흘라다마낫 스바하. 닐라칸타야 스바하. 바라하무카싱하무카야 스바하. 파드마하스타야 스바하. 차크라유다야 스바하. 상카사브다비보다야 스바하. 마하라쿠타다라야 스바하. 뱌그라차르마니바사나야 스바하. 나모 라트나 트라야야. 나마 아랴발로키테스바라야 스바하.

이런 밀교의 진언·다라니는 법화경 보문품에서 '관세음을 생각하고 일심으로 그 이름을 부르라.' 는 교설에 근거를 두고 발전한 것임을 전술한 바가 있다. 그러나 이것 또한 다른 종교의 주술呪術을 관음 신앙 속에 포섭하고자 한 것으로 보아도 좋을 것이다. 변화變化관음이 힌두이즘(Hinduism)의 신들을 불교화하려고 했던 것처럼 관음다라니 또한 같은 맥락에서 생각해 볼 수 있다는 말이다. 그렇다면 관세음보살의 자비는 이제 민간의 주술신앙에까지 깊이 침투하고 있다고 말할 수 있을 것이다.

이상과 같은 관세음보살의 지혜와 자비와 활동을 되돌아볼 때 그를 이제 어찌 한낱 보살이라고만 보겠는가? 부처가 아니고는 도저히 그런 모습을 보여줄 수 없을 것이다. 더구나 관세음보살의 19응신이나 32응신 속에는 '부처의 몸' 이 들어 있다. 따라서 관세음은 이미 부처의 깨달음을 이루었다고 보지 않을 수 없다. 관세음삼매경觀世音三昧經에도 다음과 같은 설이 있다.

부처님이 아난에게 이르시길 "내 이제 진실을 말하노니 거짓이 아니니라. 관세음을 생각컨대 그는 나보다 앞서 성불하여 이름을 정법명正法明여래라 하였느니라"

그런데도 관세음은 여전히 보살로 활동하고 있다. 관음수기경에는 그가 아미타불에 이어 부처가 되리라는 수기授記까지 행해지고 있는 것이다.

선남자여, 아득하여 헤아릴 수 없는 겁劫이 되면 아미타불은 완전한 열반에 들리라. … 아미타불의 정법正法이 멸한 뒤 한 밤을 지나 새벽 빛이 틀 무렵, 관세음보살은 칠보로 된 보리수 아래 결가부좌하여 깨달음을 이루어 이름을 보광공덕산왕普光功德山王여래라 하리라.

관세음보살은 이미 부처가 되었으면서도 이렇게 보살로 남아 있고 수기까지 받고 있는 것이다. 그 까닭은 무엇일까? 천수경千手經은 다음과 같은 해명을 베풀고 있다.

관세음보살의 불가사의한 위신威神의 힘은 이미 과거 무량한 겁에 성불하여 이름을 정법명正法明여래라 하였건만,

큰 슬픔과 발원의 힘으로 일체 보살을 일으키고 일체 중생을 안락하게 성숙시키고자 현재 보살로 있는 것이니, 너희들은 마땅히 공경하고 공양하고 진심으로 그 이름을 불러라. 무량한 복을 얻고 무량한 죄를 멸하여 목숨이 다해서는 아미타불의 나라에 가게 되리라. **〈천수다라니경**千手陀羅尼經〉

관세음보살이 부처의 몸이면서 보살로 있는 것은 중생을 건지려는 큰 슬픔 때문이라는 것이다.

그렇다면 부처의 몸으로는 중생의 몸을 건질 수 없다는 말인가? 그런 것은 물론 아니다. 하지만 교리적으로 볼 때, 보살의 반야바라밀다와 부처의 깨달음 중에서 중생의 괴로움과 직접적인 관계를 가진 것은 전자이다. 후자는 반야를 완성하여 피안에 이른 보살(不退轉 보살)이 다시 추구해야 할 대상이기 때문이다. 따라서 중생의 괴로움을 건지는 일에 전적으로 헌신하고자 한다면 반야바라밀다를 설하는 자가 되지 않을 수 없을 것이다.

이상과 같이 살펴볼 때, 관세음보살은 참으로 감사하고 감사한 분이라고 하지 않을 수 없다. 큰 반야와 큰 자비의 실천자요, 괴로운 세계(五蘊 다섯 근간)의 구세주요, 극락세계의 안내자요, 다른 종교의 너그러운 포용자요, 중생과 괴로움을 함께 하려고 부처의 자리까지 박찬 구원久遠의 보살인 것이다. 인간의 힘으로는 어쩔 수 없는 절망적인 상황에 빠질 때마다 인간들은 하늘이나 신을 우러러 구원을 빌어 왔다. 그런 신앙의 대상을 찾을 경우, 관세음보살보다도 더한 종교적 신격神格을 찾을 수 있을까? 불교 경전에 설해진 숱한 불·보살은 말할 것도 없지만, 다른 종교의 천신들 중에서도 그에 견줄 만한 대상은 찾을 수 없을 정도이다.

뿐만 아니라 관세음보살의 구제력救濟力은 아무 종교에서나 터무니없이 서술하고 주장할 수 있는 종교적 가설에 입각한 것이 아니다. 앞서 간단히 소개했지만 불교는 괴로움을 과학적인 방법으로 분석하여 그 근본 원인과 해결의 길을 밝히고 있다. 관세음 신앙은 그런 지적인 보편성을 지닌 반야바라밀다를 바탕으로 삼고 있는 것이다. 따라서 필자는 "관세음을 생각하고 그 이름을 부르면 어떤 괴로움도 벗어나리라."는 법화경 보문품의 설은 믿을 만한 진실성이 충분히 있다고 말하고 싶다.

### 3. 생각하고 부르는 마음의 자세

'믿을 만한 진실성'이 있다면 괴로울 때는 말할 필요도 없지만, 즐거울 때도 관세음보살을 지심으로 생각하고 부르지 않으면 안될 것이다. 누구나 불행은 언제 닥칠지 모르기 때문이다. 그러나 덮어놓고 생각하고 부르기만 하면 되는 것인가. 아니면 그렇게 하는데 어떤 방법이나 마음 자세가 필요한 것인가? 관세음 신앙에는 심오한 반야사상이 깔려 있다. 덮어놓고 믿으면 된다는 그런 식의 신앙이 아니다. 따라서 관세음보살을 생각하고 부르되 그것을 어떤 마음자세로 행해야 할 것인가를 다시 생각해 보지 않을 수 없다.

중생은 누구나 살기 위해서는 아는 새 모르는 새 욕심을 내고 악을 짓게 마련이다. 악업에는 반드시 괴로움이 따르고 괴롭기 때문에 다시 악을 짓게 된다. 그리하여 끝없는 죄악의 수렁에 빠지게 된다. 이런 죄악 중생이 어쩌다가 착한 벗으로부터 관세음보살에 대한 소식을 듣고, 그의 구원을 받고자 한다 하자. 그런 사람은 캄캄한 마음의 치암癡暗때문에 관세음보살을 전혀 볼 수가 없다. 따라서 그런 경우에는 항상 무엇보다도 먼저 아이가 어머니를 찾듯이 관세음보살을 부르지 않으면 안될 것이다. 큰 소리로, 낮은 소리로, 또는 마음속으로……. 그런 부름(念誦)을 한결같이 하는데 염주는 큰 도움이 될 것이다.

동시에 관세음보살을 절대적인 구세주로 믿지 않으면 안 된다. 마치 신을 중심으로 하는 종교에서 절대적인 신앙을 강요하고 있듯이. 이때의 관음 신앙도 절대성을 띠어야 한다. 밀교에서 여의륜·십일면·불공견색·천수천안 등의 절대적인 신격의 변화관음을 설하고, 많은 주술적 관음다라니를 설하고 있음은 이 때문이다. 관세음보살이 이렇게 절대적인 신과 같은 성격을 띠고 있기에, 관세음보살께 공양하는 것도 필요하다. 보문품은 다음과 같이 설하고 있다. "관세음보살은 여러 모습으로 여러 나라에 다니며 중생을 건지시나니, 너희는 마땅히 일심으로 그에게 공양하라." '공양'이라는 말은 값진 것을 바치는 것을 뜻한다. 다른 종교의 공희에 해당된다고 할 수 있다. 관세음보살의 탱화나 조상彫像이 있으면 그 앞에 나아가 공양하고 참회·기도하면 더욱 좋을 것이다. 밀교 경전에 많은 관음의궤儀軌가 설해져 있음은 이 때문이다.

관세음보살을 부르는 자가 이렇게 절대적인 믿음을 다할 때 관세음보살은 반드시 그 앞에 몸을 나타내실 것이다. 보문품에는 관세음보살의 19응신이 설해져 있고, 능엄경은 이것을 32응신으로 부연했음은 앞서 살펴 본 바와 같다. 밀교의 변화관음 또한 동일한 응신에 속함은 물론이다. 그러나 '끊임없는 관세음(samanta-mukha,普門)의 얼굴'은 어찌 경전에 설해진 것에 한정하랴. 우리가 매일 만나는 수많은 사람들의 갖가지 인상들도 관세음보살의 얼굴로 보아야 한다.

그럴 때 관세음보살은 부르는 자의 뜻을 살펴 그를 괴로움에서 건져줄 것임은 틀림없다. 앞서 살펴본 바와 같이 관세음보살은 어느 신격보다도 가장 믿을만한 진실성을 갖고 있기 때문이다. 너무나 상황이 급박하여 죽게 되는 경우가 있다 해도 관세음보살은 그를 아미타불의 극락세계로 인도해 주실 것이다. 그러니 안심하고 일심으로 관세음보살을 생각하고 부르면 된다.

이런 절대적인 신앙 관계 속에서 기적과 같은 영험이 나타날 수 있다. 못 고칠 병이 낫는다던가, 죽은 사람이 살아난다던가, 헤어진 사람을 만난다던가, 뜻밖의 행운을 얻게 된다던가……. 불교에 수많은 영험담이 전해지지만 관세음 신앙에 결부된 것이 가장 다양하고 풍부하다.

관세음보살을 부르는 자와 관세음보살 사이에 이루어지는 이러한 관계를 감응도교感應道交라 부른다. **<지례술 무량수불경소묘종초 권4>** 전자는 '능히 느끼고(能感)', 후자는 '능히 응하는데(能應)', 그들이 서로 사귀기(道交) 때문이다. 이런 감응도교가 이루어지기 위해서는 중생이 먼저 관세음보살을 믿고 부르지 않으면 안 된다. 능감能感이 없는 곳에 능응能應은 성립할 수 없기 때문이다. 중생이 먼저 관세음보살을 생각하고 부르지 않으면 안될 이유가 여기에 있는 것이다.

그러나 절대타자絶對他者적인 관세음보살의 구제력에 의지하는 믿음만으로 시종일관해도 좋을까? 다른 종교라면 몰라도 불교에서는 그렇지가 않다. 마음에 여유가 생기거든, 그러한 신앙과 함께 선업을 힘써 닦지 않으면 안 된다. 괴로움을 초래하는 직접적인 원인은 신도 아니요, 운명도 아니라, 바로 자기 자신이 지은 악업이라고 관세음보살을 비롯한 모든 불·보살은 가르치고 계시기 때문이다. 관세음보살을 믿고 따른다면서, 그의 가르침을 받지 않는다는 것은 이치에 맞지 않는 것이다.

그러기에 아미타불의 발원과 그 성취를 절대적인 신앙의 근거로 삼는 정토신앙에서도 믿음과 함께 선업에 힘쓰고, 아함경이나 대승경전의 교리를 공부할 것을 강조하고 있다. 그런 뜻을 무량수경의 삼배설과 관무량수경의 구품설에서 엿볼 수 있다. 좀더 자세히 말하면, 무량수경은 극락세계에 왕생하는 사람을 상·중·하 세 무리(三輩)로 가르고, 관무량수경은 그것을 다시 세분하여 아홉 품(九品)으로 가르고 있는데, 평소에 선업(功德)과 대·소승의 수행을 닦지 않다가 임종에 이르러서야 아미타불을 찾는 사람은 극락세계에 가기는 가되 최하위(무량수경의 下輩, 관무량수경의 下品下生)로 간다고 하는 것이다.

그런 뒤 무량수경은 다시 이 세상의 괴로움을 실감나게 서술하고, 선업을 닦을 것을 누누이 권하고 있다. 그 일례를 들어 보면 다음과 같다.

너희는 이런 속에서도 덕을 심고, 은혜를 베풀며, 법을 어기지 말라. 괴로움을 참고 노력하며, 일심으로 지혜를 닦아 교화에 힘쓰되, 선업을 선양하고 마음을 바로 하라. …이곳의 하룻 밤 계행은 극락세계의 백년에 맞먹고…, 이곳의 열흘 밤 선업은 다른 부처 땅의 천년에 맞먹을 것이다. …내 너희 천신과 인간의 무리를 불쌍히 여겨 간절히 일러 선업을 닦게 하느니라.

선업을 행하기 어려운 악조건에서 선업을 행하는 것이야말로 최상의 공덕이 되리라는 것이다. 관음 신앙은 이와 같이 선업과 불교 공부에 나아갈 것을 강조하고 있는데, 질병이나 재앙의 퇴치를 목적으로 행하는 관음다라니의 염송念誦에서도 비슷한 뜻을 살필 수 있다. 우리는 흔히 못 고칠 병으로 절망에 빠진 사람이 아예 의약을 무시하고 종교적 힘에만 의지하려 하거나, 또는 그 반대의 길을 취하려는 것을 본다. 이런 치우친 방향 또한 건전한 신앙이라고 보기는 어렵다. 병의 효과적인 치료에는 무엇보다도 먼저 환자의 강렬한 삶의 의욕과 희망(신앙)이 필요하지만, 그것만으로는 부족하다. 거기에 다시 적절한 의약의 투여가 따르지 않으면 안 된다. 천수관음의 치병합약경治病合藥經이나 대비심다라니경(伽梵達摩역 大悲心陀羅尼經)에는 관음 염송과 더불어 의약을 함께 사용할 것이 권해지고 있다. 관음 신앙의 건전한 방향을 보여주는 것으로써 주목되는 것이다.

그러나 절대적인 신앙이 기적이나 영험을 낳는다고 하더라도 실제로 그런 영험을 얻은 사람은 얼마 되지 않는다. 많은 사람이 신앙과 회의懷疑 사이를 헤매고 있다. 불교의 업설業說은 신앙의 그런 불확실성을 극복하기 위해 괴로움의 인과를 뚜렷이 밝힌 합리적인 길이다. 그러나 그러한 업설에도 한계가 있다. 아무리 선업을 지어도 인간 존재의 덧없음은 벗어날 수 없기 때문이다. 이런 문제성에서 다시 설해진 것이 아함경의 아집我執 부정의 교설(四聖諦說)이요, 그런 아집 부정의 교설이 한층 더 철저해진 것이 대승불교의 반야般若 교설이라는 것은 앞에서 살펴본 바와 같다. 관세음보살은 바로 그러한 대승의 반야를 상징하는 대표적인 보살이다.

그렇다면 관세음보살을 생각하고 부르는 자는 다시 한 걸음 더 들어가 아집과 분별망집分別妄執을 부정하는 철저한 수행에 힘쓰지 않으면 안될 것이다. 반야심경에서 관자재보살은 사리불에게 심오한 반야교설을 베풀고, 관무량수경에서 대승행자大乘行者는 극락왕생의 최상위(上品上生)에 배속되고 있음을 상기할 필요가 있다. 관세음보살을 따르는 자가 어찌 단순한 신앙이나 선업에 머물러야 되겠는가.

관세음보살을 따르는 자가 이렇게 아집과 분별망집을 부정하는 철저한 수행에 힘쓸 때, 관세음보살은 그에게 이제 어떤 모습으로서 행자의 마음 밖에서 비추일까? 그럴 까닭이 없다. 분별망집이 공한 본래 청정한 마음에는 나와 남, 안과 밖, 부처와 중생 등, 일체의 차별이 없다. 내 마음이 곧 관세음이고 관세음이 곧 내 마음이다. 따라서 밖에서 비치던 관세음보살이 내 마음 안에 들어와 하나가 되는 것이다. 이런 관계를 해입상응解入相應이라 한다. **<지례술 무량수불경소묘종초 권4>** 밖에서 들어온 관세음보살(人)과 중생 본래의 마음(解)이 서로 하나가 된다(相應)는 뜻이다.

자기 마음 안에서 진정한 관세음보살을 만나는, 이러한 대승 공관空觀의 실천은 관세음보살의 '대비심다라니'를 외울 때도 마찬가지다. 천수경은 다음과 같이 설하고 있다.

큰 자비의 마음은 평등한 마음이요, 함이 없는(無爲) 마음이요, 흐린 집착(染着)이 없는 마음이다. … 이러한 마음이 곧 대비심다라니의 모양(相貌)이니, 너희는 마땅히 이것에 의지해 수행하라. … 이 다라니를 외는 자는 마땅히 큰 깨달음의 마음을 내어(發廣大菩提心) 일체 중생을 건지고자 서원하고, 몸에는 계율을 지니고, 모든 중생에게 평등한 마음을 내라. … 내 그런 사람을 천수천안千手千眼으로 보살펴 지켜 주리라.

대비심다라니의 염송과 함께, 일체중생을 평등하게 보는 대승 공관의 실천이 요청되고 있는 것이다. 어찌 주술적인 힘만을 기대해서야 되겠는가.

반야의 완성으로 괴로움의 물리적인 해결은 가능해진다. 그러나 보살의 마음은 편안할 수가 없다. 뒤에 많은 동료 중생이 신음하고 있기 때문이다. 이에 보살은 다시 동료 중생들의 괴로움을 크게 슬퍼하지 않을 수 없고, 피안에서 차안에 돌아오게 된다. 그리고 그러는 과정에서 그의 깨달음이 완벽해진다는 것은 앞서 살펴본 바와 같다.

그렇다면 관세음보살을 생각하고 부르는 자는 마침내는 바로 그 '관세음' 보살이 되지 않으면 안될 것이다. 본래 청정한 마음의 관세음으로 머무는 것이 아니라, 중생의 부름에 능히 응하는 응신應身으로서의 관세음보살이 되어야 한다는 말이다. 법화경 보문품의 19응신은 중생의 견지에서 볼 때는 관세음보살이 중생의 근기根機에 따라 응현應現하시는 모습이다. 그러나 법화경은 애초에 '보살을 가르치기 위한 법(妙法蓮華教菩薩法佛所護念)' 이다. 따라서 이런 견지에서 본다면 보문품의 19응신은 보살들에게 그런 응신을 나타내 중생을 건지라는 간곡한 교시教示로 보지 않으면 안될 것이다.

'관세음을 생각하고 부르라' 는 말에는 관세음보살에 대한 절대적인 믿음만이 아니라 이상 살펴본 바와 같은 모든 뜻이 함축되어 있다. 절대적인 믿음에서 적극적인 선업에로, 거기서 다시 아집의 철저한 부정을 뜻하는 대승 공관의 실천에로, 그리하여 또 다시 큰 자비의 구제활동에로 심화될 것이 요청되고 있는 것이다.

따라서 불교의 '생각한다(念)' 는 말은 다른 종교의 '믿는다(信)' 는 말에 해당하지만, 그것은 단순히 '믿음' 만을 뜻하는 것이 아니다. 물론 처음에는 절대적인 타자로서의 관세음보살을 우러러 공양하고 기도할 필요가 있다(感應道交). 그러나 그것으로 그치지 않고, 관세음보살을 자기 마음 안에서 발견해야 하고(解入相應), 마침내는 자기 자신이 관세음보살이 되어야만 하는 것이다(應化). 다른 종교의 '믿음'과는 엄청나게 다른 종교적 깊이를 갖고 있다. 따라서 불교에서는 관세음보살을 '믿어라' 하는 것보다는 관세음보살을 '생각하라' 고 하는 것이다.

'생각한다' 는 술어가 이상과 같은 뜻을 가졌기에 불교 교리에는 그 말이 수 없이 사용되고 있다. 불교에 들어온 자는 무엇보다도 먼저 ① 부처 ② 법 ③ 승가 ④ 보시 ⑤ 계 ⑥ 하늘의 여섯을 생각해야 하고(六念), ① 몸 ② 느낌 ③ 마음 ④ 법의 네 곳을 생각해야 한다(四念處). 오근五根·오력五力·칠각지七覺支·팔정도八正道 등의 법수法數에도 '생각'이 항상 끼어 있다. 대승불교의 관음 신앙·정토 신앙·밀교 신앙에도 '생각'이 핵심적인 개념이 되고 있음은 다시 말할 필요가 없다.

특히 관무량수경觀無量壽經은 타력 정토 신앙의 대표적인 경전으로 치고 있지만, 그곳에서도 다음과 같은 설이 보이는 것이다.

모든 부처는 법계의 몸이니, 일체 중생의 마음 생각(心想) 속에 들어간다. 따라서 너희가 마음에 부처를 생각할 때 그 마음이 곧 부처의 형상(三十二相)이다. 그 마음이 부처를 만들고(是心作佛) 그 마음이 곧 부처이다(是心是佛). 모든 부처의 깨달음의 바다 또한 마음의 생각 속에서 일어난다. 그러니 마땅히 한 마음에 생각(念)을 묶어 그 부처를 밝게 볼 것이니라.

그렇게 하여 부처를 보게 되면 시방十方의 모든 부처를 보게 되나니, "모든 부처를 보게 되기에 그것을 염불삼매念佛三昧라 한다." '생각'이란 말이 어떤 깊이를 갖고 있는가를 뚜렷이 해주고 있는 것이다.

"관세음보살을 생각하고 그 이름을 부르라."는 말이 이런 종교적 깊이를 가진 것으로 경전에 사용되고 있다면, 그 뜻에 따르는 자세로 불·보살이나 다라니를 염송해야 할 것이다. 그러나 과거의 불교학에는 관음 신앙이나 정토 신앙 또는 진언 염송의 '생각'을 단순히 '입으로 부르는 것(口稱)'에 한정시키려 한 사상이 있었고, 그런 사상이 오늘까지 흐르고 있다. 그리하여 염불念佛·칭명稱名·송주誦呪·창제唱題 등의 어느 하나만을 전적으로 의지하고, 그 밖의 모든 불교를 배격하고 있다. 이 얼마나 어리석은 일인가?

그러한 사람들은 자기 자신뿐만 아니라, 수많은 사람들을 오도하고 있음을 알아야 한다. 관세음보살의 구제를 받더라도 확실하게 받게 할 것이지 왜 그림자 같은 응신應身의 영험이나 기대하게 하는가. 극락세계에 가더라도 상품上品이나 중품中品으로 가게 할 것이지, 왜 하품 중에서도 최하등(下品下生)으로 가게 하는가. 다라니를 외더라도 지혜를 얻게 할 것이지, 왜 저속한 주술에나 빠지게 하는가. 그들은 불교의 심오한 교설을 좁은 소견으로 은폐하고 있을 뿐만 아니라, 그것을 저속한 타력他力 신앙으로 전락시키고 있는 것이다.

이러한 잘못은 하루 속히 청산되지 않으면 안 된다. 그리하여 '생각(smṛti)'이라는 말 속에 부처님이 정성들여 시설해 놓으신 미묘한 신앙의 구조와 깊이를 온전히 살려내야 한다. 조금이라도 은폐하거나 손상시켜서는 안 될 것이다. 그럴 때 다음과 같은 부처님의 말씀은 우리에게 확고한 믿음의 힘을 주어 절망적인 괴로움을 헤쳐 나가는 밝은 희망의 빛이 되게 할 것이다. "일심으로 관세음보살을 생각하라. 그러면 모든 괴로움에서 벗어나리라."

# 제 3 부

# 불교와 기독교

## 제 1 장
# 우리 민족의 하느님 신앙

### 1. 하느님 신앙의 발생

하느님 또는 하나님 하면 의례히 기독교를 생각하기 쉽다. 기독교 신앙의 중심이 하나님이고, 엄청난 신학적 연구가 그를 중심으로 축적되어 있기 때문이다. 그러나 하나님 신앙은 기독교에 한한 것만은 아니다. 여러 민족의 고대사회에 하느님 신앙은 보편적으로 나타나는 종교 현상이다. 이집트·중동·인도·중국·극동에 걸친 모든 고대사회에 예외없이 하느님 신앙이 발견된다.

고대사회에 이렇게 하느님 신앙이 보편적으로 나타나는 까닭은 무엇일까? 20세기 초, 종교의 기원에 대한 연구는 그 문제 해명에 다각적인 검토를 행하고 있지만 그

요점을 정리하면 다음과 같이 말할 수 있다.

첫째로, 고대에 올라갈수록 인간은 자연의 지배를 많이 받는다. 토착생활의 경제적 기반이 되는 것은 농업과 목축인데, 그것이 당시에는 전적으로 자연조건에 좌우되고 있었기 때문이다. 이런 상황에서는 인간은 자연을 지배하는 것이 아니라 그 지배를 받는다는 위치에 있게 되고 인간과 자연 사이에는 주종관계가 성립된다.

자연과 인간 사이의 이런 주종관계는, 그것에 인간의 영육관靈肉觀이 반영되면 자연의 지배력에도 영혼이 있다는 관념이 발생하게 된다. 좀더 구체적으로 말하면 인간 존재는 정신과 육체의 두 부분으로 구성되어 있다는 것은 누구나 쉽게 수긍할 수 있는데, 그 중에서 육체를 지배하는 것은 정신이며 의지가 있는 곳도 정신이고 생명성 또한 정신에 있다고 생각될 것은 물론이다. 그렇게 되면 인간의 삶과 죽음은 정신과 육체의 결합과 분리라는 현상으로 보게 된다. 이런 영육 이원론적인 생각이 자연과 인간 사이의 주종관계에 반영되면 인간을 지배하는 자연에도 정신이 있다는 생각이 나게 된다는 것이다. 지배력이란 곧 의지(정신)의 작용을 의미하기 때문이다.

자연의 지배력에 이렇게 정신이 있다고 보게 되면 그러한 자연은 이제 단순한 자연물이 아니다. 정신적인 신성神性을 띠게 된다. 이것을 종교학에서는 자연현상의 신격화라고 부르고, 그렇게 신격화된 자연을 '자연신' 이라고 한다. 인류의 원시 종교는 모두가 이런 자연신을 중심으로 삼고 있다. 천계天界의 일월성신日月星辰, 공계空界의 풍운뇌우風雲雷雨, 지계地界의 산하맹수山河猛獸 등이 신격화된 자연신이 원시사회에 보편적으로 나타나고 있는 것이다.

이런 자연신관에 다시 인간사회의 지배 윤리가 투영되면 어떻게 될까? 인간사회에는 반드시 사회를 이끌어갈 지배자가 있고, 지배자는 사회의 안녕과 발전을 위해 율법에 따라 다스리게 된다. 법을 어긴 자는 벌하고 공을 세운 자에게는 상을 준다. 이런 지배 윤리가 자연신에 반영되면 어떻게 되겠느냐는 것이다. 그곳에도 위계가 설정될 것이고, 그럴 경우 최고신의 위치에 오를 것은 태양신太陽神일 것이다. 천·공·지 삼계에서 최상위에 있는 것은 천계이고, 다시 그곳의 천체 중에서 최강한 힘을 발휘하고 있는 것은 태양이기 때문이다. 고대사회에 태양신 숭배가 보편적으로 나타나는 것은 이 때문이다.

최고신의 위치에 오른 태양신은 이제 천·공·지 삼계를 다스리는 지배자요, 주主(임)라고 할 수 있다. 따라서 이 뜻을 나타낼 새로운 개념이 필요해진다. 고대 종교에 두루 나타나는 '하늘임'이라는 개념은 그런 요구를 충족시킨 것이라고 볼 수 있다. 중국의 천제天帝, 인도의 인드라(Indra), 이스라엘 민족의 여호와(Jehovah) 등은 모두 '제천신諸天神의 주(임)'라는 뜻을 나타내고 있다.

'하늘임' 또는 '하느님'·'하나님'이라는 개념은 대개 이상과 같은 과정을 거쳐 형성된 것으로 생각되는데, 이러한 신神 관념이 일단 성립하면 인간은 그를 우러러 열렬한 신앙을 바치지 않을 수 없다. 인간의 힘으로는 어쩔 수 없는 모든 일은 궁극적으로는 오직 하느님만이 해결할 수 있다고 생각될 것이기 때문이다. 풍작을 위해 파종과 추수 때에 하늘에 제사하고, 전쟁의 승패를 하늘에 묻고, 정치 또한 하늘의 뜻을 살펴 행했던 것은 모두가 그런 신앙을 나타내고 있다. 인간사회의 모든 길흉이 하느님의 상벌로 헤아려지게 되는 것이다.

하느님 또한 그가 다스리는 세계에서 특히 인간에게 깊은 관심을 갖는다고 보지 않을 수 없다. 어느 무엇보다도 하느님을 우러러 따르는 것은 인간이기 때문이다. 하늘의 인간에 대한 이러한 관심은 인간들이 갈 길을 못 찾고 방황하거나 스스로 하늘의 뜻을 어겨 타락과 멸망의 길을 더듬을 때, 그것을 그냥 내버려 둘 수는 없을 것이다. 어떻게라도 이끌고 구원해 주려고 하지 않을 수가 없다. 이러한 생각에서 발생한 것이 소위 이스라엘 민족의 메시아(Messiah) 신앙이 아닐까 한다. 하느님이 직접 아들을 내려보내 인간을 구원해 준다고 하기 때문이다.

그런데 이러한 메시아 사상도 이스라엘 민족에만 한한 것이 아니다. 우리 동이족東夷族에서도 찾아 볼 수 있다. 고구려를 개국한 주몽은 하늘의 정기(日精)가 하신河神의

딸에 잉태하여 난생卵生하고 스스로 '태양의 아들(日子)', '하늘임의 아들(天帝子)' 임을 자처하고 있다. 신라의 박혁거세 또한 "광명으로 세상을 다스리라(光明理世)."는 천명天命을 받고 인간 세상에 난생하였으며, 가락국의 김수로도 '유신가방維新家邦하라' 는 천명을 받고 난생한 것이다.

이러한 관념은 단군신화에서는 더욱 발달된 형태로 나타난다. 환인이 아들 환웅에게 "인간 세상을 크게 이롭게 하라(弘益人間)."는 명을 주니 환웅은 그것(天符印)을 받고 내려와 웅녀와 결혼하여 단군왕검을 낳았다는 것이다. 하느님(桓因)이 아들을 내려보내 인간을 이끌어 새로운 역사를 창조케 하고 있는 것이다. 따라서 주몽·박혁거세·김수로·단군 등은 모두 새로운 역사를 창조한 동이족의 메시아라고 불러도 좋다.

하느님 신앙은 이상과 같이 기독교에 한한 것이 아니라 고대 종교에 두루 나타나는 보편적인 종교 현상이다. 그리고 그와 관련된 메시아 사상도 적지 않게 찾아 볼 수 있는 것이다.

## 2. 하느님 관념의 개혁

그러나 이러한 고대 종교의 하느님 신앙과 오늘의 기독교 신앙이 전적으로 동일하다고는 볼 수 없다. 예수 크리스트는 이스라엘 민족의 전통적인 하느님 관념을 계승하여 그것에 새로운 의미를 부여하고 있기 때문이다. 그러한 의미 부여가 어떤 내용의 것인지는 신학 전공자가 아닌 필자로서는 자세히 헤아릴 수가 없다. 다만 필자의 상식적인 느낌을 말한다면, 구약성서에 나오는 여호와 신은 이스라엘 민족의 수호신이요, 인간의 죄를 가차없이 징벌하는 냉혹한 율법의 신이라는 성격이 강하다.

그러나 신약성서에 비치는 하나님은 이스라엘 민족에 그치지 않고 전 인류의 죄악을 용서하고 구제하려는 사랑과 도덕의 신이요, 단체적인 종교 의례보다는 개인적인 기도 속에서 아들과 만나는 아버지와 같은 인상을 준다.

불교는 인도의 전통적인 종교 관념을 계승한 것이 아니라, 신 중심적인 신앙의 맹목성을 비판하고 새로운 인간 중심의 진리를 제시한 종교이다. 따라서 불교는 처음부터 기독교와는 전혀 다른 입장을 취하였다고 말할 수 있다. 불교는 이렇게 전통적인 종교 관념을 비판하는 데에서 출발하였지만, 종래의 하느님 관념을 전적으로 부정한 것은 아니었다. 새로운 입장에서 그것을 다시 폭넓게 수용하고 있는 것이다.

하느님 관념의 형성은 애초에 인간과 자연으로 구성된 세계에서 그들 사이에 주종관계가 있다는 관념에서 형성된 것임은 상술한 바와 같다. 그러나 그런 전제가 과연 정당성을 띤 것일까? 우리는 이제 이 점부터 분명히 할 필요가 있다. 왜냐하면 인간에게는 분명히 자유의지가 있어 업業을 일으키지만, 자연물은 의지가 없어 업의 작용을 받으면 단지 필연적인 반응을 보일 따름이다. 따라서 주종관계로 말한다면 인간이 오히려 자연을 지배하는 위치에 있다고 봐야 한다.

이런 견지에서 하느님을 되돌아 볼 때, 그가 만일 세계를 지배하는 의지를 갖고 있다면 그 또한 인간(중생)의 일종으로 봐야 할 것이다. 그리고 그가 그렇게 세계를 지배할 위치에 올랐다면 그것은 그가 그럴만한 업을 쌓았기 때문이라고 보지 않으면 안 된다.

따라서 부처님은 인도 바라문교의 전통적인 하느님 곧 '인드라(Indra)' 신을 인간의 업에 따라 나타난 과보의 일종으로 설하고 계신다. 뿐만 아니라 그가 인간으로 있을 때 그 집안의 성은 '코시카(Kosika 憍尸迦)' 였고, 그가 닦은 업은 '하기 어려운 보시를 능히 하는 것(能施)' 이었으므로 그의 현재 이름은 '사카(śakra 能) 하늘임(devānāmindra)' 이라 부른다고 설하고 계신다. 한자로 석제환인釋提桓因 또는 줄여서 제석帝釋 등으로 번역되고 있다. 당시의 바라문들이 부처님의 이 말씀에 적이 당황하고 있음을 보면 그것은 그 이전에 없었던 새로운 설이었다는 것을 알 수 있다.

여기서 우리는 예수 크리스트가 이스라엘 민족의 전통적인 하느님 관념을 '사랑의 신' 으로 지양하였듯이, 고타마 붓다 또한 인도 아리안족의 전통적인 인드라(하늘님)신을 '능히 베풀어 주는 신'으로 지양하고 있음을 엿볼 수 있다.

더욱 흥미로운 사실은, 인도의 바라문 신학은 인드라와 같은 지배신 관념에서 다시 세계를 창조하는 창조신의 개념으로 발전하여 그것을 '브라흐만(Brahman 梵)'이라고 부르고 있는데, 고타마 붓다는 그러한 브라흐만에 대해서도 새로운 의미를 부여하고 있는 것이다. 우파니샤드 철학에서 설하는 바와 같이 브라흐만 신이 욕심을 일으켜 세계를 발생하였다면 브라흐만도 인간(중생)의 일종으로 봐야 할 것이다. 그렇다면 그의 현 신분 또한 업보의 일종으로 봐야 하고 그런 업보를 가져온 전생의 업이 문제된다. 이에 대해 부처님은 당시의 바라문들을 향해 "브라흐만에 이르는 길은 자비희사慈悲喜捨의 네 가지 무량한 마음(四無量心)을 닦는 것"이라고 설하고 계신다.

고타마 붓다의 이러한 선언은 당시의 전통적 바라문 신학에 커다란 도전이었다고 볼 수 있다. 왜냐하면 브라흐만 신은 바라문 계급의 수호신과 같은 성격을 띤 것이었고, 피비린내 나는 희생의 제물을 받는 신이었기 때문이다. 그렇게 편협한 브라흐만을 부처님은 사성四姓을 모두 평등하게 사랑하고 생명있는 모든 것을 사랑하는 무한한 사랑(慈悲喜捨)의 신으로 개혁하신 것이다.

이상과 같이 예수 크리스트가 전통적인 하느님 관념을

율법과 징벌의 신에서 사랑의 신으로 개혁하였듯이, 고타마 붓다 또한 인도 아리안족의 하느님을 능히 베풀어 주는 신(인드라), 무한한 사랑의 신(브라흐만)으로 개혁하고 계신 것이다.

뿐만 아니라 고타마 붓다는 여기에서 한 걸음 더 나아가 브라흐만과 인드라는 한결같이 불교의 홍통과 수호를 약속하는 신으로 설하고 있다. 부처님이 처음 붓다가야 네란자라 강가 보리수 아래서 성도하신 뒤, 깨달은 법이 너무나 미묘하여 세상에 나가 설할까 말까 망설이고 계셨을 때, 부처님께 전법을 권청한 것은 브라흐만 신이었다고 한다. **〈초전법륜경〉**

브라흐만 신이 하늘에서 자기가 살고 있는 곳은 절대 불변의 영원한 곳이라고 생각하였을 때 부처님이 그를 찾아가 그 생각의 오류를 지적하자, 브라흐만은 그것을 기꺼이 받아들였다는 경전도 보인다. **〈중아함 권17 범천청불경〉**

불교 수호를 다짐한 신으로는 의례히 인드라 신이 등장한다. 특히 대승반야경에서의 인드라 신은 그 비중이 대단하다. 반야경 중에서 가장 성립이 빠르다는 소품반야경을 예로 들면, 제1초품에서 대승반야의 기본 입장이 설해진 다음, 제2품에서 6품까지가 모두 석제환인(인드라)을 중심으로 설해지고 있는 것이다. 이것은 세계를 지배하고 악신(아수라)과 싸워 이기는 정의와 승리의 신은 브라흐만이 아니라 인드라이기 때문일 것이다.

브라흐만과 인드라가 이렇게 불교 경전에서 교법의 홍통과 수호를 다짐하는 것으로 설해지는 까닭은 무엇일까? 바라문교가 지배하는 당시의 사회에서 신흥 불교가 퍼져 나가기 위해 짐짓 그런 방편을 쓴 것일까? 이 문제는 여러 가지 측면에서 생각할 수 있다.

그러나 가장 근본적인 모티브는 브라흐만과 인드라와 같은 전통적인 신 관념에 대한 정확한 성격 규정에서 필연적으로 나오는 것이 아닐까 느껴진다. 앞서 말한 바와 같이 브라흐만과 인드라가 인격적인 의지를 갖고 있다면 인간(중생)의 일종일 수밖에 없고, 인간의 일종이라면 생주이멸의 덧없음을 면할 수가 없다. 그리고 생주이멸의 덧없음을 면할 수가 없다면 생사로부터 진정한 해탈의 길을 제시하는 부처님의 가르침을 받지 않을 수 없을 것이다. 따라서 그들이 정법의 수호를 약속하는 것은 단순한 호교적인 방편에서가 아니라 하느님 존재의 본질에 대한 정확한 인식에서 나온 논리적 필연성의 결과라 볼 수 있다는 것이다.

이렇게 볼 때 고타마 붓다가 전통적 하느님 관념을 개혁한 내용은 실로 파격적이라 하지 않을 수가 없다. 바라문교의 받는(受施) 신에서 주는(能施) 신으로, 한정된 사랑의 신에서 무한한 사랑의 신으로, 다시 한 걸음 더 나아가 권위에 사로잡힌 신에서 진리를 희구하는 신으로 엄청난 개혁을 단행하고 계시기 때문이다.

## 3. 한국 고대 하느님 관념의 불교화

한국에 불교가 전해지는 것은 A.D. 4세기 경, 부족연맹국가에서 고대국가로 발돋움한 고구려·백제·신라 삼국이 치열한 정복전쟁을 수행하고 있던 때에 해당된다. 이런 상황에서 무엇보다도 시급한 것은 강력한 왕권의 확립이라고 해야 한다. 전쟁 수행에 필요한 막대한 인력과 물자를 동원하기 위해서는 강력한 중앙집권적 리더십이 필요하기 때문이다.

그러나 당시의 삼국 정권은 어떠했던가? 무교巫敎적 하느님 관념에 사상 기반을 둔 귀족세력에 의해 왕권은 심히 제약되고 있었던 것으로 생각된다. 앞서 논한 바와 같이 부족연맹국가의 초대 왕위에 오른 주몽·박혁거세·김수로 등은 모두 하늘임의 아들임을 자처한 천강성왕天降聖王들이었다. 따라서 그들과 그들의 신성한 혈통을 이은 직계 왕들의 종교적 권위는 절대적인 것인 만큼 삼국의 초기 국가 형태는 그들을 중심으로 성장할 수 있었을 것이다.

그러나 불교가 전래될 무렵, 삼국의 왕실은 그런 천강성왕과는 계통이 다른 이계異系 왕족이 등장해 있었다는 점을 상기할 필요가 있다. 고구려 왕실은 해解씨에서 고高씨로, 백제는 해씨에서 부여扶餘씨로, 신라는 박朴씨에서 석昔씨로, 석씨에서 다시 김씨로 왕성이 모두 바뀌어 있는 것이다. 이러한 이계 왕족의 등장은 권력구조의 변천에 따른 것이겠지만, 어떻던 그들의 종교적 권위는 천강성왕과 그 직계 혈통에는 도저히 미칠 수 없는 것임에 틀림없다.

더구나 직계 왕족이 완전히 없어진 것이 아니라 왕실에서 물러나 귀족계급을 형성하고 있었다면 종교적 권위는 여전히 그들이 쥐고 있었다고 보지 않을 수 없다. 아닌게 아니라 제천祭天과 사직社稷은 여전히 본계 왕족이 관장하고 있으며, 새로운 왕의 추대와 중요한 국가정책은 귀족세력과의 타협 아래 이뤄지고 있다. 신라 화백和白제도는 그러한 정치적 타협을 시사하는 대표적인 예라고 할 것이다. 이것은 곧 정치권력의 분산을 의미한다.

따라서 당시 삼국의 왕권은 심히 제약되고 있었다고 보지 않을 수 없다. 그리고 그런 왕권의 제약은 무교적 하느님 신앙이 지배적 관념형태로 존속하고 있는 한 어쩔 수 없을 것이다. 무교적 하느님 신앙을 바탕으로 발달해 온 고대국가는 이제 전통적 관념의 구각舊殼에 싸여 그 발전이 정체되기에 이른 것이다.

이럴 때 삼국에 불교가 전래된 것이다. 그리고 그것은 왕실의 지지와 귀족 측의 반대라는 날카로운 대립 속에서 행해진다. 신라 이차돈異次頓의 순교는 그런 대립의 대표적인 케이스라고 할 수 있다. 그렇다면 불교가 이렇게 왕실의 절대적인 지지를 받은 까닭은 무엇일까? 왕

권 강화와 국가 발전에 장애적 요소로 작용하고 있던 귀족세력의 무교적 사상 기반을 무너뜨릴 만한 사상 원리가 불교에서 발견된 것일까?

여기에서 우리는 초전기 불교의 교리 내용이 업설業說이었다는 점에 주목하지 않을 수가 없다. 업설은 인도에서 바라문 계급의 종성론種姓論을 부정한 불교의 대표적인 이론이다. 따라서 그것은 삼국에서도 귀족세력의 무교적 사상 기반을 해소할 수 있는 새로운 사상으로 활용될 수 있는 것이다. 브라흐만의 혈통을 이었다는 바라문 계급의 종성과 하늘임 아들의 혈통을 이었다는 본계 왕족의 골품骨品은 동일한 성질의 것이기 때문이다.

뿐만 아니라 불교 업설에는 다시 무교적 천강성왕에 대응할 만한 전륜성왕轉輪聖王이라는 것이 함께 설해지고 있다. 정법으로 선정을 베푸는 전륜성왕이 출현하면 전쟁없이 천하가 통일되고, 미륵과 같은 부처님도 그런 왕이 다스리는 세계에 출현한다는 것이다. 따라서 업설은 당시의 무교적 하느님 신앙에 입각한 정치이념을 대치할 만한 충분한 사상 원리를 갖고 있다고 볼 수 있다.

삼국의 왕실이 적극적으로 불교를 수입하고 홍통한 것은 이 때문이 아니었을까? 이는 단순한 추측에 그치는 것이 아니다. 현존 사료 또한 그런 사실을 뒷받침해 주고 있는 것이다. 삼국 중에서 비교적 많은 자료를 남기고 있는 것은 신라인데, 그 최초의 국영 가람인 흥륜사興輪寺

에 봉안된 부처는 미륵이었으며, 진흥왕은 만년에 삭발염의하여 전륜성왕을 본받고 있다. 뿐만 아니라 두 아들에게도 동륜銅輪과 쇠륜(鐵輪)이라는 전륜왕적인 이름을 붙여주고 있는 것이다.

따라서 삼국의 불교 수입과 홍통은 왕권 강화와 국가 발전을 꾀했던 것이라고 말할 수가 있는데, 그러는 과정에서 전통적 무교의 종교 관념과 의례는 점차로 불교적인 것으로 대치되어 간다. 이에 대한 자세한 고찰은 할애하지만, 특히 우리들이 관심할 바는 무교적 하느님 관념이 어떻게 불교적인 것으로 대치되느냐 하는 점일 것이다.

이런 점에서 현존 사료를 살펴 볼 때 매우 흥미로운 사실을 발견하게 된다. 삼국유사 권1 천사옥대天賜玉帶조에, 제 26대 진평왕은 하늘임(天皇)으로부터 옥대를 받았다는 내용을 전하고 있다. 그가 내제석궁內帝釋宮을 지었다는 데서 그 하늘임은 제석이라고 봐야 하는데, 그것은 곧 전통적 하느님이 불교의 제석으로 수용되고 있음을 의미한다.

그러나 왕이 제석으로부터 옥대와 같은 부명符命을 받는다는 관념을 불교에서는 찾아볼 수 없다. 그런 생각은 주周에 대항한 동이족의 서언왕徐偃王이 붉은 활과 화살을 얻고, 또 단군신화에서 환웅이 환인으로부터 천부인 3개를 받았다는 것과 같이 무교적 천명天命사상에서나 찾아볼 수 있는 것이다. 따라서 진평왕이 옥대를 받았다는 것도 불교적인 것이 아니라 무교적인 요소라 하겠고, 동시에 그것은 불교를 흥륭시킨 신라 김씨 왕실이 정통적 본계 왕족에 미칠 수 없었던 종교적 권위를 새로운 불교적 하느님 신앙에 결부시켜 이를 확립코자 함을 보여 준다고 할 것이다.

전통적 하느님을 제석에 수용하려는 이러한 작업은 진평왕을 이은 후계 왕들에 의해서도 줄기차게 추진되고 있다. 제 27대 선덕여왕은 제석이 있는 삼십삼천(欲界 제2천 도리천)에 묻어 달라는 유촉에 따라 경주 낭산狼山의 남쪽에 장하게 되는데, 그 밑에 다시 명랑明朗에 의해 사천왕사四天王寺가 조영된다. 사천왕(欲界 제1천)은 삼십삼천의 바로 아래 위치하여 제석을 받들고 있는 천신이다.

그리고 제 30대 문무왕은 사후 동해 호국용護國龍이 되겠다는 발원에 따라 동해 대왕암에 수장水葬된다. 용은 사천왕 아래 속한 부중이라는 것을 생각할 때, 제석 → 사천왕 → 용왕에 이르는 불교적 하느님 조직이 차례로 신라 김씨 왕실과 결부되면서 신라땅에 뿌리 내리는 것을 본다.

이런 과정에서 신라는 마침내 삼국을 통일하게 되는데, 그런 통일대업이 성취된 시기의 제 31대 신문왕은 삼십삼천의 하나로 돌아간 김유신과 동해 호국용이 된 문무왕으로부터 검은 옥대와 만파식적萬波息笛을 만들 대를 받고 있다. 검은 옥대는 통일대업의 성취(黑色)를 의미하고, 피리는 새시대를 성음聲音으로 다스리라는 천명을 상징한 것으로 볼 수 있다.

이상과 같이 신라 불교는 전통적 하느님 관념을 완벽한 제석천 체계로 불교화하고, 그로써 김씨 왕실의 종교적 권위를 확립하고 있다. 고구려와 백제 두 나라의 자료는 영세하여 자세한 것을 알 수 없지만 그곳에서도 비슷한 제석 신앙이 토착화되고 있었을 것이다.

따라서 불교 전래로 우리 고대의 하늘임은 불교의 제석천으로 수용되었다고 결론할 수 있는데, 이때 브라흐만보다 인드라가 선택된 것은 그것이 더 우리의 하늘임 관념에 가까웠기 때문일 것이다. 우리 고대의 무교적 하늘임은 창조신이라기 보다는 지배신이라는 성격이 강함을 상기할 필요가 있다.

신라 초전기初傳期 불교의 불교적 하느님 신앙은 신라 통일기의 화엄사상에 의해 더욱 민중 깊이 토착화되어 갔음에 틀림없다. 화엄경에는 무수한 천신이 등장하는데, 거기서도 반야경에서와 같이 큰 비중을 차지하고 있는 것은 제석인 것이다. 이것은 다시 고려 5백년의 불교를 통해 완전히 한국의 하느님 신앙으로 정착했다고 보아도 좋다. 고려대장경은 그런 불교적 하느님 신앙에 입각해 새겨진 것이다. 2차에 걸친 대장경 판각이 모두 거란과 몽고의 침입이라는 국난 속에서 국가수호를 천신께 발원한 것이기 때문이다.

삼국유사 기이紀異편 첫머리에 실린 단군신화는 그러한 불교적 하느님 신앙이 마침내 한민족의 정신사적 원천의 위치에 오른 것을 보여주고 있다. 환인은 석제환인을 줄인 말이고, 따라서 일연은 그것을 제석이라고 주석하고 있다. 뿐만 아니라 그 뒤에 나온 이승휴의 제왕운기帝王韻記에는 제석이라는 말이 그대로 사용되고 있다.

따라서 우리 민족의 고대 하늘임 신앙을 수용한 불교적 하느님(帝釋) 신앙은 한민족의 마음 깊이 토착화되었다고 단언해도 좋다. 그러나 그러한 한국적 하느님 관념은 순전히 불교적인 것만이 아니라, 새로운 역사 창조의 정신적 원천으로서의 신성한 천명天命 사상은 그대로 계승하고 있음을 간과해서는 안될 것이다.

## 4. 기독교와의 만남

19세기 경 서세동점의 물결을 타고 우리나라에는 다시 서양의 기독교가 전래되기 시작한다. 폐쇄적인 봉건사회는 이 새로운 서구 종교에 의해 근대화 작업을 촉진케 되는데, 기독교 신앙의 중심이 되는 것은 말할 것도 없이 여호와 신이다. 그런데 이 여호와 신을 '하나님' 이라고 번역하므로써 무불巫佛 습합의 전통적 하느님 관념은 다시 기독교적인 하나님과 부딪치게 된 것이다.

더구나 오늘날 한국 교회는 기독교의 토착화 작업을 서두르고 있다. 그런 토착화 작업이 어떤 방향으로 진행되고 있는지는 모르지만, 애써 다른 점을 찾는 것보다는 오히려 같은 점을 찾는 방향이 바람직할 것이다. 그럴 경우 기독교의 하나님은 무불습합의 전통적 하느님과 만나지 않을 수가 없다.

만일 이런 교섭이 이루어질 수만 있다면, 이것은 세계 종교사에서 획기적인 사건이 될 수 있을 것이다. 고타마 붓다와 예수 크리스트라는 두 대표적인 성인에 의해 개혁된 하느님 사상이 역사상 처음으로 한국 땅에서 만나게 되기 때문이다.

불교적인 지혜와 기독교적인 신앙이 융화된 그런 한국적 하느님 사상은 종교간의 아집과 대립을 멀리 초월할 수 있을 것이다. 불교는 기독교의 열렬한 신앙적 자세를 받아들일 수 있고, 기독교는 불교의 구도적 자세를 존경할 수 있어, 한국적 하느님 신앙은 그 폭을 무한히 확대할 수가 있기 때문이다. 이런 하느님 신앙에서 새로운 민족사를 창조할 신성한 정신이 어찌 용솟음치지 않겠는가. 우리 민족을 지킬 애국가 속의 '하느님'은 바로 이러한 하느님을 뜻하는 것으로 보고 싶다.

## 제 2 장
# 불교와 기독교

### 1. 한국 사회의 종교적 실정

현재 세계의 중요한 종교로는 불교·기독교·힌두교·이슬람교·유교를 들 수가 있다. 불교는 인도에서 발생하여 실론·미얀마·타이 등의 남방 여러 나라로 퍼져 나갔고, 북으로는 서역(西域)·중국·한국·일본으로 전파되었다. 그러나 발생지인 인도에서는 자취를 감추고(A.D. 12세기경) 그 곳엔 힌두교가 주로 행해지고 있다. 한편 기독교는 중동에서 발생하여 서쪽 유럽 여러 나라로 퍼져 나갔고 발생지인 중동에는 이슬람교가 크게 떨치고 있다. 유교는 중국에서 발생하여 한문화권漢文化圈에 널리 행해지고 있지만, 종교적 기능보다는 도덕이나 정치윤리로 행해져 왔다. 따라서 분포 지역이나 종교적 기능으로 봐서 불교와 기독교는 동서를 대표하는 2대 종교라고 말할 수가 있다.

그런데 우리 한국은 아시아의 다른 전통적 불교국과는 달리 기독교의 교세가 크게 떨치고 있어, 동서의 대표적 두 종교가 뚜렷한 형태로 한 자리에 공존하는 양상을 보여 주고 있다. 한국사회의 이러한 종교적 특수 상황은 두 종교가 앞으로 어떤 관계를 가지고 발전해 나가야 할 것인가 하는 지극히 어려운 문제로서, 한민족 스스로가 슬기롭게 해결해야 할 중대한 과제로 제기되고 있다.

동서의 반대 방향으로 퍼져 나간 불교와 기독교는 그러한 지역적 격리 때문에 오랫 동안 서로 사상적으로 깊이 교섭할 기회를 갖지 못하였다. 그들의 접촉이 그 동안 전혀 없었던 것은 물론 아니다. 복음서福音書(특히 新約外典)의 예수 전에는 불타전佛陀傳의 영향이 보이고, 불전의 교훈이나 비유담에는 복음서의 영향이 눈에 띈다. 초기 기독교의 구노시스파(Gnosticism)와 중세 마니교(Manism)에 불교의 영향이 엿보이며, 불교도와 네스토리아파(Nestorian Christianity) 사이에 행해진 교섭은 잘 알려진 사실이다(2세기 경). 16세기에 들어와서는 기독교의 동양 전도가 행해짐으로써 두 종교 사이에 보다 넓은 접촉이 이뤄지고, 이어(18세기 경) 근대 서구학자들의 동양학이 행해지기 시작하였다. 그러나 동서양에 걸쳐 행해진 이러한 불교와 기독교의 교섭은 대개가 외부적 접촉에 그쳤거나, 내면적 영향이 있었다고 하더라도 '전면全面적인 만남이나 본질적인 대결' 은 없었다는 것이 학계의 통설이다.

따라서 불교와 기독교는 오늘날 우리를 당황하게 할 정도로 너무나도 상이한 종교적 양상을 보여 주고 있다. 불교인의 합리적 사유에서 볼 때 기독교적 신앙은 이해하기 어렵고, 기독교인에게 불교는 종교라고 보기가 어려울 정도이다. 이것은 불교와 기독교의 문화적 배경과 사상적 입장이 발생 당시부터 상이한 것에 근본적인 이유가 있겠지만, 오랜 역사적 분리로 말미암아 그러한 상이성을 조화융섭調和融攝할 기회를 갖지 못한 데에도 원인이 있을 것이다.

## 2. 종교적 관용

불교와 기독교의 이러한 사상적 상이성相異性은 자칫하면 종교적 대립과 쟁론을 발생시킬 소지를 갖고 있다. 종교라는 것은 궁극적 진리에 대한 확고한 신념이므로 그와 반대되는 입장을 용인하는 일은 지극히 어렵기 때문이다. 더구나 각 종교가 교단의 발전을 꾀할 때 그러한 대립은 심각한 사회문제로까지 번질 가능성이 없지 않다. 그렇다면 그런 사태가 발생하기 전에 우리는 종교간의 대립을 방지할 어떤 길을 모색하지 않으면 안 될 것이다. 그 바람직한 길은 무엇일까?

우선 종교간의 대립을 타개할 안이한 방법으로 정치권력이나 경제적 힘에 의한 종교 통일을 생각할 수가 있다. 그러나 지난 종교사를 되돌아 볼 때 이러한 방법은 막대한 희생을 치뤘으면서도 결코 성취될 수 없었던 헛된 망상이었다는 것을 실증해 주고 있다. 더구나 현대는 모든 민주국가에서 신교信敎의 자유가 헌법에 의해 보장되어 있다. 따라서 그러한 강압적 방법은 상상할 수도 없을 것이다.

그렇다면 어떤 방법이 있을 수 있을까. 말할 필요도 없이 그것은 모든 종교가 배타적 태도를 버리고 서로 관용과 존경을 갖고 평화로운 공존과 발전을 꾀하는 길일 것이다. "세계의 상이한 문화적·정신적 유산이 점점 전 인류의 공유재산이 되어가고 있는 것과 같이, 모든 종교도 각자의 역사적 동일성을 유지하면서 서로 흉금을 털어 놓고 마음 속을 피력하지 않으면 안 된다."고 토인비(Arnold Toynbee)는 말하고 있다.

종교적 관용(religious tolerance)은 다른 종교에 대한 깊은 이해를 바탕으로 하지 않으면 안 된다. 단순한 무관심이나 무차별주의를 관용과 동일시할 수는 없다. 구스타프 멘싱(Gustav Mensching)은 종교적 관용을 형식적인 것과 내용적인 것과의 둘로 가르고 전자를 다음과 같이 설명하고 있다. “형식적 관용은 단순히 남의 신앙에 손을 대지 않고 방치하는 태도로서, 관용되는 대상에게는 신앙의 자유가 있게 되는 것을 가리킨다.” 그는 이러한 형식적 관용을 배격하고 진정한 의미에 있어서의 종교적 관용은 내용적 관용이어야 한다고 설한다. “내용적 관용이란 다른 종교를 방치하는 것이 아니라, 그것을 성스러운 것과의 만남이라는 진정한 종교적 가능성으로서 적극적으로 승인하는 것이다.”

### 3. 서구학자의 불교 이해

현대의 비교 종교학은 여러 종교를 관용적 입장에서 깊이 이해하고자 할 때에 적지 않은 도움을 줄 것이다. 여러 종교에 대한 비교적 연구는 애초에 동서의 길이 열리면서 기독교가 세계의 다른 종교와 만나게 되었을 때, 자신의 우월성을 주장하기 위한 호교護教적 목적으로 시작되었다. 그러나 학문의 객관적 연구에 대한 시대적 요청은 그러한 호교적 입장을 지양하여 모든 종교를 다같이 인류가 발생시킨 문화 현상의 하나로 보고, 그것을 역사적으로(宗教史學) 또는 현상학적으로(宗教現象學) 연구하는 방법들을 도입케 하였다. 따라서 현대의 비교 종교학은 신뢰할 만한 공정성을 지니고자 노력하고 있는 것이다.

그러나 현재로 봐서는 아직도 깊은 연구에 이르렀다고는 볼 수가 없다. 불교와 기독교에 대한 연구 성과가 요즘 활발하게 발표되고 있지만, 서구학자들에 의한 그러한 연구를 불교쪽에서 볼 때는 아직도 부족한 것이 상당히 많이 눈에 띄기 때문이다. 윈스턴 킹(Winston L. King)의 예를 들어보자. 오랜 역사적 분리 때문에 빚어진 불교와 기독교의 대립적(oppositions) 차이를 그는 다음과 같이 열거하고 있다.

① 궁극적 실체(ultimate reality)에 대해서 : 기독교는 그것을 세계를 창조하고 유지하고 방향을 결정하는 거룩한 인격을 갖춘(personal) 신 (God)으로 본다. 그러나 불교는 그러한 신을 인정하지 않고, 인과율에 지배되는 '비인격적 과정(impersonal process)' 으로 보고 있다.

② 세계사의 의미에 대해서 : 기독교는 신의 섭리에 의해 예정된 목적을 갖고 세계는 그 방향으로 움직이고 있다고 한다. 그러나 불교에서는 세계를 끝없는 생주이멸生住異滅의 반복으로 보고, 인간은 그러한 세계를 개변할 수 없으며 다만 그것으로부터 벗어나는 열반을 구해야 한다고 설한다.

③ 인간성에 대해서 : 기독교는 인간의 본질로서 인격적인 개성을 인정한다. 그러나 불교는 그러한 영혼(soul)

을 인정하지 않는 무아설無我說을 주장하고 있으며, 인간의 자아라고 말할 수 있는 오취온은 죽음과 함께 분산되어 세계의 변역과정에 속해 버린다. 인간의 생사윤회는 업력에 의한 것이라고 하는데, 이것은 무아설에서 볼 때 이상한 설이며, 힌두교의 영향으로 보인다.

④ 구원(salvation)에 대해서 : 기독교에서 인간은 신의 뜻을 어긴 죄인으로 보기 때문에 오직 신의 은총에 의해서만 인간은 구원될 수가 있다고 한다. 그러나 불교에서는 인간을 구제할 수 있는 것은 오직 자기 자신일 뿐, 죄에 대한 참회보다는 지적인 깨달음을 강조하고 있다.

⑤ 수행방법에 대해서 : 기독교 수행은 신앙(worship)을 주축으로 삼고 있는데, 그러한 신앙의 가장 특징적인 형태는 기도(prayer)라고 말할 수가 있다. 찬송·참회·감사·기원 등이 기도의 여러 가지 모습이다. 불교에서는 그러한 기도의 대상이 없다. 붓다는 신이 아니며, 열반 또한 시공을 초월한 가치에 불과하다. 불교 수행의 기본적인 것은 개인적인 명상인데, 자아를 구성요소로 분석하고 모든 중생을 평등한 자비로 보는 관법이다.

⑥ 윤리적 태도에 대해서 : 기독교는 구체적이고 활동적인 윤리관을 갖고 실제적인 인간생활에 깊은 관심과 참여를 보인다. 진실·정의·사랑이 강조된다. 그러나 불교에서는 모든 세속적인 것에 대한 '무집착(detachment)'과 인간적인 감정을 배제한 '평정(equanimity)'이 중시되

고 있다.

⑦ 적극성과 소극성에 대해서 : 기독교는 긍정적이고 불교는 부정적이라고 말할 수가 있다. 기독교는 궁극적 실재라고 믿는 바를 적극적으로 말로 표현하고자 하는데, 불교는 매양 그런 것은 불가사의·불가설이라고 주장할 뿐이다.

윈스턴 킹의 이러한 비교는 상당히 광범위하고 체계적이라고 할 만하다. 그러나 불교측에서 볼 때는 아직도 미진한 것임을 쉽게 알 수가 있다. 궁극적 실체를 불교에서 '비인격적 과정' 으로 본다는 것은 소승불교의 유부有部 교학에서 하는 말이지 석가모니의 근본 뜻은 아니다. 불교가 세계사를 생주이멸의 연속으로 본다던가, 열반을 궁극적 목표로 본다는 것도 너무나 천박한 견해라고 하지 않을 수가 없다. 불교의 궁극적 목적은 성불에 있는 것이지 해탈 열반에 있는 것이 아니다. 삼승을 설하고 열반을 설하는 것은 일시적 방편이요 화성化城에 불과하다고 법화경은 역설하고 있다. "부처님이 세상에 출현함은 오직 사람들에게 불지견佛知見을 얻게 하기 위함이다." 〈**법화경**〉 그리하여 모든 불자에게 불국佛國을 건설하고 중생을 교화할 지상사명至上使命(수기)이 명해지고 있는 것이다. 불교의 무아설은 윤회설과 모순하고 있지 않으며 참다운 자아에 이르기 위한 '거짓 나' 의 부정이다.(제

2장 2, 3절 참조) 불교의 윤리적 태도에 대한 윈스턴 킹의 견해 또한 미진하다. 불교 윤리는 선악(業說)에서 정사正邪로 심화되고(四諦 八正道說), 정사에서 다시 자비로 심화되고 있어, '무집착'과 '평정'을 최고 미덕으로 보는 것은 아니다.

윈스턴 킹은 그가 밝히고 있는 바와 같이 분명히 소승불교에 입각하고 있다. 그러나 그렇지 않은 서구 학자들의 비교도 대개 이런 차원에 머무르고 있다. 다시 한 예를 더 들어보자. 기독교 신학자이며, 철학자이기도 한 폴 틸리히(Paul Tillich)는 불교와 기독교의 구조적 특질을 다음과 같이 비교하고 있다. 기독교에서는 모든 사람과 모든 사물은 '하느님 나라(Kingdom of God)'에 맺어져 있으며, 불교에서는 모든 사물과 모든 사람은 열반 속에 성취되어 있다. 하느님 나라는 사회적·정치적·인격적 상징이며, 열반은 존재론적 상징이다. 기독교에서의 인간은 타락에 대한 책임이 있어 죄인이며, 불교에서의 인간은 괴로운 생사윤회에 얽매인 유한한 중생이다.

하느님 나라와 열반이라는 엇갈리는 상징 뒤에는 두 개의 다른 존재론적 원리가 있으니, 그것은 곧 '참여(Participation)'와 '일치(identity)'이다. 참여의 원리에서는 인간이 자연을 지배하고, 일치의 원리에서는 인간은 자연 속에 동화한다. 참여는 아가페(agape)를 낳고, 일치는 자비(compassion)를 낳는다. 아가페는 남을 개변改變하려는 사랑이요, 자비는 그런 개변의 의지가 없는 동정이다. 세계사의 의미에 대해서도 두 상징은 입장이 서로 달라진다. 하느님 나라의 상징에서는 역사는 새로운 천지를 창조할 개혁적인 운동이고, 열반의 상징에서는 그런 현실 개혁의 뜻이 없고 현실로부터 해탈하려는 것이 기본 태도가 된다. 폴 틸리히는 대승불교를 언급하고 있지만, 그의 비교는 이렇게 윈스턴 킹의 그것과 별 차이가 없는 것이다.

## 4. 종교학적 방법론의 지양

객관적 입장에서 종교를 전문적으로 연구하는 석학들의 불교에 대한 견해가 저러할 때 우리에겐 다음과 같은 회의가 생기게 된다. 남의 종교에 대한 깊은 이해라는 것이 과연 가능할까? 그러나 그럴수록 우리는 다른 종교에 대한 이해와 관용의 정신을 더욱 증진해가야 할 것이다. 종교간의 대결을 타개할 바람직한 길은 오직 그것밖에 없기 때문이다. 따라서 우선 학문적인 비교연구만이라도 더욱 심화시킬 필요가 있다.

여러 종교에 대한 학문적 비교 연구를 심화시키기 위해서는 현재의 종교학적 기본 입장을 지양할 필요가 있다고 본다. 비교 종교학은 애초에 다른 종교에 대한 기독교의 우월성을 주장하기 위해 시작되었다는 것은 앞서 언급한 바가 있거니와, 현대 종교학은 이런 호교적 입장을 반성하고 나타났던 것이다. 따라서 그것은 '종교는 이래야만 한다(should)' 는 등의 규범(norm)을 묻는 일은 신학이나 종교 철학에 맡기고, 제 자신은 오로지 '종교는 어떤 모양으로 있는가(be)' 를 묻는 일에만 한정시키게 되었다. 종교학의 대상이 되는 자료는 크게 종교 사상·종교 행동·종교 체험·종교 활동의 네 방면으로 접근되는데, 이 중에서 종교 사상에 대한 연구가 현재 제일 부진한 까닭은 현대 종교학의 그러한 제한 때문이다.

종교에 있어서 가장 근본이 되는 것은 종교 사상이다. 종교 행동이나 체험·사회적 활동 등은 사상을 바탕으로 행해지기 때문이다. 종교사상의 중요한 내용이 되는 것은 요아킴 바하(Joachim Wach)가 지적한 바와 같이, 신학(theology)·우주론(cosmology)·인간관(anthropology)의 세 가지 테마라고 말할 수가 있다. 종교의 근본 바탕이 되는 이런 문제를 제쳐두고 어떻게 종교의 참다운 뜻을 파악할 수가 있을까? 종교의 체계적 이해는 종교 사상에서 출발하여 행동·체험·활동으로 진행되어야 할 것이다. 그리고 종교 사상이 근본이 되는 것은 궁극적 실재에 관한 것이므로 그것부터 구명究明해 나가야 한다. 이러한 작업은 필연적으로 종교학에서 금기로 치고 있는 규범(norm)에 관한 문제에까지 저촉하게 될 것이다. 현대 종교학은 이제 스스로 걸머진 제한을 신중하게 풀면서 이런 깊이에까지 파고들 필요가 있다는 말이다.

종교학자 중에도 이런 뜻을 표명하는 사람이 있다. 그 한 예로 미셸 파이(Michael Pye)를 들 수가 있는데, 그는 다음과 같이 말하고 있다. "종교의 현상학적 연구는 여러 종교의 진위·가치 등을 묻는 궁극적인 물음(further question)에까지 확대되어야 한다. 왜냐하면 현상학적 연구의 대상이 되는 자료 자체가 그런 문제를 제기하고 있기 때문이다." 오늘날 종교인은 "기독교는 비신화화非神話化할 수 있는가?", "불교의 참 뜻은 무엇이며 현대화는 어떻게 해야 할 것인가?" 등의 문제를 던지고 있다. 현상학적 연구의 대상에는 이러한 자료도 포함되어야 할 것이다. 같은 종교의 교설 속에 서로 엇갈리는 말이 있을 수가 있는데, 이런 경우에도 단순히 그것이 신의 계시라는 것만으로는 지적인 신자에게 받아들여지지 않는다. '보다 심오한 이유(more profound reason)'가 필요하다. 비교 종교의 대상에는 이런 '심오한 이유'까지도 포함되어야 한다는 것이다.

그러나 종교 사상의 진위나 가치 등에 관한 문제는 정말로 신중하게 다루지 않으면 안 된다. 경솔한 독단이나 속단이 내려져서는 안 된다. 만일 그런 일이 발생하면 그것은 종교간의 이해와 관용은 커녕, 다시 심각한 대립과 쟁론을 불러일으킬 것이다. 호교적인 비교 종교학이 반성되고 현대 종교학에서 종교적 규범에 관한 문제가 금기되었던 것은 그러한 위험이 있었기 때문이다. 따라서 어떤 단정을 내리려면, 그러기 전에 그 종교에 속한 전문적인 수행인에게 먼저 그 내용을 검토케 하는 것이 바람직하다고 미셸 파이는 말하고 있다.

이런 견지에서 앞서 예로 들었던 윈스턴 킹과 폴 틸리히의 비교 연구를 한 번 되돌아보고 싶다. 그 두 학자는 다같이 불교와 기독교의 궁극적인 문제를 밝히고, 그로부터 논술을 전개하고 있다. 윈스턴 킹에 의하면 기독교의 궁극적 실체(ultimate reality)는 세계를 창조하고 지배하고 방향을 결정하는 '인격신人格神'이며, 불교의 그것은 인과율에 따르는 '비인격적 과정'이다. 폴 틸리히는 기독교와 불교의 구조적 특질을 다음과 같이 보았다. 기독교에서는 모든 인간과 사물이 하느님 나라에 맺어져 있고 불교에서는 모든 사물과 인간은 열반 속에 성취되어 있다고.

## 5. 불교와 기독교의 본질적 차이

그러나 불교인의 입장에서 볼 때 두 종교의 본질에 대한 그들의 견해는 그대로 수긍할 수가 없다. 매우 중요한 본질적 차이를 그들은 간과하고 있기 때문이다. 불교의 근본 사상을 깊이 파악한 학자라면, 기독교와 불교에 대해서 우선 다음과 같이 말할 것이다. 기독교는 '창조신에 대한 믿음'을 중심으로 하고, 불교는 '진리에 대한 깨달음(覺)'을 중심으로 한다고.

이제 이런 견지에서 기독교와 불교의 교리조직을 연역해 보자. 기독교에 의하면, 우주와 인간은 창조신이 무無로부터 창조한 종속적 피조물이다(宇宙論). 그런데도 인간이 만일 그런 사실을 망각하고 스스로를 '주主'라고 여긴다면, 이런 교만은 신의 뜻을 어긴 죄(原罪)라고 보지 않을 수가 없고, 죄에는 필연적으로 괴로운 형벌이 따를 것이다(人間觀). 따라서 죄악에 빠진 인류는 오직 신앙을 통한 신의 은총과 인간의 속죄에 의해서만 구원을 바랄 수가 있다. 그러나 불교에 의하면, 인간은 진리에 대한 무지의 상태 속에 있다(無明). 이런 무명이 있게 되면 그것에 의해 생사의 괴로움이 일어난다(緣起論). 따라서 괴로움에 빠진 인간은 오직 깨달음에 입각한 스스로의 수행을 통해서만이 괴로움을 근본적으로 극복할 수가 있다.

이와 같이 '창조신에 대한 믿음'과 '진리에 대한 깨달음'이라는 두 전제는 기독교와 불교의 교리 조직을 연역하는 데에 별로 문제성이 없다. 따라서 이것을 두 종교의 본질적 차이를 나타낼 수 있는 명제라고 볼 만하다. 그러나 이 정도에 머물러서는 안 된다. 여기에서 한 걸음 더 들어가, 두 종교는 애초에 왜 그렇게 상이한 입장에 서게 되었는가를 생각해 보지 않으면 안 된다. 그렇지 않고는 근본적 차이에 대한 밝힘으로는 충분하다고 볼 수가 없기 때문이다.

기독교 신앙에 의하면 '예수 그리스도(Jesus Christ)'는 신의 아들로서 인류의 구속救贖을 위해 인간으로 수육受肉하여 십자가를 지고 사후에 부활하신 분이다. 신은 오직 그를 통해서만 인식될 뿐이다. 그러나 종교학적 견지에서 보면, 그는 기독교를 창시한 한 인간으로서 그의 신관은 구약성서의 신을 그대로 계승한 것이다.

'고타마 붓다(Gotama Buddha)'는 하늘의 계시라든가 오랜 전통이라는 이유만으로 곧 진리라고 받아들이는 태도에 대해서 매우 비판적이었다. 당시의 바라문들을 향해 그는 다음과 같이 묻고 있다. "삼명三明을 갖춘 바라문으로서 일찍이 한 사람이라도 범천을 본 자가 있는가?" 더구나 당시는 여러 종교 사상이 난립하여 저마다 자기 입장을 진리라고 주장하여 사람들을 심한 종교적 방황에 빠뜨리고 있었다. 이런 상황에서 그들의 진위를 가려낼 수 있는 길은 오직 자기 스스로 깊은 사유와 체험을 통해 '깨닫는 길' 밖에 없을 것이다(제1장 1절 참조). 고타마 붓다가 정통적인 바라문의 신을 따르지 않고, 진리에 대한 깨달음을 근본으로 삼게 된 것은 이 때문이다.

불교와 기독교를 올바로 이해하려면 두 종교의 이런 근본적인 차이를 깊이 생각해 보아야 한다. 근본을 제쳐

두고 지말적인 것을 아무리 정확하게 비교한다고 해도 참다운 이해에는 도달하지 못할 것이다. 인간은 처음부터 어떤 특정 종교인으로 태어나는 것이 아니다. 불교나 기독교라는 것도 궁극적 진리를 탐구해 들어간 인간 문화 활동의 하나임을 벗어나지 못한다. 이런 견지에서 진지하게 진리를 탐구하는 입장에 설 때 우리는 자기 종교에 대한 맹목적인 집착이 무의미함을 발견하고, 남의 종교에 대한 진정한 관용과 이해도 스스럼 없어질 것이다.

제 4 부

# 한국사회와 불교 윤리

# 제 1 장
# 불교의 윤리적 교설

## 1. 선업과 악업

불교의 윤리적 교설 전반에 걸친 간략한 체계적인 서술을 꾀하고, 그 중의 어떤 것이 한국사회에 정착하여 오늘에 이르고 있으며, 그것은 또 어떤 현대적 의의를 지니고 있는가를 살펴보려는 것이 이 글의 순서요, 목적이다.

인간은 자연환경에 둘러싸여 그로부터 많은 영향을 받고 있다. 이러한 영향은 고대에 올라갈수록 더욱 증대되어 인간과 자연 사이에는 일종의 신앙적인 주종관계가 성립한다. 그리하여 인간생존에 절대적인 영향을 미치는 강력한 자연의 지배력이 신격화되어 여러 가지 자연신이 등장한다. 그런 자연신 중에서 최상위에 오른 것이

'하늘-임'이다. 하늘-임 관념은 한 걸음 더 나아가 세계를 창조하고 지배하는 유일신 사상으로 발전하고, 이것이 한층 심화되면 우주의 본질이 되는 범신론에까지 발전해 간다. 불교가 흥기할 무렵(B.C. 6세기) 인도의 정통적 브라마니즘(Brahmanism)은 적어도 이 정도의 신학을 발전시키고 있었다. 그리하여 그런 근본원리에 입각해서 신앙의례信仰儀禮와 실천적 윤리가 설해지고 있었던 것이다.

그러나 부처님(Gotama Buddha, B.C. 6~5세기)은 그러한 전통적 종교사상을 그대로 받아들일 수가 없으셨다. 만일 브라흐만(Brahman 梵)이라는 절대적인 신이 우주를 창조하고 지배하고 있다면, 인간이 선을 행하건 악을 행하건 그것은 모두 신의 뜻(意志)에 의한다고 봐야 한다. 그런데도 왜 신은 그 책임을 인간에게 돌리고 상벌이나 내리려 하는가? 또 만일 그렇다면 인간은 잘 살기를 바라거나(欲) 노력할 필요도 없을 것이다. 그런데도 우리는 분명히 잘 살려는 욕심이나 노력을 일으키고 있다. 이 엄연한 현실적 사실을 어떻게 해석해야 할 것인가?

따라서 이런 문제는 좀 더 신중하게 생각해 볼 필요가 있다. 덮어놓고 전통적 교설에 따를 것이 아니다. 좀 더 신중하게 생각해 보려면, 우리는 다시 본래의 현실 세계로 되돌아 가지 않으면 안 된다. 그리하여 처음부터 다시 생각해 봐야 한다. 그럴 경우 우리들이 현실 세계에서 간과할 수 없는 바는, 이제 인간에겐 자유로운 의지가 있고 자연에겐 그것이 없다는 사실(satya 諦)일 것이다. 산천초목·풍운뇌우·일월성신과 같은 것은 아무리 큰 영향을 인간에게 미치고 있어도 의지가 없는 한낱 자연물에 불과하다. 그런 것에 정신성(意志)을 부여하여 신격화한 것부터가 애초에 잘못이었기 때문이다.

이런 견지에서 부처님은 "모든 것(一切)은 눈·귀·코·혀·몸·의지(六根)와 색·소리·냄새·맛·촉감·법(六境)의 열두 간데(十二處)에 들어간다."고 단언하고 계신다. 이 교설을 십이처설十二處說이라고 부르는데 불교의 가장 기본적인 세계(loka)관을 천명한 것이다. 그 중에서 처음 여섯이 인간의 인식감관(主觀)이고 다음 여섯이 인식대상(客觀)인 점에서, 그것은 인간에 의해 인식되는, 인간 중심의 현실 세계를 가리키고 있음이 분명하다. 그런데 그 중의 인간의 주체(第六根)를 의지(manas)라고 규정하고, 대상적 객체(第六境)를 '법法'이라고 규정하고 있음이 주목된다. '법(dharma)'이라는 말은 무의지적인 자연물이나 규범적인 법칙성을 가리킨다. 그렇다면 이 입장은 전통적인 브라마니즘의 세계관을 근본에서부터 뒤엎고 있다고 말할 수 있다. 브라마니즘에서는 인간이 자연(梵神으로 발전해 갔음)의 지배를 받는다는 입장에 서 있기 때문이다.

뿐만 아니라 부처님은 그러한 열 두 가지는 어느 것 하나 영원한 것이 없음(無常)을 지적하고 계신다. 인간을 포함한 모든 것은 덧없이 생주이멸生住異滅하고 있기 때문이다. 덧없는 것은 괴로움(苦)이요, 괴로운 것은 '진실한 나(ātman 自我)' 라고 할 수 없을 것이다. '나' 라는 개념은 불변의 주체(常一主宰性)를 가리키기 때문이다. 따라서 모든 것이 띠는 그러한 세 가지 속성을 불교에서는 '삼법인三法印' 이라 하여, 아함경에는 다음과 같은 말이 수없이 되풀이되고 있다. "모든 것은 무상하고, 무상(anitya)한 것은 괴로움(duḥkha 苦)이요, 괴로운 것은 나가 아니다(anātman 非我)." 십이처설(主部)과 함께 이 삼법인설(述部)은 불교의 가장 기본적인 세계관을 구성하는 요소이다.

1) 업설의 원리

불교의 윤리적 교설은 이러한 세계관에 입각해서 설해지기 시작한다. 모든 것은 덧없고, 괴로움이고, 나라고 할 수 없는 데도 사람들은 그 명백한 사실을 의식하려 하지 않는다. 한사코 모든 것을 덧있고 즐거운 것이고 나(我)라고 보고자 하는 것이다. 이것은 사실과 정반대 되는 뒤바뀐 생각(顚倒妄想)이다. 불교에 삼법인설이 새삼스레 강조되고 있음은 이 때문이거니와, 그런 뒤바뀐 생각에서 인간은 나(個我)를 존속시키려는 끊임없는 활동을 전개하고 있는 것이다. 불교의 업業(karma)이라는 술어는 바로 이러한 인간의 의지적 활동을 가리킨다.

이러한 인간의 의지적 활동은 어떤 결과를 초래할까?

인간(六根)이 대하는 대상(六境)은 일차적으로 자연(法)이라 할 수 있다. 그런 자연에는 의지가 없으므로, 의지적 작용(因)을 받으면 반드시 그에 상응한 자연적 반응(果)을 보일 것이다. 십이처설에서 육경을 '법(無意志)'이라고 규정했던 사실을 상기할 필요가 있다. 따라서 이 경우(인간과 자연의 관계) 인간의 업(因)에는 반드시 그에 상응한 결과가 따른다고 말할 수 있다. 그런 필연적 결과를 보報(vipāka)라고 부른다.

그러나 인간이 대하는 대상(六境)에는 자연물만이 아니라, 다른 인간들도 포함되어 있다. 이런 인간과 인간 사이에서는 어떨까? 그때에도 모든 업인에는 필연적인 과보가 따른다고 말할 수 있을까? 그렇게 일률적으로 단정할 수는 없을 것이다. 피차에 의지를 갖고 있으므로, 어떤 작용을 받았다고 하더라도 반드시 그에 상응한 행동을 하리라고는 보장할 수 없기 때문이다. 그러나 이런 인간 사이의 관계에 있어서도 자연법칙적인 인과율은 아니더라도 일종의 법칙성이 존재함을 발견할 수 있다.

이제 좀 더 구체적으로 그것을 살펴보자. 인간은 누구나 자유로운 의지를 갖고 있지만 그들이 일으키는 업의 방향과 목적은 다를 수가 없다. 덧없고 괴롭고 나라고 할 수 없는 것(三法印說)에서 모든 인간은 끊임없이 개아個我의 존속을 꾀하고 있는 점에서 동일하기 때문이다. 따라서 한 사람이 자기 혼자만의 이익을 위해 행동한다면 다른 사람들은 그에 거역할 것임에 틀림없고, 나와 남의 이익을 함께 위한다면 그들은 순응할 것임에 틀림없다.

혼자만을 위하는 행동은 악(a-kuśala)이라 할 수 있고, 나와 남을 함께 위하는 행동은 선(kuśala)이라 할 수 있다. 그렇게 되면 악한 업에는 괴로운 보가, 선한 업에는 즐거운 보가 따른다고 말할 수 있을 것이다. 왜냐하면 악업은 남의 거역을 받아 뜻이 이뤄지기 어려워 괴로움이 되고, 선업은 남의 순응을 받아 뜻이 이루어지기 쉬워 즐거움이 되기 때문이다.

따라서 인간과 인간 사이에서도 일종의 법칙성이 존재한다고 말할 수 있다. 이런 법칙성은 인간과 자연 사이의 자연법칙적 인과율과는 물론 성격이 다르다. 피차에 의지를 갖고 있기 때문에 오히려 성립케 되는 윤리적 성격의 것이다. 십이처설에서 인간의 객관적 대상을 법이라고 규정한 그 '법'은 자연법칙적인 것만이 아니라, 이러한 윤리적 성격의 것까지를 포괄하고 있는 것이다.

업과 보의 관계가 이상과 같이 법칙성을 띤다면 우리가 대하는 세계의 모든 현상은 이제 그로써 정연한 설명이 가능해질 것 같다. 그러나 사실은 그렇지가 않다. 대부분의 현상은 그로써 설명이 가능하지만, 그것만으로는 석연치 않은 현상이 아직도 나타나는 것이다. 예를 들면 우주의 생성소멸은 아무리 생각해도 인간의 업력이 원인이 된다고 보기는 어렵다. 우주가 생긴 다음에 생류가 그곳에 발생·진화했다고 보는 것이 타당할 것이다. 또 인간사회에서도 선한 자가 반드시 잘 사는 것도 아니고, 악한 자가 반드시 못 사는 것도 아니다. 이런 신비로운 현상을 어떻게 해석해야 할 것인가?

그런 현상은 브라마니즘처럼 신의 뜻으로 돌릴 것인가? 그렇지 않으면 육사외도六師外道처럼 숙명이나 우연에 의한 것으로 돌릴 것인가? 솔직히 말해서 그런 신비로운 현상을 설명하는 데 있어서 그들은 불교의 업인설業因說보다는 훨씬 큰 호소력을 지니는 것이다. 그러나 만일 그런 견해를 취하게 되면, 이번에는 지금까지 살펴왔던 보편적 업인과보 현상이 문제가 될 것이다. 궁극적 원리로서의 신의설神意說·숙명설宿命說·우연설偶然說 등과 업설은 양립할 수 없기 때문이다. 만일 양립할 수 있다면 궁극적 진리는 되지 못할 것이다.

이런 딜레마를 우리는 어떻게 타개할 수 있을까? 두 입장이 양립할 수 없을진댄, 어느 하나를 결택하는 길밖에 없을 것이다. 그럴 경우 절대로 양보할 수 없는 것은 업설일 수밖에 없다. 인간에 의지가 있다는 것과 업과 보의 인과관계는 분명하게 인식되고 있지만 신이나 숙명·우연 등의 원인은 단순한 추측에 그칠 뿐, 그 확실성을 인간의 능력으로는 확인할 수 없는 것이다. 뿐만 아니라 자연물에 의지가 없다는 것은 의심할 여지가 없기 때문이다.

업설을 택하게 되면 위에서 문제되었던 그 신비로운 현상은 이제 어떻게 봐야 할까? 그것 또한 일단 업·보의 현상으로 볼 수밖에 없다. 업·보의 현상으로 본다면 그것은 다음과 같은 두 가지 경우로 분석될 것이다. 하나는 과보는 현재 인식되고 있지만 그 업인이 발견되지 않는 경우와, 다른 하나는 업인은 현재 인식되고 있지만 그 과보가 발견되지 않는 경우로 업인이나 과보가 발견되지 않았기 때문에 신비롭게 느껴지고, 신이나 숙명·우연 등의 탓으로 돌렸던 것이다.

그렇게 되면 문제는 간단해진다. 위의 두 가지 경우에서 전자는 그 업인이 시간적으로 현실 세계(現世)의 이전에 있었다고 볼 수밖에 없고, 후자는 과보가 그 이후에 있을 것이라고 볼 수밖에 없다. 현실 이전을 숙세宿世, 이후를 내세來世라고 말할 수 있다. 그렇게 되면 업과 보의 인과관계는 과거·현재·미래의 삼세三世에 걸쳐 전개되고 있다고 보게 될 것이다. 이러한 삼세인과설三世因果說도 브라마니즘이나 육사외도의 설처럼 일종의 가설假說임에 틀림없다. 그러나 신의설·숙명론·우연론 등보다는 월등하게 합리적일 뿐만 아니라, 현실적인 엄연한 사실과 현상에 의해 그 타당성이 뒷받침되고 있는 것이다. 따라서 이 가설은 진리성을 인정받을 만하다. 따라서 부처님은 다음과 같이 깨우치고 계신다. "만일 고의로 업을 지음이 있으면 반드시 보를 받나니 혹 현세에 받기도 하

고 후세에 받기도 한다." <중아함 권3 사경>

2) 십업설

이상과 같이 업·보의 인과가 삼세에 걸쳐 전개되고 있다면 세계의 모든 현상은 이제 그로써 정연한 설명이 가능해진다. 의지를 가진 존재(sattva)는 무엇이나(인간에 한정되지 않음) 중생이라 부르는데, 그런 중생은 업을 일으켜 자신의 선악 업에 따라 생사에 윤회輪廻(流轉)하면서 고락의 과보를 받고 있다. 우주 또한 그런 모든 중생의 업(共業)력에 의해 생성소멸의 과정(成住壞空)을 되풀이하고 있는 것이다. 거기에 신이나 운명과 같은 것을 개입시킬 필요는 없다. 인간의 길흉화복은 오로지 자신의 업보일 따름이다. 따라서 '삼세인과'에 대한 깨달음이야말로 고난을 극복하고 행복을 가져올 인간행동의 가장 신뢰할 만한 도리라고 하지 않을 수 없다.

그러나 그런 깨달음이 없는 중생들은 어둠에 싸여 끊임없이 방황을 하고 있다. 이런 미혹을 마음의 어둠(moha 癡暗)이라 할 수 있고, 이런 어둠으로 말미암아 부질없는 욕심(欲貪)과 성냄(瞋恚)을 일으킨다. 어둠과 욕심과 성냄의 셋은 외外적인 행동으로 이어지는 의지 속의 내內행동이므로 의업意業이라 할 수 있다. 이런 의업에 바탕을 둔 외外 행동은 크게 신체적인 것(身業)과 언어적인 것(口業)으로 나눌 수 있고, 전자의 두드러진 것으로는 살생殺生·

도둑질(偸盜)·간음(邪淫)의 셋을, 후자의 두드러진 것으로는 거짓말(妄語)·두말(兩舌)·꾸밈말(綺語)·욕지거리(惡口)의 넷을 들 수 있을 것이다. 따라서 이상 열 가지를 십악업이라 한다. 선업은 바로 이러한 십악업의 부정否定 이외의 것이 아니다. 따라서 십악업에 부정접두사 '불不(하지 말라)'을 얹어 십선업을 표현하고 있는 것이다.

악업에는 괴로운 보가 따르고 선업에는 즐거운 보가 따른다. 현세에서 받지 못하면 내세에라도 반드시 받을 것이다. 따라서 불교는 그런 내세의 과보를 업에 따라 수생受生할 천신·인간·아귀·축생·지옥의 오도五道(또는 修羅를 보태 六道)로 표현해 주고 있다. 지금까지 막연했던 천신의 존재는 사실은 선업의 과보신果報身이었던 것이다. 그렇다면 인간에겐 스스로 선업을 행하는 것보다도 더 훌륭한 삶의 가치는 없다. 불교의 업설이 뜻하는 바는 바로 이것이다. 선악의 판단과 실천을 인간의 자율성에 두는 이러한 입장은 선의 근원을 하늘에 두는 다른 종교의 윤리사상과 크게 다른 점이라고 할 수 있다.

### 3) 사무량심 四無量心

이상과 같은 견지에서 볼 때, 우리는 이제 '남'이라는 존재를 새롭게 인식하지 않을 수 없다. 남은 나의 생존 경쟁적 적대자가 아니라, 나의 안락을 위해 절대적으로 필요한 동반자이다. 따라서 나를 사랑한다면 그 이상으로 남을 또한 사랑하지 않으면 안 된다. 이러한 사랑을 불교에서는 '자慈(maitrī)' 라고 부르는데, 원어는 우정(friendship)이라는 뜻이다. 남을 나의 진정한 친구로 받아들이기 때문이다. 그러한 사랑에는 남의 괴로움을 나의 괴로움처럼 슬퍼하고(悲 karuṇā), 남의 즐거움을 나의 즐거움처럼 기뻐하고(喜 muditā), 남이 비록 나의 뜻을 몰라줘도 평정을 잃지 않는(捨 upekṣā) 마음이 뒤따를 것이다.

그리고 그러한 우정(사랑 慈)·슬픔(悲)·기쁨(喜)·평정(捨)의 네 가지 마음은 몇몇 사람에게 한정되지 않고 일체 중생에게 파급되어야 한다. 육도윤회를 설하게 된 이상, 일체 생류生類가 윤리적 관계를 맺게 되었기 때문이다. 따라서 그 네 가지 마음을 사무량심四無量心이라고 하여 업설과 함께 자주 설해지고 있다. 그 중에서도 특히 중요시되는 것은 근본적인 우정, 곧 사랑(慈)일 것은 물론으로, 남에 대한 무한한 사랑은 유교의 인仁이나 기독교의 사랑과 비교해 볼 만한 것이다.

#### 4) 지계持戒와 보시布施

십악업의 부정이 곧 십선업이라는 것은 전술한 바가 있다. 그런 십악업 중에서 사회적으로 특히 문제되는 것은 신체적인 세 악업(살생 · 투도 · 사음)이다. 왜냐하면 그들은 남에게 직접적인 상해를 줄 수 있는 외적 행동이기 때문이다. 그 다음이 언어적인 네 악업(망어 · 양설 · 기어 ·

악구)이 되겠지만 그들은 거짓말(妄語) 하나로 대표시켜도 좋다. 두말이나 꾸밈말·욕지거리 등은 일종의 망언妄言이기 때문이다. 그 밖에 십악업에서는 비록 빠졌지만 사회적으로 문제되는 식생활에 음주가 있다. 따라서 불교는 이것을 경계하는 불음주不飮酒를 위의 네 가지에 보태 오계五戒(śīla)를 정하고 있다. 사회인이면 누구라도 익히고 지켜야 할 계명이라는 뜻이다. 불교의 계율은 이 밖에도 팔재계八齋戒·십계十戒 등이 있고 출가한 승니僧尼에게는 보다 강제성을 띤 사중계四重戒(淫·盜·殺·妄語)와 기타 경계輕戒로 구성된 250계(比丘戒)·348계(比丘尼戒) 등이 마련되어 있다. 그러나 이들은 모두 위의 오계를 기초로 하고 있는 것이다.

그러나 단순한 악업의 부정은 그것이 계율의 형태로 강화되었다고 하더라도 아직도 소극성을 면할 수는 없다. 진정한 선은 거기에서 한 걸음 더 나아가 능동적인 적극성을 띠어야 할 것이다. 이런 적극적 선행이 불교의 원시경전에는 어떻게 설해지고 있는가? 아함경에 계의 수지受持(持戒)와 더불어 끊임없이 강조되고 있는 보시(dāna)라는 것에 주목하지 않을 수 없다. 보시는 남에게 아낌없이 주는 행동이다. 따라서 그 정신적 기반은 사무량심(慈悲喜捨)이라고 해도 좋다. 사무량심의 근본이 되는 사랑(慈)은 남을 나 이상으로 사랑하는 것이므로, 그러한 마음이 외행동으로는 아낌없이 주는 보시라는 형태를 띨 것이기 때문이다.

보시는 주는 행위이므로 시자施者·시물施物·수자受者의 셋이 관여하게 된다. 그 중에서 시물은 일차적으로 물질적인 재물을 들 수 있다(財施). 그러나 어두운 사람에게 바른 법을 베풀어 주는 것도 중요한 보시라 할 수 있다(法施). 시물을 받는 수자는 수도에 전념하는 승가를 가리킴이 보통이고, 그것은 무한한 공덕(福)을 발생하기에 복전福田이라고도 한다. 그러나 보시의 기본입장에서 볼 때 수자를 승가에 한정시킬 수는 없을 것이다.**<잡아함 권4 제93경>** 일체 중생이 대상이 되어야 한다. 따라서 뒤에는 삼보三寶로부터 빈궁자·질병자, 심지어는 축생에 이르기까지 복전의 개념이 확대되고 있는 것이다.**<법망경 권하 제9 경구죄>**

보시는 이상과 같이 일체 중생을 진정한 친우로 보고 그런 우정(慈)에서 우러나는 것이므로, 그와 함께 사랑스러운 말을 하고(愛語), 이익을 주고(利行), 항상 함께 일하는(同事) 행동이 수반될 것은 당연한 순서이다. 그리하여 나와 남은 돈독한 우정으로 묶여져 함께 선업을 행하게 될 것이다. 따라서 보시布施·애어愛語·이행利行·동사同事의 넷을 사섭법四攝法(catcḥ-saṃgraha-vastu)이라 하여, 이것 또한 중요한 윤리적인 덕목으로 제시되고 있다.**<잡아함 권26 제668, 669경>**

이상과 같이 보시와 지계는 불교의 업설에서 가장 적

극적인 선행으로 설해지고 있다. 사후에 천신으로 태어나는 업인은 바로 그것이며, 브라마니즘에서 신앙의 대상이 되는 하늘-임(Devānām Indra)이나 브라흐만(Brahman)과 같은 신도 인간으로 있을 때 능히 보시를 하고(Indra), **〈잡아함 권40 제1106경〉** 사무량심을 닦아(Brahman) 그런 업보를 받은 것이라는 것이다. **〈장아함 권15 구라단두경〉** 뿐만 아니라 삼세의 모든 부처는 ① 보시 ② 지계 ③ 천신에 대한 차례로 설법하며, **〈잡아함 권4 제92경〉** 불자가 맨 먼저 기억해야 할 바도 ① 불타 ② 교법 ③ 승가 ④ 지계 ⑤ 보시 ⑥ 천신에 대한 육념六念이라고 설해지고 있는 것이다. **〈잡아함 권33 제931경〉**

### 5) 은恩과 특수윤리

삼세인과의 도리를 깨치고, 이에 입각해서 십선업을 행하고 사무량심으로 보시·지계할 것을 설하는 이상과 같은 교설은 일체 중생을 평등하게 보는 보편적 윤리라고 말할 수 있다. 불교는 이런 보편적 윤리만을 설하는데 그쳐, 유교의 오륜五倫(父子 · 君臣 · 夫婦 · 長幼 · 朋友)과 같은 특별한 사회윤리를 설하지 않는 것인가? 그럴 리가 없다. 인간은 부모 없이 생을 받을 수 없고 사회를 떠나 생활할 수 없다. 따라서 소속집단에 특별한 관계를 맺게 되고, 외적에 대해서는 집단을 위해 싸우지(殺生) 않으면 안 된다. 어찌 이런 특별한 사회적 측면을 무시할 수 있겠는가?

아함경에서 특수한 사회윤리를 설하는 대표적인 경전은 주지하는 바와 같이 선생경善生經이다.**〈중아함 권15〉** 거기에는 ① 부모와 자식 ② 스승과 제자 ③ 아내와 남편 ④ 친족과 자기 ⑤ 노복과 주인 ⑥ 사문과 신자 등의 여섯 가지 관계가 제시되고 있다. 그리하여 그 여섯 관계는 다시 그 안에서 각각 다섯 가지 노력사항을 들어 서로 경친敬親할 것을 자상하게 가르쳐 주고 있다. 이러한 여섯 관계를 유교의 오륜과 비교할 때 군신君臣과 붕우朋友의 윤리가 빠져 있는 것 같다. 그러나 아함경에는 정법正法(十善道)으로 나라를 다스려 세계 평화를 실현하는 전륜성왕이라는 이상적인 왕이 부각되어 있고,**〈중아함 권15 전륜왕경〉** 신의信儀를 지키는 착한 벗과 사귈 것이 줄기차게 설해지고 있는 것이다.**〈법구경 권상〉**

따라서 불교는 특수한 사회윤리에도 깊은 관심을 갖고 있다고 보겠는데, 이런 차별적인 인간관계가 그의 보편적인 윤리설과 어떤 근거 위에서 맺어질 수 있을까? 이런 견지에서 그런 교설을 살펴 볼 때, 우리는 그 속에 한 결같이 흐르고 있는 '은恩(kṛta-veditā, kṛtajñatā)' 이라는 개념에 주목하지 않을 수 없다. 선생경에서 설해진 여섯 가지 인간관계에서 가장 기본이 되는 것은 부모와 자식간이라고 할 수 있다. 유교의 오륜도 부자관계가 근본이 되어 군신·부부·형제·붕우의 차례로 되어 있다. 그런데 아들의 부모에 대한 '효'를 불교에서는 아들된 자의 당연한 도리(하늘의 뜻)라고 설하지 않고, 아버지의 자은慈恩과 어머니의 비은悲恩을 열거한 다음(施恩), 그런 막중한 은을 어찌 갚지 않겠느냐(知恩 · 報恩)고 설하고 있는 것이다.**<불설부모은난보경>** 따라서 불교의 효는 보은報恩이라고 해도 좋다. 이러한 부모은父母恩이 바탕이 되어 사장은師長恩(三寶恩 · 佛恩)·국왕은國王恩·중생은衆生恩·시주은施主恩 등으로 확대해 나가고 있다.**<제2장 3절 '보은사상' 참조>**

따라서 불교의 특수한 인간 유대관계는 은恩을 통해 맺어진다고 볼 수 있다. 그리고 이것은 그의 보편적 윤리설과 모순하지 않는다. 시은施恩과 보은報恩의 당위성은 업보설의 정신에 상응하기 때문이다. '은'이라는 개념을 통해 이론적 난관을 타개해 나간 착상이 놀라울 뿐이다. 불교의 사회윤리는 이렇게 은을 바탕으로 하고 있기에, 그것은 절대적인 상하종속上下從屬 관계가 아니라 평등한 상호화합相互和合 관계라고 할 수 있다. 선생경에서도 부모·사장·사문은 물론이지만, 처부·노복·친족이 육방예배六方禮拜의 대상에 올라 있으며, 아함경에서도 신하의 충성보다는 국왕의 선정이 주로 설해지고 있는 것이다. 따라서 이것 또한 다른 종교의 사회윤리와 비교되는 불교윤리의 독특한 특징이라 할 수 있다

## 2. 정도와 사도

선업은 인간사회에서 즐거운 과보를 가져오지만 그러한 과보는 절대성을 띠지 못한다. 인간의 선악판단이 상대적일 뿐만 아니라 광활한 우주에서 인간의 노력(業)에는 한계가 있기 때문이다. 따라서 아무리 선업을 지어도 인간은 덧없음(生死)을 면할 수가 없다. 업설이 지닌 이러한 한계성을 극복할 수는 없을까? 불교는 업설에서 한걸음 더 들어가 다시 이 문제를 파고든다. 그것이 소위 사제·팔정도설이다.

모든 것은 덧없고, 덧없는 것은 괴로움이요, 괴로운 것은 나(我)라고 할 수 없다. 그런데도 인간은 그런 것을 나라고 집착하여(我執) 업을 일으키고 있다. 따라서 인간 존재는 그 자체가 힘든 일(苦)이 아닐 수 없고, 그러한 괴로움을 감당할 수 없을 때 부서지고 마는 것이다(덧없음). 아무리 선업을 지어도 덧없게 되는 것은 이 때문이다. 그렇다면 문제의 가장 근본적인 원인은 외부에 있는 것이 아니라, 인간 마음 속의 아집에 있다고 말할 수 있으며, 그러한 아집의 타파를 통해 문제의 근본적 해결이 가능해질 것이다.

'거짓 나'의 부정은 '참 나'의 인식이 전제되어야 한다. 그러나 참 나는 과연 어떤 것인가? 우리는 지금껏 그것을 모르고 있었다. 그러기에 나 아닌 것을 나라고 집착해 있는 것이다. 따라서 불교는 그러한 참 나를 깨우쳐 주기 위해 여러 가지 중층적인 법문을 시설施設하고 있지만 그것을 여기서 소개할 여유는 없다. 다만 그러한 참 나는 거짓 나의 부정을 통해 도달된다는 것만은 자명하다. 괴로움의 근본적인 해결은 이러한 아집의 부정, 다시 말하면 정사正邪의 결택을 통해서만이 가능할 것이다.

따라서 부처님은 다음과 같이 설하고 계신다. "네 가지 성스러운 사실을 알아야 한다. 인간 존재(五取蘊)는 괴로움이요(苦聖諦), 그것은 아집에서 일어난 것이니(集聖諦), 마땅히 멸해야 하고(滅聖諦), 그러기 위해서는 도를 닦지 않으면 안 된다(道聖諦). 그 도는 바른 견해(正見)·바른 맞춤(正思惟)·바른 언어(正語)·바른 직업(正業)·바른 생활(正命)·바른 노력(正精進)·바른 기억(正念)·바른 집중(正定)의 여덟 가지 요소로 구성된다.

이러한 사제·팔정도는 사회적인 인간관계에서 문제를 해결코자 하는 업설과는 달리, 한 인간의 내심內心에서 모든 문제가 해결된다는 입장을 취하고 있다. 따라서 외부의 영향으로부터 자유로울 수 있어, 사회윤리에 무관심할 수도 있을 것이다. 그러나 팔정도를 볼 때, 그것이 띠는 강력한 사회윤리적인 성격에 주목하지 않을 수 없다. 우선 팔정도가 철저한 무아실천의 길이라는 것을 지적할 수 있다. 인간사회의 대립·분쟁은 아집에서 발생하고 있다. 그러한 아집의 타파는 팔정도와 같이 정·사를 결택하는 윤리가 아니어서는 안 될 것이다.

또 업설에서 선악의 판단은 각자의 마음(意志)에 맡겨져 있지만, 결과적으로 괴로움을 가져오는 것이 악이요, 즐거움을 가져오는 것이 선이다. 그렇다면 팔정도는 진정한 선이라고 할 수 있다. 괴로움의 근본적인 소멸에 이르는 길이기 때문이다. 뿐만 아니라 팔정도의 구성은 십업설을 계승한 양상이다. 바른 견해·바른 맞춤은 의업意業에, 바른 언어는 구업口業에, 바른직업·바른 생활은 신업身業에 각각 해당되어, 십업설의 신구의身口意 삼업을 토대로 조직된 것임을 보여 주기 때문이다. 불교의 윤리적 교설은 선악의 윤리에서 이렇게 정사의 윤리로 발전하고 있는 것이다.

### 3. 보시·지계의 대승적 전개

팔정도를 통해 아집을 멸한 경계를 열반涅槃(nirvāṇa)이라 부른다. 그러나 그러한 열반에 안주한다면 그것을 진정한 아집의 소멸이라 말할 수 있을까? 그렇게 볼 수는 없을 것이다. 아직도 집착함이 남아있기 때문이다. 대승大乘(mahāyāna)불교는 이러한 의식에서 전개된 불교라고 할 수 있다. 그 최초기에 성립한(B.C. 1세기 경) 금강경金剛經은 다음과 같이 설하고 있다. "일체중생을 열반에 들게 하지만 실로 한 중생도 열반에 든 자가 없다. 왜냐하면 보살에게 만일 아상我相·인상人相·중생상衆生相·수자상壽者相(我執의 종류)이 있으면 보살이 아니기 때문이다."

이런 견지에서 대승불교는 선·악, 정·사, 득得·무득無得 등의 일체 분별망집을 타파할 철저한 공空(無我)관觀의 실천을 제시한다. 이러한 공관의 실천은 궁극적으로 이 세계(此岸, 俗)를 초월하고 말 것이다. 그러기에 그것을 반야바라밀다般若波羅蜜多(prajñā-pāramitā)라고 부른다. 지혜(空觀)가 모든 분별을 넘어 피안彼岸(眞)에 도달한다는 뜻이다. 이러한 길을 행하는 사람이 대승보살大乘菩薩(bodhisattva)이다.

그러나 보살은 반야바라밀다만을 닦는 것이 아니다. 그것을 바탕으로 해서 다시 보시·지계·인욕·정진·선정의 다섯 바라밀도 함께 닦아야 한다. 이것을 육바라밀이라고 하는데, 이러한 육바라밀에서 우리는 다시금 강력한 사회윤리적 성격을 발견하게 된다. 육바라밀의 처음에 위치한 보시와 지계는 어디서 온 것일까? 업설에서 가장 적극성을 띤 선행은 보시와 지계임은 전술한 바가 있다. 이곳의 보시와 지계는 바로 그것을 계승한 것이 아닐까? 그러나 반야바라밀다를 바탕으로 하기에 그것은 무한한 윤리적인 깊이를 갖게 된다.

1) 무주상보시

보시는 업설에서 사무량심(慈悲喜捨)에 입각한 사랑(慈)의 발로였다. 그렇지만 상대방(福田)에서 무엇인가를 기대하는 바가 있다. 천상에 태어나는 업인이라는 것부터가 그런 뜻을 시사한다. 그러나 육바라밀 중의 보시는 어떤가. 철저한 공관空觀에 입각해 그런 자취를 전혀 찾을 수가 없다. '보살은 법에 마땅히 머묾이 없이 보시를 행해야 하며', '시자施者·시물施物·수자受者의 셋이 공적空寂한' 지극히 순수한 보시여야 한다. 그래야만 무한한 복덕이 발생한다는 것이다.**<금강경>**

뿐만 아니라, 재시財施보다도 대승적 법시法施의 중요성이 크게 강조되고 있다. "삼천대천세계를 칠보로 가득 채워 보시해도, 대승경전을 수지하고 남에게 설해 주는 것만 못할 것이다." 두려움(怖畏)으로부터 사람들을 구호하여 안심을 얻게 하는 무외시無畏施도 강조되고**<해심밀경 권4 지바라밀다품>** 보시와 함께 애어愛語·이행利行·동사同事가 수반되는 업설의 사섭법四攝法 또한 대승보살의 적극적인 이타행으로 크게 선양되고 있음은 물론이다.**<마하반야바라밀경 권24 사제품>**

2) 십선계

다음, 지계바라밀은 십선업을 내용으로 하고 있다. 소품반야경小品般若經에 "불퇴전의 보살은 스스로 십선을 행하며 남에게도 십선을 행하게 한다."고 설해져 있다. 보살의 길을 십지十地로 조직한 십지경十地經에서도 제2 이구지離垢地는 십선도를 행한다고 하는 것이다. 대승반야경이 철저한 공관으로 피안적인 진리를 추구하고 있으면서도 이렇게 사회윤리적인 십선업을 강조하고 있음은 무엇 때문인가? 사제 팔정도가 비사회적인 열반을 추구하면서도 강력한 윤리적인 성격을 띠고 있는 것과 궤를 함께 하고 있다고 말할 수 있다.

### 3) 보살계

이러한 지계 사상은 중기(A.D. 4~7세기) 대승불교의 유가론瑜伽論에서는 ① 이양利養을 위해 자기를 찬탄하고 남을 허는 것(自讚毁他), ② 간석慳惜으로 재시와 법시를 않는 것(慳惜財法), ③ 진한瞋恨으로 상해傷害하고 참회를 받지 않는 것(瞋不受悔), ④ 보살장菩薩藏(大乘敎說)을 비방하고 상사법像似法을 세우는 것(謗亂正法) 등의 사중죄四重罪와 기타 사십삼경죄四十三輕罪로 구성된 보살계를 탄생시키고 있다.〈유가사지론 권40 보살지계품〉

통칭 유가계瑜伽戒라 부르는 이 대승계에서 주목되는 것은 그 사중계가 십선업 중의 의업(탐 · 진 · 치)에 대응하는 바가 있음이다. 업설의 재가 오계(殺 · 盜 · 淫 · 妄 · 酒)나 출가 사중계(淫 · 盜 · 殺 · 妄)가 신업(殺 · 盜 · 淫)에 중점을 두고 있는 것과 좋은 대조를 이루고 있다. 이것은 대승보살계가 육체적인 외행동보다는 정신적인 동기를 더 중시하고 있는 것으로, 윤리사상이 보다 심화된 것이라고 말할 수 있다.

뿐만 아니라 중기 대승불교는 지금까지 설해 온 모든 윤리적인 교설을 모아 ① 섭율의계攝律儀戒, ② 섭선법계攝善法戒, ③ 섭중생계攝衆生戒(饒益有情戒)로 구성된 삼취정계三聚淨戒를 조직하고 있다. ①은 오계로부터 유가계에 이르는 모든 계율을 포섭하고(七衆戒), ②는 십선업을 비롯한 뭇 선행을 포섭하고, ③은 중생을 적극적으로 요익饒益하는 온갖 활동(財施 · 法施 등)을 포섭한 것이다. 따라서 이 삼취정계는 계라는 개념을 무한히 확대하여 일체 선업을 포섭함으로써, 보살로 하여금 그들을 마땅히 실천해야 할 의무로 부과한 것으로 볼 수 있다.

이러한 보살계 사상은 범망경梵網經에 이르러 더욱 정비된 체제를 띠게 된다. 범망경의 성립은 중국찬술설中國撰述說이 유력한데 그곳에는, ① 살생 ② 도둑질 ③ 간음(邪淫, 身業) ④ 거짓말(妄語) ⑤ 술파는 것(酤酒) ⑥ 남의 험담(說四衆過) ⑦ 자기자랑(自讚毁他, 口業) ⑧ 아낌(慳惜加毁) ⑨ 성냄(瞋不受悔) ⑩ 삼보(佛法僧)의 비방(誹謗三寶, 意業) 등을 제지하는 십중계十重戒와 기타 사십팔경계四十八輕戒로 구성된 보살계가 설해 있는 것이다. 그 중의 십중계는 업설의 오계(①~⑤)에 ⑥ 설사중과說四衆過를 보태고 여기에 다시 대승 유가계(⑦~⑩)를 결합한 것임을 쉽게 알 수 있다. 따라서 약간의 변칙은 보이지만 전체적으로 신·구·의 삼업(十善道)을 망라한 완벽성을 보여 주고 있는 것이다.

뿐만 아니라, 그러한 십중계의 근원을 인간의 '불성佛性'에 두고 있다.**〈범망경 권하〉** 다른 종교가 선善의 원천을 하늘에 두는 데에 대해서, 불교의 업설은 인간의 자율성(意志)에 두고 있음을 전술한 바가 있다. 그러한 불교의 윤리관이 이제 이 범망계에서는 불성이라는 대승적 표현을 얻고 있는 것이다. 한 걸음 더 나아가 그런 불성에 입각한 자비심·효순심의 발로發露가 곧 계戒라고 하는데, 이것은 '효'를 인륜의 근본으로 치는 중국적 윤리사상까지 포용하여 대승적 윤리를 유감없이 발휘한 것이라고 평가할 수 있다.

## 4. 궁극적 깨달음의 윤리

사제설과 대승 반야설은 인간의 내심에서 괴로움의 근본적 해결을 꾀하는 까닭에 외적인 사회윤리에 관심을 가질 필요가 없을 것 같다. 그런데도 그들은 상술한 바와 같이 강력한 사회윤리적 성격을 띠고 있다. 특히 대승불교의 그것은 대단하다. 대승보살은 누구나 중생제도의 서원을 세워야 한다는 것이다. 보살십지설菩薩十地說(華嚴

經)의 제1환희지는 10대원을 설하고, 무량수경의 법장 비구(阿彌陀佛의 前身)는 48원을 세우고 있다.<불설무량수경 권상> 위로는 깨달음을 구하고 아래로는 중생을 깨우쳐야 한다(上求菩提 下化衆生). 대승불교가 반야사상을 기반으로 하면서도 윤리적으로는 이렇게 강력한 사회성을 띠고 있는 까닭은 무엇일까? 종교적 요청 때문일까? 아니면 필연적 이유가 있는 것인가?

부처님이 세상에 출현한 본래의 목적을 설한다는 법화경에는 다음과 같은 파격적인 설이 나타난다. 사제나 육바라밀의 법은 아직 궁극적인 진리가 아니라, 그것에 이르게 하기 위한 일시적 방편이요, 과정에 불과하다. 불교의 궁극적 목적은 부처님과 같은 깨달음(知見)을 얻는 데에 있다. 따라서 오직 한 줄기 불승佛乘이 있을 뿐, 이승(小乘·大乘)이나 삼승(聲聞乘 · 辟支佛乘·菩薩乘)과 같은 것은 있을 수 없다.

법화경의 이러한 일불승설에 의하면, 사회적 인간관계를 초월한 반야설의 피안적 진리는 아직 미진하다는 말이 된다. 그렇다면 부처(如來)가 이룬 다시 없는 바르고 원만한 깨달음(無上正等覺)에 비친 존재의 실상實相은 그와는 다른 측면이 또 있는가? 다시 말하면 모든 존재는 구조적으로 서로 중중무진重重無盡한 관계를 갖는 것인가? 주지하는 바와 같이 중국의 화엄사상은 그와 비슷한 견해를 표명한 대표적인 철학이다. 법화경은 물론 이에 대해서 직접적인 언표言表는 하지 않고 있다. 오직 부처와 부처만이 모든 존재의 실상을 다할(究盡) 수 있다고 설할 뿐이다.

그러나 법화경의 그 뒤 교설에서 우리는 그에 대한 많은 시사를 받을 수가 있다. 법화경은 이어 모든 사람에게 부처님과 같은 깨달음을 구할 것을 강조하고, 불자로서 그런 원대한 바램을 일으키지 않는 것이야말로 최대의 교만이라고 단정하고 있다. 그리하여 발심한 보살에게 피안으로부터 중생계에 회향하여 지상에 부처나라(佛國)를 건설하여 다른 중생을 교화할 것을 사명으로 부여하고 있는 것이다(授記). 줄기차게 설해지고 있는 이런 주제에서 우리는 부처된 사람은 중생을 깨우치지 않고는 배겨낼 수 없는 강력한 연대성連帶性을 느끼고 있음이 느껴진다. 중생에 대한 그런 의식이 곧 커다란 자비이다.

그렇다면 불교는 궁극적으로 깨달음의 윤리를 설하고 있다고 말할 수 있다. 괴로움의 완전한 해결은 무엇보다도 먼저 모든 존재의 여실한 실상을 깨닫는 데에 있지만, 모든 존재가 중중무진하게 관계되고 있다면 남을 또한 깨우칠 필요가 있다. 그런 깨우침은 마치 업설에서의 선업처럼 서로에게 무한한 공덕(利益)을 가져올 수 있기 때문이다. 나와 남이 다같이 불도佛道를 이루어야(自他一時成佛道) 할 필요성이 여기에 있다. 불교는 궁극적으로 그런 윤리적 가치를 추구하고 있다는 말이 된다.

이상과 같이 불교윤리는 십업설→사제설→육바라밀설→일불승설로 전개되는 중층적 교리조직 속에서 설해지고 있다. 따라서 그 윤리적 표현 또한 다양함을 면하지 못하고 있다. 그러나 한결같이 악(→邪→俗→迷)을 부정하고 선(→正→眞→覺)을 긍정하는 입장을 취하고 있으며, 그러한 윤리적 가치판단 또한 한결같이 인간의 순수한 마음(意志)에 기대하고 있다. 따라서 다음과 같은 칠불통계게七佛通戒偈로 그 전체의 요지를 간추릴 수 있을 것이다.

모든 악은 짓지 말고(諸惡莫作)
모든 선은 힘써 하며(衆善奉行)
그 마음(citta) 스스로 깨끗이 하라.(自淨其意)
이것이 모든 부처의 가르침이다.(是諸佛敎)

# 제 2 장
# 한국사회에 정착된 불교 윤리

## 1. 인과응보설

이상 불교윤리 전반에 걸쳐 간단히 살펴보았는데, 그 모든 윤리가 그대로 한국사회에 수용되었다고 볼 수는 없다. 외래종교는 지역에 따라 수용태를 달리할 수 있기 때문이다. 따라서 삼국의 불교 전래 이후 어떤 것이 한국사회에 정착하여 오늘에 이르고 있는가를 살펴 볼 필요가 있다. 그럴 경우 제일 먼저 눈에 띄는 것은 인과응보설이다.

업설은 불교의 가장 기초적인 교리일 뿐만 아니라, 삼국에 전래한 초전기初傳期 불교의 중심사상도 그것이었다. 소수림왕 2년(372) 고구려에 온 순도順道는 당시 사람들이 질박했으므로 "인과因果로 교시教示하고 화복禍福으로 설유說誘하였다."고 하며, 이어 고국양왕 8년(391)의 하교下教에는 "불법을 숭신하여 복을 구하라."는 말이 보인다. 동일한 내용이 백제 17대 아신왕 1년(392)의 하교에도 보인다. 신라의 경우에도 마찬가지로 17대 법흥왕은 흥륜사 창건(527~544)에 앞서 "창생을 위해 수복멸죄修福滅罪의 자리를 만들고 싶다."고 말하고 있다. 그 뒤 진흥왕대(540~575)의 전륜성왕 사상, 미륵신앙, 화랑제도 창설 등이 모두 업설과 관계되는 것들이다.

따라서 삼국 초전기初傳期 불교의 중심사상은 업설이었다고 말할 수 있는데, 업설이 그렇게 당시 왕실의 관심을 끌고 국가적으로 홍통된 까닭은 무엇인가? 이에 대해서는 필자가 이미 상론한 바가 있으므로 되풀이하고 싶지는 않지만, 윤리보다는 정치적인 관점에서였다. 한국 고대종교는 자연신교적自然神教的 태양신에서 발달한 '하늘임'을 최고 지배신으로 하는 무교巫教(또는 祭天教)였다고 말할 수 있다. 이런 종교관념을 배경으로 성립된 부족연맹 국가의 지배세력은 삼국에 새로운 이계異系 왕실이 등장하였을 때는 종교적 권위를 계승한 귀족세력으로 변하여 왕권을 심히 제약하고 있었다. 하늘의 권위를 부정하는 불교의 업설은 그런 귀족세력의 사상기반을 해소하여 왕권강화와 국가발전에 유용한 사상으로 활용될 수 있었던 것이다.

그러나 업설이 애초에 그런 정치적 성격을 띠고 있었다고 하더라도 그것이 국가의 흥불시책을 통해 삼국사회에 급속도로 정착되어 감에 따라, 윤리적 방면에도 큰 영향을 끼치게 될 것은 당연한 순서이다. 그런 영향에 큰 역할을 한 것을 필자는 점찰법占察法이 아니었을까 보고 싶다. 무교巫敎에서는 인간의 길흉화복을 신령의 소치로 보고 점복占卜을 행한다. 불교의 업설은 그것을 인간 자신의 삼세업보로 봄은 전술한 바가 있다. 점찰법은 점찰선악업보경占察善惡業報經에 입각해서 세 가지 목륜木輪(10개, 3개, 6개)을 던져 그러한 숙세의 선악업(第1輪相)과 그 강약(第2輪相) 및 삼세과보三世果報(第3輪相)를 살피는 것이다.

그런 점찰법이 당시에 성행하고 있는 것이다. 진평왕대의 원광은 가서갑嘉栖岬에 점찰회를 항규화恒規化할 기금(占察寶)을 조성하고 있으며, 안흥사安興寺·금강산 도량사道場寺·오대산 지장방地藏房(金剛社) 등에도 그것을 항규화하고 있다. 흥륜사興輪寺 점개漸開는 육륜회六輪會(第3輪相)를 열고, 경덕왕대의 진표眞表에 이르러서는 189간자簡子(第3輪相의 개조)로 점찰하는 독특한 수계의례授戒儀禮(제 8·9 簡子의 重視)를 발전시키고 있다. 이러한 점찰법은 불교의 토착화 과정에서 무교의 점복행위를 불교에 섭화攝化하는 작업으로 이해되지만, 그 점찰의 내용이 업설의 삼세업보설이라는 점에서 그런 윤리관을 사회에 정착시키는 데에 중요한 계기가 되었음에 틀림없다.

그 밖에도 업설의 윤회전생관輪廻轉生觀 등이 당시 사회에 깊이 침투되고 있음은 허다한 예에서 발견할 수 있다. 일례를 들면 신라의 삼국통일을 완수한 30대 문무왕은 "호국대룡이 되어 불법을 숭봉하고 방가邦家를 수호하겠다."는 발원으로 사후 동해안 대왕암에 수장되었으며, 김유신·욱면비郁面婢·김대성·선률善律(望德寺僧) 등에는 모두 업보수생의 설화가 결부되어 있는 것이다.

조선시대 소설문학(특히 임진란 이후)에는 권선징악의 인과응보 사상이 들어있지 않는 것은 거의 찾아볼 수 없을 정도이다. 불교의 어느 사상보다도 구소설舊小說에 많이 나타나는 것은 인과응보설이다. 그렇다고 그러한 구소설이 불교문학을 뜻했던 것은 아니다. 유교사회에서 그럴 까닭이 없기 때문이다. 그런데도 인과응보설이 그 정도로 많이 나타난다는 것은, 그것이 당시 사회에 얼마만큼 깊이 통속화되어 있는가를 의미한다. 오늘날도 인연이라는 말이 일상생활 용어가 되어 있으며, '사람으로 다시 태어난다(人道還生)' 는 말이 아무런 거리낌없이 받아들여지고 있는 것이다.

따라서 인과응보설은 한국사회에 깊이 정착된 불교 윤리의 하나라고 말할 수 있다. 그러나 본래의 뜻과는 약간 달라진 감도 없지 않다. 업설의 삼세인과설이 흔히 '체념적 숙명론' 으로 인식되고 있으며, 재생관념 또한 구소설에서 금생에 못다한 한을 다시 인간으로 태어나 푼다는 '한恨'의 문학적 표현양식으로 사용되고 있는 것이다. 이것은 역사창조의 원동력을 인간의 의지(業因)로 보는 업설의 강력한 현실타개 사상이 소극적 인생관으로 굴절되고 있다고 말할 수 있다.

## 2. 보시 사상

보시는 업설에서 뿐만 아니라 대승불교에 있어서도 적극적인 선행으로 권장된 윤리적 행위이다. 이것 또한 한국사회에 깊이 정착되었다고 볼 수 있다. 삼국의 불교전래가 왕실을 중심으로 행해졌기에 초기 교단 형성이 국가의 적극적인 재시財施에 의했음은 다시 말할 필요가 없다. 흥륜사·황룡사 등의 거찰이 국가에서 조영되었고, 불사 또한 왕실·귀족의 주도적인 주선에 의했던 것이다. 그런 재시의 풍은 불교 토착화가 진행됨에 따라 일반 서민층에도 깊숙이 배어 들어갔던 것으로 보인다. 남의 집에 품을 팔던 김대성 모자가 흥륜사의 육륜회(占察)에 전재산(傭田)을 아낌없이 시납하고 있는 것이다.

고려 때도 불교는 거국적인 외호外護를 받았다. 따라서 왕실에서 서민에 이르는 전 국민의 열렬한 재시가 승가에 행해졌음에 틀림없다. 그러한 재시의 전통은 조선조의 억불정책 아래서도 일반 서민층에서는 그대로 이어져 내려갔던 것으로 보인다. 경전이나 어록語錄의 개판開版이 유가문헌儒家文獻을 상회할 정도여서, 법화경 하나만도 106회의 개간開刊 회수를 기록하고 있는 것이다.

한국 불교 1,500년의 교단사는 이런 재시를 경제적 기반으로 한 것이라고도 말할 수 있다. 그러나 단순히 재시만의 역사라고 볼 수 있을까? 승가는 재시를 받아 무위도식의 수도생활만 영위한 것일까? 그렇지는 않다. 원효元曉(617~686), 의상義湘(625~702), 대각의천大覺義天(1055~1101), 보조지눌普照知訥(1158~1210), 함허기화涵虛己和(1376~1433), 청허휴정淸虛休靜(1520~1604)과 같은 사상가들이 대를 이어 출생하여 국가와 민족을 이끌어 갈 새로운 정신적 비전을 제시하고 있다. 재시에 못지않게 줄기찬 법시法施가 행해지고 있는 것이다. 따라서 한국 불교를 존립시킨 것은 재시와 법시의 두 요소라고 말할 수 있다. 그것이 균형을 이루었을 때(신라 중대·고려 초기) 한국 불교는 국가·민족과 더불어 흥륭하였고, 그것이 균형을 잃었을 때(신라 하대·고려 말기) 쇠퇴의 길을 더듬었던 것이다.

그러나 재시라는 것이 단순히 승가를 대상으로 하는 것일 수는 없다. 일체중생에 대한 무한한 자비의 마음(사무량심)에서 우러나는 윤리적 실천이 보시이기 때문이다. 그런데 보시의 이런 기본정신과 폭넓은 실천이 한국 불교의 전통 속에는 크게 부각되지 않고 있는 것 같다. 고려시대 동서대비원東西大悲院·제위료濟危寮(毅宗 22년 1168)

와 같은 국가 경영의 구료시설救療施設이 산견散見되지 않는 것은 아니지만, 일반적으로 재가인은 승가에의 재시로 그치고 그 밖의 모든 보시 행위가 승가에 위임되고 있는 것이다. 일체 중생에게 평등하게 음식을 시여하고 생명을 놓아주는 행동까지도 모두 수륙무차회水陸無遮會나 방생재放生齋와 같은 사원 주관의 의례로 행해지고 있기 때문이다.

따라서 보시는 한국사회에 깊이 정착된 불교윤리이긴 하지만, 재가인의 주체적 능동성을 소외시킨 결과를 빚었다고 말할 수 있다. 다시 말하면 지나치게 승가 중심의 공덕설로 흘러, 삼보에의 공양이 곧 보시요, 그것은 공덕을 발생하기 때문이라는 복전福田·기복신앙으로 전락하고 말았다는 말이다. 오늘날 불교가 사회복지 사업 면에서 기독교에 크게 뒤지고 있음은 보시가 그렇게 그 본래의 정신을 상실한 데서 오고 있는 것이 아닐까 느껴진다.

### 3. 보은 관념

불교는 세간보다는 출세간에 가치를 두고, 승가 또한 집을 버린 출가 승니僧尼를 주축으로 삼고 있다. 불교의 이러한 출세간적인 경향은 세속국가의 정치적 목적에 부합되기 어렵다. 자칫하면 가정이나 국가를 멀리하는 천견淺見으로 흐를 위험까지 있는 것이다. 국가발전을 목적으로 수입·홍통된 불교가 그런 견지에서 '은恩'이라는 개념에 주목하여 그것을 크게 강조하게 됨은 당연한 순서라 할 것이다. 일체 중생을 평등하게 보는 불교의 보편적 윤리관이 충효와 같은 특수한 인륜을 발생시킬 수 있는 통로는 바로 그 은恩이라는 개념이기 때문이다.

인륜의 근본은 부모와 자식 사이이므로, 불교의 은도 부모은을 근본으로 삼는다. 그리하여 그로부터 여러 가지 은이 설해지는데, 중기 대승불교의 심지관경心地觀經에는 ① 부모 ② 중생 ③ 국왕 ④ 삼보의 사은四恩이 설해지고, 중국 도성道誠의 석씨요람釋氏要覽에는 ① 부모 ② 사장師長 ③ 국왕 ④ 시주의 사은四恩이 열거되고 있다. 당시 중국에 여러 가지 사은이 설해지고 있었음이 짐작되는데, 이 중에서 특히 국가적으로 중시되는 것은 국왕일 것은 물론이다.

신라의 원광은 진평왕의 청으로 수隋에 고구려 정벌의 걸사표를 쓰면서(同王 30년) 다음과 같은 말을 하고 있다. "자기가 살기 위해 남을 멸하는 것은 사문의 행이 될 수가 없다. 그러나 빈도貧道(圓光)는 대왕의 토지에 살고 대왕의 수초水草를 먹고 있으니 어찌 감히 명을 따르지 않겠는가?" 출가승이라고 해도 국왕은을 잊어서는 안 될 뜻을 명백히 하고 있다. 유사시에는 직접 참전하는 경우도 있으니, 신라의 도옥道玉(驟徒), 조선 임진왜란 때의 청허휴정(1520~1604) 등을 예로 들 수 있다.

신라 통일기 이후 조선조에 이르는 기간에 조영된 봉은奉恩·봉덕奉德 등의 이름을 가진 많은 사찰들은 모두가 선왕의 은덕을 받들기 위한 것이었다. 승려의 저술에는 한결같이 국은이 언급되고, 간기刊記에는 반드시 국왕의 만수萬壽가 기축祈祝되고 있다. 이 밖에도 국왕은에 대한 사례는 무수히 발견되어 일일이 열거할 수 없을 정도이다.

그러나 사은 중에서 항상 국왕은만이 강조된 것은 아니다. 신라 태현太賢(景德王代)은 부모은과 사장은의 둘만을 들고 있다. 고려 후기 천태종의 백련결사白蓮結社에는 의선義璇(官權派)과 운묵雲默(純粹派)이라는 두 고승의 대립이 발생하는데 전자가 국왕·사장·부모·시주의 사은 중에서 국왕은을 최우선으로 치고 있는데 대해, 후자는 시주은을 최중最重한 것으로 치고 있다. 다시 조선 중기 쾌선快善의 청택법보은문請擇法報恩文에는 전법傳法의 사명과 함께 '불은'과 '황은皇恩'의 중요성이 강력하게 논해지고 있다. 사은 중의 어떤 것이 강조되느냐는 시대적 사정에 따라 달라짐을 보는 것이다.

이러한 불교의 은의 윤리는 봉건적인 '상하종속' 관계가 아니라 민주적인 '상호화합' 관계이다. 다시 말하면 국왕은 정법으로 나라를 다스려 중생으로 하여금 모두 안락케 해주는 나라의 아버지이기 때문에 그 자은慈恩을 마땅히 갚아야 한다는 것이다. 그러기에 초기 경전에는 이상적인 국왕상으로 정법정치正法政治의 전륜성왕이 설해지고, 대승불교에는 그것이 더욱 발전하여 보살의 길(十地)을 행하는 자만이 진정한 성왕聖王이라고 강조되고 있다.

따라서 아무리 국왕이라고 하더라도 "보살의 십중계를 범하면 그 자리를 상실한다."고 범망경은 설한다. 신하의 절대적인 충성에 앞서 국왕의 선정善政(施恩)이 전제되고 있다. 고구려 말의 보덕普德이 완산莞山(百濟) 고대산孤大山으로 망명한 것은 그런 윤리정신을 잘 나타내는 일례이다. 보장왕은 보덕의 충성스런 간언을 듣지 않고 끝내 도교를 수입하여 국망國亡에 이르렀던 것이다. 따라서 국왕은은 신하의 충성만이 아니라 위정자의 포악을 견제하는 윤리로도 작용할 수 있다.

다음, 부모은에 대해서는 어떤가? 효를 도덕의 근본으로 하는 유교에서 승려의 출가 체발剃髮은 막중한 불효로 단정될 수밖에 없다. 불교가 그러한 중국사회에 수용되기 위해서는 부모은을 앞세우고, 진정한 효는 단순한 봉양에 그치지 않고, 부모를 바른 법(三寶)에 귀의시켜 생사의 괴로움으로부터 영원한 안온처安穩處에 모시는 데에 있다고 강조할 수밖에 없을 것이다. 부모은에 관한 경전들이 중국에서 번역되기 시작한 것은 이 때문이지만, 더욱 그런 뜻을 강조하는 새로운 경전의 찬술撰述에로까지 발전하고 있다.

중국찬술로 생각되는 대보부모은중경大報父母恩重經에는 어머니가 겪는 회태懷胎·생육生育의 열 가지 심은深恩을 열거하고, 배은背恩의 불효와 보은의 방법을 제시하고 있다. 다시 우란분경盂蘭盆經에는 7월 15일 해제일에 백미정찬百味淨饌을 담은 분盆으로 시방승께 공양하면 현재 부모는 물론 과거 칠세七世 부모까지 이고득락離苦得樂한다고 설해져 있다. 불교적인 효의 실천을 의례의 형태로 발전시킨 것이라고 볼 수 있다.

부모은에 대한 이러한 강조는 한국 불교에서도 마찬가지다. 삼국사기의 '효녀지은孝女知恩', 삼국유사 제9 효선편孝善篇에 실린 설화들은 그런 내용을 담고 있어, 당시에 부모은의 윤리가 정착되고 있음을 시사한다. 우란분재 또한 고려 예종 1년(1101)의 설행設行을 효시로 그 뒤 빈번히 개최되면서, 현재는 민속의 차원으로까지 토착화해 있는 것이다. 민간에서 널리 행해지는 7월 보름의 '백중'이 바로 그것이기 때문이다.

유교가 지배관념으로 등장하는 조선조에 들어와서는 부모은은 더욱 강조될 수밖에 없었다. 정도전鄭道傳의 불씨잡변佛氏雜辯에는 불교의 '인륜훼기人倫毁棄'가 비난되고 있거니와, 당시의 함허기화(1376~1433)의 현정론顯正論에는 다음과 같은 논변이 보인다. "석가는 출가 성도한 뒤 부모에게 설법하여 영원히 괴로움에서 도탈度脫케 하셨고, 석씨문釋氏門을 천하에 양명하였으니 어찌 이것이 진정한 대효大孝가 아닌가." 그밖에도 많은 저술에서 그런 언급을 찾을 수 있다. 뿐만 아니라 대보부모은중경大報父母恩重經이 끊임없이 언해諺解·개판開版되고 있는 것이다. 이것은 유가의 불교 비판에 대처한 것이겠지만, 한편으로는 부모은을 서민층 깊이 침투시키는 계기가 되었음에 틀림없다.

따라서 현재 보편화되어 있는 부모나 스승, 국가에 대한 지은知恩·보은報恩의 관념은 이것 또한 불교를 통해 한국사회에 깊이 정착된 윤리라고 말할 수 있다. 유교에서 은을 그 정도로 강조한 예는 찾아보기 어렵기 때문이다.

## 4. 보살계 정신

계율 또한 한국 윤리사상에 적지 않은 영향을 끼쳐 온 것으로 생각된다. 승가생활에 규범을 주는 것이 계율이므로 삼국 불교에는 일찍부터 계율에 관한 연구가 일어나고 있다. 고구려의 율학에 관한 자료는 전해지는 것이 없지만, 백제는 제 28대 성왕 4년(526)에 겸익謙益이 해로海路로 인도 상가나대율사常伽那大律寺에서 범문梵文 오부율五部律을 갖고 왔다는 기록이 보인다. 오부율은 인도 다섯 부파에 전해진 율장(① 說一切有部의 十誦律 ② 法藏部의 四分律 ③ 大衆部의 摩訶僧祇律 ④ 化地部의 五分律 ⑤ 飮光部의

율장)으로 그 전부가 들어온 것은 일찍이 중국에도 없었던 일이다. 뿐만 아니라 명승 28인과 더불어 율부 72권을 번역하고, 담욱曇旭과 혜인惠仁이 그것에 율소律疏 36권을 지었다는 것은 당시 백제 율학이 어떤 수준에 있었던가를 짐작케 한다. 고구려승 혜편惠便에게 득도한 일본의 선신善信·선장禪藏·혜선惠善 세 여승이 계율연구를 위해서는 백제에 건너와(威德王 35년 588) 3년간 유학하고 돌아가고 있는 것이다.

비교적 많은 자료를 남겨주고 있는 신라에서는, 소승율장만이 아니라 대승 보살계도 함께 홍통되고 있다. 제26대 진평왕 22년(600) 수隋에서 유학하고 귀국한 원광은 귀산貴山과 추항箒項이라는 두 젊은이가 '종신의 계로 삼을 일언一言'을 구하였을 때 다음과 같은 5계를 주고 있다.

① 사군이충事君以忠 ② 사친이효事親以孝
③ 교우이신交友以信 ④ 임전무퇴臨戰無退
⑤ 살생유택殺生有擇

이 원광 오계는 범망경의 보살 십중계를 '남의 신자臣子된 자가 지킬 수 있도록' 개변改變을 가한 것이다. 동왕 24년(602)에 귀국하여 대덕大德의 호를 받은 지명智明은(뒤에 다시 大大德이 추가됨) 사분율갈마기四分律羯磨記 1권(失)을 저술하고 있는데, 이 사분율갈마는 출가승려의 수

계작법授戒作法을 규정한 것이다.

다시 제 27대 선덕왕 12년(643)에 당唐 유학에서 돌아온 자장慈藏은 황룡사에서 칠일칠야七日七夜 보살계를 강설하고, 대국통大國統의 자리에 올라 전국 승려에게 보름(半月)마다 계율을 설하게끔 하고 있다. 뿐만 아니라 통도사를 창건하여 전문적으로 수계할 계단戒檀을 쌓고 있으며, 십송율목차기十誦律木叉記 1권과 사분율갈마사기四分律羯磨私記 1권(失)을 저술하고 있다. 자장과 같은 해에 귀국한 원승圓勝 또한 범망경기梵網經記 1권(失)과 사분율목차기四分律木叉記 1권(失)·사분율갈마기四分律羯磨記 2권(失)을 저술하고 있다.

이상과 같이 신라는 십송율·사분율과 같은 소승율 뿐만 아니라 범망계梵網戒와 같은 대승 보살계도 함께 홍통하고 있는데, 그 뒤에도 계속 그 두 계율에 관한 연구가 행해지고 있다. 원효元曉·경흥憬興·지인智仁·승장勝莊·현일玄一·의적義寂·도륜道倫·태현太賢·단목端目 등의 저술 목록에 대소승계율에 관한 저술이 포함되어 있는 것이다. 그리하여 나말 여초에는 사분율을 바탕으로 대승계(瑜伽·梵網)를 포섭하여 삼학(戒·定·慧) 원융圓融을 종지로 한 당 종남산終南山 도선道宣(596~667)의 율종이 신라에도 전해져 하나의 종파를 성립시켰던 것 같다. 고려 태조는 개국사開國寺를 지어 율학을 닦는 승을 머물게 하였으며(淸泰 8년 941), 그것이 불에 타 폐허가 되자 남산종사南山宗

師 목헌구공木軒丘公이 다시 수축했다는 기록이 보인다. 남산율종南山律宗은 고려 일대를 통해 존속했던 모양으로, 조선 태종 11년(1411)의 불교 종파(당시 11종) 폐합시에 그 이름이 보이는 것이다. 오늘날도 출가승려에겐 사분율과 범망계가 주어지고, 재가신자에겐 오계와 범망계가 수여되고 있다.

그런데 이러한 계율은 애초에 업설의 십선업에서 나온 것으로, 유교의 오륜에 통하는 바가 있다. 원광의 세속오계를 유교의 오륜과 비교해 보면 다음과 같은 대응관계가 발견된다.

| 원광오계 | 유교의 오륜 |
|---|---|
| ① 사군이충事君以忠 | 부자유친父子有親 |
| ② 사친이효事親以孝 | 군신유의君臣有義 |
| ③ 교우이신交友以信 | 부부유별夫婦有別 |
| ④ 임전무퇴臨戰無退 | 장유유서長幼有序 |
| ⑤ 살생유택殺生有擇 | 붕우유신朋友有信 |

원광 오계 중의 세 항목이 오륜과 상응하고 있는 것이다. 다만 부부유별과 장유유서가 임전무퇴와 살생유택으로 대치되어 있을 뿐인데, 이것은 귀산과 추항이라는 두 젊은이가 화랑의 무리라는 것을 감안할 때 이해가 갈 만하다. 화랑제도는 당시 통일전쟁을 수행하고 있던 신

라에서 인재양성을 목적으로 한 것이었다. 따라서 임전무퇴의 정신이 강조될 필요가 있고, 전쟁에는 필연적으로 살생이 수반되므로, 불교계율의 수위에 있는 불살생계를 완화할 필요가 있다. 한편 혼전의 젊은이에게 유교의 부부유별과 같은 것은 불필요한 조항이므로, 이것을 임전무퇴로 대치하면 그와 함께 살생유택이 뒤따르게 되어 원광의 오계와 같은 형태가 된다. 따라서 원광오계는 대승 보살계를 신라의 젊은이에게 알맞도록 유교의 오륜과 같은 형태로 개변한 것이라고 할 수 있다.

대소승의 복잡한 계율조직은 살·도·음·망·주의 오계를 기초로 하고 있는데, 이 오계는 유교의 오상五常에 대응된다는 설도 행해지고 있다. 북위北魏의 담정曇靖이 '오계오상五戒五常 일치론'을 시창始唱한 이래, 그 대응관계는 논자에 따라 다소 출입이 있었지만, 후대엔 대개 다음과 같은 설로 정착된다.

① 불살생不殺生 ——— 인仁
② 불투도不偸盗 ——— 의義
③ 불사음不邪淫 ——— 예禮
④ 불망어不妄語 ╲╱ 지智
⑤ 불음주不飮酒 ╱╲ 신信

그런데 이런 오계오상 일치론이 일찍부터 한국에서도

행해지고 있는 것이다. 일례를 들면 신라 하대의 성주산聖住山 무염無染 선사는 제 49대 헌강왕께 "유교의 삼외三畏(天命·大人·聖人)는 불교의 삼귀의三歸依(佛法僧)에 대비되고, 오상은 오계에 균등하다."고 말하고 있다. 조선초 함허기화의 현정론에도 "유교의 오상으로 도추道樞를 삼는데, 그 오상은 소위 불교의 오계라."는 말이 보인다.

따라서 불교의 계율은 유교의 오륜이나 오상과 같은 성격을 갖고 한국의 전통적 윤리사상에 작용해 왔다고 말할 수 있다. 범망경에서 "부모·사승師僧·삼보에 효순하고 지도지법至道之法에 효순하는 그 효를 곧 계(制止)"라고 설하고 있음을 상기할 필요가 있다. 유교윤리가 인仁이나 효孝를 근본정신으로 하고 있는데 대해, 보살계 또한 효를 근본정신으로 삼고 있다는 말이다.

여기에서 한 걸음 더 나아가 신라의 불교사상가들은 그러한 대승 보살계의 진정한 뜻은 계율의 조문에도 걸리지 않는 지극히 순수한 윤리정신의 발휘에 있음을 강조하고 있다. 원효의 보살계본지범요기菩薩戒本持犯要記 1권(存)은 다음과 같은 서序로 시작된다.

보살계는 흐름을 돌려 본원本源에 들어가는 대진大津이요, 삿됨(邪)을 떠나 바름(正)에 나아가는 요문要門이다. 그러나 정사正邪의 양상은 흐리기 쉽고, 죄복罪福의 성품은 가리기 어렵다. 왜냐하면 속마음은 실로 삿되면서 겉자취는 바름에 닮기도 하고, 바깥 행동은 더러운(染) 것 같으면서 속마음은 깨끗(淨)하기도 하고, 하는 일이 작은 복(福)에 맞으나 큰 환(患)을 부르기도 하고, 마음 감이 깊고 멀기에 얕고 가까운 것엔 어길 때도 있다. 그러기에 전예도인專穢道人과 극사사문剋私沙門이 길이 비슷한 자취(似穢)에 빠져 진정眞正함을 잃고, 매양 깊은 계에 지고는 얕은 행을 구한다. 이제 얕은 일을 버려 깊음을 오롯하게 하고, 비슷한 자취를 제거하여 진실되게 하고자 하는 것이다.

그런 뒤 보살의 지계持戒와 범계犯戒를 경중輕重·심천深淺·구경究竟의 세 가지 방면(三門)에서 논하고 있다. 그 내용을 여기서 다 소개할 수는 없지만, 다음과 같은 말은 특히 주목된다. 가령 유가계瑜伽戒는 자찬훼타自讚毁他를 사중계四重戒의 수위首位에 들고 있지만, 그것을 문자 그대로 받아들여서는 안되는 것이니 다음과 같은 네 가지 경우가 생각되기 때문이다.

① 신심信心을 일으키고자 했을 경우 : 복福이요 범犯이 아니다.
② 방일放逸이나 무기심無記心에 의했을 경우 : 범했지만 염染은 아니다.
③ 애에심愛恚心으로 하였을 경우 : 염이지만 중重은 아니다.

④ 이양利養이나 공경을 목적으로 했을 경우 : 중이요 경輕이 아니다.

이중에서 넷째 경우만이 중죄에 해당된다는 것이다.

그러나 이것 또한 "죄상이 복잡하여(非一端) 얼른 가려내기 어려운 것이다. 그러나 불교는 대개 계·정·혜 삼학에 의해 공부하는 것이므로, 원효는 이것에 의해 크게 세 쌍의 무리를 약시略示할 수 있다고 한다. 그 중에서 계에 의한 것을 들어보면 다음과 같다. "제 2쌍은 계에 의지하여 불법을 먹어 없애는 두 가지 벌레이니, 하나는 사계邪戒에 앉은 자요, 다른 하나는 정계正戒에 앉은 자이다. 전자는 사마絲麻를 입지 않고 5곡을 불식하며 이적異迹이 없는 자를 억누르는 것이며, 후자는 남들이 만완慢緩해졌을 때 홀로 몸을 바로하고 위의威儀를 갖춰 그러지 못한 자를 허는 것이다. 사계만이 아니라 정계라고 해도 속으로 이양이나 공경을 목적으로 할 경우는 그 보다도 더한 사악은 없다."는 것이다.

지율持律의 외형보다는 내심內心을 중시하는 원효의 이러한 계율사상은 그의 범망경보살계본사기梵網經菩薩戒本私記 2권(存)에도 한결같다. 범망 십중계는 불살생계를 수위에 두는데, 그 지범持犯을 상론한 끝에 원효는 다음과 같은 4구를 분별해 주고 있다.

① 달륜기達輪機보살이 도저히 건질 수 없는 자를 죽였을 경우 : 복이요 죄가 아니다.

② 오悞·미迷로 죽였을 경우 : 죄도 아니고 복도 아니다.

③ 하품 중생을 죽였을 경우 : 경이요 중이 아니다(罪요 福이 아님)

④ 이곳에서 세운 중계를 범했을 경우 : 중이요 경이 아니다(罪요 福이 아님).

나머지 9중계에 대해서도 일일이 그런 4구 분별로 끝을 맺고 있는 것이다. 의적義寂·태현太賢 등의 현존 저술에도 지계의 정신적 측면을 강조하는 그런 계관이 줄기차게 계승·발전되고 있다. 특히 태현의 보살계본종요菩薩戒本宗要 1권(存)은 그의 보살계 사상이 체계적으로 서술된 것인데, 원효와 비슷하게 그도 자찬훼타계를 중심으로 지범持犯을 ① 총상總相 ② 별상別相 ③ 구경究竟의 3문으로 고찰하고 죄복·경중·염정染淨 등을 4구로 분별하고 있다.

조선초 함허기화에 의해 주목받은 금강경오가해金剛經五家解의 육조해의六祖解義에는 다음과 같은 흥미로운 해석이 보인다. 금강경에 보살은 아상我相·인상人相·중생상衆生相·수자상壽者相과 같은 아집我執이 있어서는 안 된다고 설하고 있는데, 그 4상에 대해 육조(慧能)는 범부와 수행인의 두 가지 경우를 갈라 해석하고 있다. 그 중의 인상에 대해 육조는 "인의예지신仁義禮智信을 행한다고 해도, 의고자부意高自負하여 보경普敬하지 못하면 그것이 곧 범부의 인상이요, 지계를 한답시고 파계자破戒者를 경시하면 그것이 곧 수행인의 인상이라."고 한다. 이 또한 지계의 정신적 측면을 강조하고 있는 것이다. 금강경육조해金剛經六祖解는 세조 10년(1464) 언해·개판되어 널리 융통되었음은 주지의 사실이다.

불교의 계율관은 이상과 같이, 계조戒條의 문자에도 걸리지 않는 지극히 순수한 윤리정신(자비)의 적극적 실천을 강조한다. 신라의 통일전쟁을 가능케 한 것은 바로 이러한 계율정신이었다고 해도 좋을 것이다. 조선조 의승義僧 활동도 같은 맥락에서 이해될 수 있다.

그러나 이상과 같은 보살계관은 자칫 잘못하면 그릇된 방향으로 흐를 염려도 없지 않다. 지나친 정신성의 강조는 외적 행동의 규격을 무시할 가능성이 있고, 거기에 대승불교의 반야공사상般若空思想이 가해지면 계율의 존재마저도 부정하기 쉽기 때문이다. 신라의 불교사상가들은 이 점을 크게 우려하고 있다. 원효는 보살계의 '구경적 지범持犯'에 관해 다음과 같이 밝히고 있다.

계는 스스로 생한 것(自生)이 아니라 여러 가지 연緣에 의탁해 있는 것이다. 따라서 계는 자성自性이 없으므로 유有라고도 할 수 없고, 여러 가지 연에 의탁해 있으므로 무無

라고도 할 수 없다. 계 뿐만 아니라 죄도 그렇고 인간도 그렇다. 그러므로 만일 무에 치우쳐 아무 것도 없다고 하면, 범함은 없지만 영원히 계를 잃음이요, 만일 유에 치우쳐 있다고 하면 능히 지持했다고 해도 그것은 곧 범함이다. 보살의 수계修戒는 그와 달라서, 영원히 삼륜三輪(戒 · 罪 · 人)을 잊되 이변二邊(有 · 無)에 떨어지지 않아 바야흐로 계바라밀戒波羅蜜을 구족하게 되는 것이다. **<원효찬 보살계본지범요기>**

지계의 정신적 측면(無)만이 아니라, 외적인 측면(有)도 소홀히 해서는 안 될 것이 명석하게 밝혀지고 있다.

이상과 같이 살펴 볼 때 불교의 계율은 한국의 전통적 윤리사상에 실천과 이론의 면에서 큰 기여를 해 왔다고 보지 않을 수 없다. 특히 대승보살계 사상은 유무有無에 걸리지 않은 높은 중도적 윤리관을 개척해 주었다고 할 것이다. 그러나 그런 지계의 미묘성은 자칫 잘못하면 한국 불교사에 적지 않은 사례가 발견되듯, 유·무의 어느 일방에 치우치는 문제성도 내포하고 있었다고 보지 않을 수 없다.

# 제 3 장
# 불교 윤리의 현대적 의의

불교 윤리 전반에 걸친 체계적인 개관(제1장)과 한국 사회에 정착된 불교윤리(제2장)를 대강 살펴보았다. 이제 그런 불교 윤리가 오늘날 어떤 의미를 지니는가를 살펴봐야 할 차례지만 현대윤리학에 문외한인 필자에게 그것은 감당키 어려운 과제이다. 따라서 극히 상식적인 몇 가지 관견管見을 제시하여 이 글을 마무리 짓고자 한다.

## 1. 현대적 윤리사상

인간은 어떻게 살아야 할 것인가의 가치를 밝히는 것이 윤리학이다. 따라서 그것은 무엇보다도 먼저 선악의 가치판단 기준을 어디에다 둘 것인가를 문제로 삼지 않을 수 없다. 고전윤리학이 그것을 형이상학적인 세계관이나 보편적 법칙성에서 찾고, 인간의 합리적 이성을 통해 인식코자 한 것은 당연한 일이다. 삶의 궁극적 가치는 인간존재의 근원적 해명을 요구하고, 판단의 기준은 객관적 보편성을 띠어야 하기 때문이다.

그러나 도덕의 그런 절대적 보편성이 실재하는 것일까? 직접적인 인식이나 논리적 실증이 이루어지지 않는 것을 확실한 것으로 받아들이려 하지 않는 현대 과학사상이 고전윤리학의 그런 도덕원리를 받아들일 수 없음은 물론이다. 인식이나 실증이 가능한 것은 현실적인 경험의 세계에 속한다. 따라서 인간에 대한 과학적 관찰은 형이하학적 경험의 세계로 내려오지 않을 수 없다.

현대의 행동심리학은 종래에 '정신현상'의 이름 아래 이해되던 것을 물질의 언어로써 정의코자 하였고, 정신분석학은 인간의 마음을 지배하는 것은 합리성의 원리가 아니라, 맹목적인 충동이라는 것을 가려냈다. 여기에 사회학은 도덕이 인간사회의 일반적 생활 양식, 곧 풍습에서 유래한다는 것을 논하였다.

이런 사상풍조 속에서 윤리학적 회의론이 대두될 것은 당연한 순서이다. 도덕의 절대성을 탐구해 오던 윤리학은 이제 규범에 관한 문제를 다룰 수 있기 전에 스스로의 존재 이유를 물어야만 되는 것이다. "윤리학이 과연 하나의 학學으로서 성립할 수 있을까?" 그 가능성 여부를 묻는 이른바 메타-윤리학(meta-ethics)에서 부정적 입장을 취하는 학자들은 우리의 일상언어를 분석하여 "도덕판단은 감정(emotion)을 표명하는 무의미한 발언에 불과하다."는 말(emotivism)까지 하고 있다.

불교윤리는 현실적 사실과 논증을 중요시하는 현대윤리학의 이런 기본입장에 통하는 바가 있다. 불교는 당시 인도의 여러 종교에서 주장하는 궁극적 진리가 서로 엇갈림을 회의懷疑하고, 무엇보다도 먼저 인간이 인식할 수 있는 현실 세계를 중요시하고 있기 때문이다. 불교 교리조직의 맨 처음에 위치한 십이처설을 되돌아 볼 필요가 있다. "일체는 육근과 육경에 포섭된다."는 그 육근은 인간의 인식기관이고, 육경은 인식 대상이다. 인식 가능한 현실 세계를 문제로 삼고 있는 것이다. 그리고 현대윤리학이 형이하학적 경험세계에서 확인한 것은 육체적인 동작과 정情적인 본능 뿐이었다. 불교 또한 탐·진·치에 지배되는 사악한 중생을 발견하고 있다. 따라서 이 점 또한 현대윤리학과 통하는 바라 하겠다.

그러나 현대윤리학이 거기에서 더 나아가지 못하고 좌초하고 만데 대해 불교윤리는 그렇지 않다. '경험할 수 있는 사실을 근거로 보편적 행위의 법칙을 추론해 내는' 소위 자연주의적 윤리설(naturalistic ethics)과 비슷한 방법으로, 선악업보의 법칙을 찾아내고 있는 것이다. 뿐만 아니라, 거기에서 한 걸음 더 나아가 그런 선악의 윤리는 절대적인 것이 아니라 '상대적인 것' 임을 밝히고, 그로부터 정·사의 윤리를 거쳐 존재의 궁극적 실상을 탐구해 들어가고 있다. 그러나 이 경우에도 형이상학적 사색에 의하지 않고, 인간의 지적 능력을 점차로 성숙시켜 나가 '깨달음(覺)' 이라는 체험을 통해 각자 스스로 인식토록 하고 있다.

따라서 불교윤리는 철저하게 현대적 윤리사상을 밀고 나간 것이라고 볼 만하다. 현실 세계로부터 궁극적 진리에 이르기까지 시종일관 인식과 실증이라는 입장을 포기하지 않고 있기 때문이다. 현대적 윤리관을 확립함에 있어서 불교윤리의 이러한 특질은 크게 주목되어도 좋을 것이다.

## 2. 자유와 책임

자유와 책임이 민주시민 윤리의 기본개념이라는 것은 새삼 말할 필요가 없다. 그러나 그 '자유' 라는 개념에 대해 여러 종교와 사상가들은 의견을 달리하고 있다. 부처님은 당시 인도 종교의 세계관을 크게 존우화작인론尊祐化作因論·숙작인론宿作因論·무인무연론無因無緣論의 셋으로 분류하고 계신다. 첫째 것은 일체는 신神(尊祐)에 의해 창조·지배되고 있다는 브라마니즘(Brahmanism)이고, 둘째 것은 과거의 업에 의한다는 자이니즘(Jainism)이고 셋째 것은 그런 제일원인第一原因을 부정하는 사문들의 사상이다.

세계를 지배하는 근본원인에 대한 이상의 세 가지 철학은 어느 것이나 인간의 죄악을 설명하기 어렵다. 죄악도 궁극적으로는 그런 원인에 의해 발생한다는 말이 되고 있기 때문이다. 동시에 인간의 자유의지가 부정됨은 물론이다. 그러나 과연 그럴 수가 있을까? 인간에게 의지가 있다는 것은 일상 경험에서 직감되는 너무나도 자명한 사실이다. 이런 사실을 어떻게 부정할 수 있겠는가? 따라서 상기 세 가지 학설도 그 점을 인정하지 않을 수 없다. 브라마니즘의 우파니샤드(upaniṣad)철학은 인간의 정신적 자아自我(jīva-ātman)는 브라흐만(sat 有)에서 온 것이라 설하고, 자이니즘의 오실체설五實體說(精神·物質·法·非法·虛空)도 정신에는 의지가 있다고 설하고 있다. 그렇게 되면 근본교설상에 자가당착이 발생함은 물론이다.

그런 문제성에서 부처님은 상기 세 가지 종교사상을 궁극적 진리로는 볼 수 없다는 입장을 취하신다. 엄연한 현실적 사실과 어긋나는 전통적 종교관념을 과감히 청산함으로써 자유의지의 존재를 확립하시려는 것이다. 십이처설에서 인간의 주체(第六根)를 '의지'라고 규정한 것을 상기할 필요가 있다. 따라서 불교는 어느 종교보다도 의지의 자유를 강조하는 사상이라고 할 수 있다.

자유의지에 관한 문제는 현대 윤리학에서 논란이 거듭되고 있는 것 같다. 의지가 자유라고 논하는 사람들은 ① 그것이 직관되고 있다는 사실과 ② 모든 행동이 필연적이라면 도덕적 현상이 불합리해진다는 것과의 두 가지 이유를 들고 있다. 이 점은 불교와 입장을 함께 한다고 볼 수 있다. 이에 대해 의지의 결정론에 가담하는 학자들은 자연과학의 보편적 인과율(必然)을 정신현상에까지 적용할 경우 전통적 의미의 의지의 자유는 부정된다는 사실을 들어 그에 맞서고 있다. 그리하여 의지자유론意志自由論과 의지결정론意志決定論의 대립이 있게 되고 이런 대립을 해결하려는 절충론이 제시되고 있다.

현대 윤리학의 그러한 복잡한 의지론에 대해 필자는 뭐라 평할 능력이 없다. 그러나 의지결정론적 이론에서 필자의 관심을 끄는 바는, "만일 그 때 안하려고 마음만 먹었다면 안할 수도 있었다."는 결의에 대한 분석이다. '마음을 먹을 수 있다'는 것은 의지의 자유를 뜻한다. 그러나 사실은 그 때 그럴 수 없었고, 오직 그런 마음을 먹었다는 것이다. 이것은 의지도 인과율의 제약을 받고 있음을 의미한다. 다시 말하면 그 의지작용은 불가피하고 필연적인 것이었다는 것이다. 절충론적 견해는 여기에서 한 걸음 더 나아가 "자유와 필연(決定)은 모순개념이 아니라 양립하는 것이며, 의지가 인과율의 제약을 받는다고 봄으로써 상벌의 의의가 오히려 더 뚜렷해진다"고 논하고 있다.

불교적인 시각에서 볼 때, 이상과 같은 이론은 정확한 개념을 추구하고 있는 것 같으면서도 사실은 문제를 더욱 혼란시키고 있다. 불교에서는 인간의 의지가 직감된다는 것만으로 그치지 않는다. 모든 존재는 그밖에 다시 '덧없고·괴롭고·무아'라는 또 하나의 현실적 측면이 인식된다는 것을 강조한다(三法印說). 따라서 인간 행동(業)은 단순히 의지 하나만으로 결정되는 것이 아니다. 의지의 자유라는 X축과 편안함의 추구라는 Y축과의 둘에 의해 그 좌표가 결정된다는 말이다. 의지결정론은 그런 X·Y 두 축을 분리하지 못한 채, Y축의 영향력을 보편적 인과율과 혼동하고 있음이 느껴진다.

뿐만 아니라, 불교 업설은 이기적인 행동(惡業)은 괴로움(苦果)을 초래하고 이타적인 행동(善業)은 즐거움(樂果)을 초래한다는 법칙(三世因果)을 인간에게 깨우침으로써, 자발적으로 지악천선止惡遷善의 결의를 하게 한다. 이러한 결의는 의지에 자유가 있기에 가능할 것이다. 이런 자유의지를 무생물과 같은 자연물에서 기대할 수 있겠는가? 자연물은 동일한 자극(因)에 항상 동일한(必然) 반응(果)을 보일 뿐이다. 따라서 의지결정론적 견해는 인간을 물질적인 존재(自然物)로 전락시키고 있음을 의식해야 한다.

이상과 같이 살펴 볼 때 불교의 업설은 어느 종교사상

보다도 인간의 자유의지를 강조하고 있음이 뚜렷하다. 그것은 과거 인도 종교의 여러 가지 관념적 속박으로부터 인간의지의 자유를 회복한 것이지만, 현대사상의 도전에 대해서도 능히 그런 사명을 다할 수 있을 것이다. 더구나 업설은 모든 업인에는 반드시 그에 상응한 과보가 따른다고 설하고 있어 민주사상의 자유와 책임이라는 개념에 잘 상응한다. 그리하여 그런 입장에서 선행을 스스로 결행하도록 하고 있는 것이다. 따라서 이 점 또한 민주시민의 자율정신 확립에 있어서 큰 기여를 할 수 있지 않을까 생각한다.

### 3. 민주적 국가이념

생명 유지에 일차적으로 필요한 것은 생활물질이다. 현대 민주사회에서 그런 생활물자를 생산·공급하고 있는 것은 산업이지만, 그 중에서도 기업企業이라 할 수 있다. 의욕과 독창성을 갖고 새로운 상품을 개발하고 있는 것은 기업이기 때문이다. 이런 견지에서 기업의 육성은 풍요로운 사회를 건설하는 데 절대로 필요하다.

기업의 육성에는 경제적 활동의 자유와 소유재산의 사유가 보장되어야 한다. 소득의 사유가 보장되지 않으면 투자의욕이 일어날 수 없고, 활동의 자유가 없으면 독창적 계획을 전개할 수 없기 때문이다. 오늘날 경제활동의 자유와 재산의 사유가 인정되지 않는 공산국가에서 자유로운 기업의 성황을 볼 수 없고, 생활수준 또한 저조함을 보는 것이다.

그러나 경제활동의 자유와 재산의 사유는 기업으로 하여금 부당한 이득의 추구를 감행시킬 우려가 있다. 인간은 자유의지를 가졌기에 선업도 할 수 있고 악업도 할 수 있다. 기업 또한 그럴 가능성이 있다는 말이다. 막대한 경제적 힘으로 시장을 독점하여 저질의 상품을 고가로 팔거나, 생산보다는 투기에 탐닉하는 등 걷잡을 수 없는 사회악을 조성할 수 있다.

따라서 기업의 보호·육성도 중요하지만 그것의 감시·통제도 필요하다. 막대한 경제력을 가진 대기업에 맞서 그 횡포를 제지할 수 있는 또 하나의 힘이 필요하다는 말이다. 그것을 우리는 정치권력에 기대할 수밖에 없다. 그러나 정치력도 또한 인간의 일이므로 남용과 횡포의 가능성이 없지 않다. 그럴 경우에는 전체 국민의 의사로 경신하는 방법이 있을 수 있다. 민주의회제도가 발달한 것은 이 때문인 것으로 생각된다.

민주정치는 강력한 정치력을 갖기 어려운 약점이 있다. 그러나 민의民意를 존중하는 기본 성격을 띠는 것이므로 그런 입장에서 '경제활동의 인과因果'를 명백히 하면 기업은 눈부신 활동을 전개할 것이다. 좀 더 구체적으로 말하면 정치는 경제활동의 자유를 억압하거나 사유재산을 침해해서는 안 된다. 특정 기업에 특혜나 관용을 베풀어서도 안 된다. 경제정책이 그렇게 명백하게 확립되면 기업은 자생의 목적으로 양질의 상품을 양산하여 염가로 공급하는 바람직한 생산의 노선을 지향할 수밖에 없게 된다는 것이다.

B.C. 6세기 경의 인도는 농업경제에서 상업경제로 전환하면서 많은 도시국가가 발생하고 있다. 이런 시기에 생존했던 부처님은 상술한 바와 같은 정치와 경제의 상호작용을 잘 의식하고 계셨던 것 같다. 일례를 들면 장아함 권 6 소연경小緣經에 다음과 같은 말이 보인다. "재탐財貪과 도둑질로 사회가 극도로 사악해졌을 때 대왕을 선출하여 이를 다스리게 하였다." 왕권을 민주적 계약으로 보고 그 첫째 임무를 경제문제 해결로 보고 계시는 것이다. 아함경에 숱하게 등장하는 전륜성왕은 그런 대왕의 이상적인 이미지를 그린 것인데, 그는 정법正法, 곧 십선업으로 나라를 다스리기에 천하가 통일되고 풍요로운 사회가 건설된다고 한다.**<중아함 권15 전륜왕경>** 십선업은 인과를 명백히 밝혀 선업을 권장한 것이므로 그것은 상술한 바와 같은 기업윤리에 그대로 통하는 것이다.

그러나 아무리 건전한 정치와 기업을 통해 물질적 풍요로움이 이룩된다고 하더라도 그것으로 모든 문제가 해결된다고 볼 수는 없다. 인간의 능력과 물질에는 한계가 있을 뿐만 아니라 모든 존재는 덧없는 속성을 지닌 것이기 때문이다. 불교적으로 말하면 생주이멸의 과정(無常)을 겪을 수밖에 없는 것들이다. 물질적 존재에 이런 유한성이 있을 때 그것이 아무리 풍요롭다고 하더라도 결국은 가치없는 것이 되고 말 것이다.

따라서 진정한 복지사회는 물질적 번영과 함께 정신문화의 개발이 수반되는 것이어야 한다. 물질의 유한성을 극복하여 그것에 새로운 가치를 부여할 수 있는 것은 정신적 차원이기 때문이다. 불교윤리는 궁극적으로 이런 국가이념을 제시하고 있다. "모든 불자는 불국을 건설하여 중생을 교화하라"는 사명(授記)을 부여하고 있는데, 그러한 불국은 물질적 풍요로움이 아름답게 묘사되고, 일심으로 깨달음을 구하는 중생(菩薩)들로 충만되어 있음을 본다. 윤리학은 궁극적으로는 이런 국가이념적 가치를 추구해야 하지 않을까 생각한다.

# 제 4 장
# 맺는 말

불교윤리는 ① 십업설→ ② 사제설→ ③ 육바라밀→ ④ 일불승설로 전개되는 중층적 교리조직 속에서 설해지고 있다. 따라서 복잡한 내용과 구조를 가진 것이지만, 구태여 이런 방법이 택해진 것은, 도덕의 절대성을 신수信受케 하려는 것이 아니라, 윤리적 가치를 스스로 발견케 함으로써 자율적인 도덕행에 나아가게 하려는 데 뜻이 있다.

B.C. 6세기 경의 인도사회는 사상적으로 큰 혼란을 빚고 있었다. 전통적인 브라마니즘에 대해 새로운 사문들이 등장하여 사상적 도전을 하고 있었기 때문이다. 당시의 그런 사상을 부처님은 크게 세 가지로 분류하고 계신다. 첫째는 모든 것은 신이 창조·지배하고 있다는 브라

마니즘의 존우화작인설이고, 둘째는 숙업에 의한다는 자이니즘의 숙작인설이고, 셋째는 그런 제일원인을 부정하는 사문들의 무인무연설이다. 그런 뒤 이들은 어느 것이나 인간의 죄악과 자유의지라는 두 가지 현상을 합리적으로는 설명하기 어려움을 지적하고 계신다.

형이상학적 진리와 현실적 사실이 이렇게 정합整合하지 않을 때, 전자에 입각해서 후자를 억지로 설명하려고 할 것이 아니라 전자를 버리고 후자를 취해야 한다는 것이 불교의 입장이다. "일체는 눈·귀·코·혀·몸·의지(육근)와 색·소리·냄새·맛·촉감·법(육경)의 열둘에 들어간다"는 십이처설은 그런 불교의 기본입장을 잘 표명하고 있다. 인간에 의해 인식되고 있는 현실 세계에서 그 인간의 주체(第六根)가 '자유의지(마음)'로 규정되고 있는 것이다. 뿐만 아니라 그 십이처는 어느 것이나 덧없이 변하는 것이요(無常), 따라서 괴로움(苦)이요, 그러기에 '나'라고 할 수 없음(無我)이 또한 명백한 현실적 사실이다(三法印說).

불교의 십업설은 바로 이런 현실적 사실(十二處·三法印)에 입각해서 설해진 윤리적 교설이다. 인간은 나라고 할 수 없는 것을 나라고 집착하여 그 존속을 위해 끊임없이 편안함(樂)을 추구하고 있다. 그런 인간의 의지적 활동을 '업'이라고 부른다. 그런 업의 작용을 받으면 자연물은 필연적인 반응(報)을 보일 것이다. 그러나 그런 대상이 인간일 경우는 그렇게 일률적으로 말할 수 없다. 그도 의지를 작용할 수 있기 때문이다. 하지만 모든 인간은 개아의 존속을 위한다는 점에서 뜻하는 바가 서로 다를 수 없다. 따라서 자타공존을 위한 업은 남의 협력을 반드시 받을 것이고(樂), 자기만을 위한 업(惡)은 반대를 받아 뜻이 이뤄지기 어려울 것이다(苦). 선악업인에는 반드시 그에 상응한 고락과보苦樂果報가 따른다는 말이다. 이런 법칙성은 자연법칙적 인과율과는 달리 피차에 의지가 있기 때문에 오히려 성립케 되는 윤리적 성격의 것이다.

현실 세계에서 이런 법칙성이 의식된다면, 인간은 자발적으로 십악(살생·투도·사음·망어·양설·기어·악구·탐욕·진에·치암)을 부정하여 십선에 나아가고, 사무량심(慈悲喜捨)으로 보시(財·法)와 지계(五戒·八齋戒 등)에 힘쓰지 않을 수가 없을 것이다. 한 걸음 더 나아가 막중한 시은자(父母·師長·國王·妻婦·親族·朋友·奴僕 등)에게는 특별한 지은知恩·보은報恩의 행동을 하지 않을 수 없다. 일체중생을 평등하게 보는 불교의 보편적 윤리관에 유교의 오륜과 같은 특수한 사회윤리가 자리잡을 수 있는 이론적 근거가 여기에 있다.

그러나 인간의 외外행동에는 한계가 있어, 아무리 선업을 지어도 끝내 덧없음(無常)을 면할 수가 없다. 사제설(苦·集·滅·道)은 십업설의 이런 한계성을 극복하여 절대적 가치를 추구한 것이다. 인간존재의 괴로움은(苦諦), 나 아닌 것을 나라고 집착한 잘못(邪見)에서 집기集起하고 있다(集諦). 사제설은 그런 집착을 멸함으로써(滅諦) 괴로움의 근본적 해결에 이르는 길을 제시하고 있기 때문이다(道諦). 이런 정사正邪의 윤리를 한층 더 철저하게 밀고 나간 것이 대승불교의 육바라밀설(보시·지계·인욕·정진·선정·반야)이다. 일체의 분별망집을 타파하는 철저한 공관의 실천이 언어와 사유의 차원마저 넘어서고 있는 것이다(到彼岸).

이런 출세간적 가치추구는 외부에서 문제를 해결하려는 것이 아니라 인간의 내심에서 문제를 근본적으로 해결하려는 것이므로 사회윤리를 무시할 수도 있을 것이다. 그러나 사실은 그렇지 않다. 사제설의 팔정도에는 정사유·정어·정업·정명과 같은 사회윤리적 덕목이 포함되어 있고, 육바라밀의 수위에 위치한 보시와 지계는 십업설에서 가장 적극성을 띤 선행이었다. 뿐만 아니라 이들은 대승공관大乘空觀에 의해 그 윤리정신이 한없이 심화되고 있다. 보시는 삼륜三輪(施者·受者·施物) 공적한 무주상보시無住相布施여야 하고, 계율의 관념 또한 일체선업에 확대되고(十善戒·三聚淨戒), 외행동보다는 정신적 동기를 중시하는 대승보살계(瑜伽戒·梵綱戒)의 성립까지 보여 주고 있다.

대승보살에게 이렇게 강력한 사회윤리적 행동이 요청되고 있는 까닭은 무엇일까? 반야공관지般若空觀智에서 그에 대한 명확한 이론적 근거를 찾기는 어렵다. 부처가 이룬 무상의 바르고 원만한 깨달음을 통해서만이 모든 존재의 궁극적 실상은 밝혀지는 것이다. 따라서 불교는 모든 불자에게 그런 무상의 깨달음을 이뤄 사회를 정화하고 중생을 교화할 것을 사명으로 부여하고 있다(일불승설). 불교는 궁극적으로 이런 깨달음(覺)의 윤리를 추구하고 있는 것이다.

이상과 같은 불교의 윤리적 교리체계에서 한국사회에 깊이 정착된 것은 인과응보설, 보시사상, 보은관념, 보살계 정신이 두드러진 것으로 생각된다.

업설은 불교의 가장 기초적인 교리일 뿐만 아니라 삼국에 전래한 초전기初傳期 불교의 중심사상도 그것이었다. 그러한 업설은 전래 당시엔 국가발전에 장애적 요소로 작용하고 있던 귀족세력의 무교적巫教的 사상기반을 해소하려는 정치성을 띤 것이었다. 그러나 불교 흥륭과 함께 차츰 사회윤리로 정착되어 갔는데, 점찰법회는 그에 중요한 기여를 한 것으로 생각된다. 조선시대에는 구소설의 빈번한 소재가 될 정도로 통속화되어 있지만, 업설 본연의 강력한 현실타개정신을 잃고 '한恨'의 문학적 표현양식으로 굴절되어 있다.

불교의 수입·홍통이 국가발전을 위했던 만큼 '보시'는 처음부터 국가적으로 행해지고 있다. 조선시대 억불정책 아래에서도 보시의 공덕설은 서민층 깊이 흐르고 있는 것이다. 그러나 보시가 승가중심의 공덕설로 기울어져 재가인의 능동적 사회복지활동으로 전개되지 못한 것은 아쉬운 점이라 할 것이다.

승가의 출세간적 가치추구와 국가의 세속적 정치목적은 갈등을 빚기 마련이다. 이런 상황에서 불교의 특수한 사회윤리를 성립시키는 '은恩'의 관념이 주목되는 것은 당연한 일이다. 부모, 사장, 국왕, 시주의 4은에서 대대로 중요시된 것은 국왕은인데, 이것은 불교가 국가의 막대한 외호外護를 받았기 때문이다. 조선시대에는 유불교섭상儒佛交涉上 부모은이 크게 강조되고 있다.

불교 계율 또한 한국 윤리사상에 적지 않은 영향을 끼쳐 왔다. 백제 겸익의 5부율 재래齎來와 번역은 세계적인 것이었고, 신라 원광의 세속오계는 범망십중계의 독창적인 신라적 적용이었다. 특히 원효를 비롯한 신라 통일기 교학가敎學家의 대승보살계 연구는 도덕의 외적 형식보다는 내적 정신을 개척한 것이지만, 지계의 궁극적 경지는 내외에 치우치지 않는 중도적인 것임을 밝히고 있다.

끝으로 이상과 같은 불교윤리가 오늘날 한국사회에서 어떤 의의를 지니고 있는가를 현대적 윤리사상과 자유와 책임, 민주적 국가이념이라는 세 가지 촛점에 맞춰 간단히 살펴봤다.

고전윤리학은 도덕의 절대·보편성이 존재한다는 전제 아래 인간의 합리적 이성을 통해 그것을 밝히고자 하였다. 그러나 현대 과학사상은 인식되거나 논증되지 않는 것을 진리로 받아들이려 하지 않는다. 따라서 인간에 대한 과학적 연구는 자연히 경험의 세계로 내려갈 수밖에 없었다. 그러나 현대윤리학이 거기에서 발견한 것은 본능적 행동이나 일상언어에 불과한 것 같다.

불교 또한 현실적 사실과 인식을 무엇보다도 중요시하고 있다는 점에서(十二處說) 현대윤리학에 통하는 바가 있다. 그러나 불교는 그곳에서 좌초坐礁하지 않고 그로부터 다시 자연주의적 윤리설과 비슷한 방법으로 선악업보의 법칙성을 찾고, 마침내는 존재의 궁극적 실상을 깨닫는 데에까지 이르고 있다. 따라서 불교윤리는 과학적 방법을 끝까지 밀고 나간 현대적 윤리사상이라 할 만한다.

자유와 책임은 민주시민 윤리의 기본정신이다. 그런데 그 자유라는 개념에 대해서 의지결정론자는 인간의 의지가 자유인 것 같지만 실제적 의지작용은 자연법칙적 인과율의 제약을 받아 필연적으로 행해지는 것이라고 주장하고 있다. 이것 또한 문제를 더욱 혼란시키고 있다. 불교에 의하면 인간행동(業)은 자유의지라는 X축(십이처설)과 편안함의 추구라는 Y축(삼법인설)과의 둘에 의해 그 좌표가 결정된다. 의지결정론은 그 두 축을 분리하지 못한 채 Y축의 영향력을 자연법칙적 인과율과 혼동하고 있는 것이다. 따라서 불교는 과거 인도종교의 관념적 구속(삼종외도설)으로부터 인간의지를 해방시킨 것이지만, 현대사상의 도전에 대해서도 그런 사명을 다할 수 있을 것으로 본다.

현대사회에서 부를 창조하는 것은 기업이다. 기업을

육성하려면 경제활동의 자유와 소득의 사유가 보장되어야 한다. 그러나 부당한 이익의 추구는 절대로 막아야 한다. 그러려면 경제력에 맞설 민주적 정치권력의 형성이 필요하고, 그러한 정치 권력은 경제활동의 '인과因果'를 명백히 하는 데에 집중되어야 한다. 그럴 때 기업은 양질의 상품을 생산코자 할 것이다. 불교의 전륜성왕 사상은 이런 정치이념을 잘 나타내고 있다. 윤왕輪王은 정법(업설)으로 나라를 다스리며 풍요로운 통일천하를 실현시킨다는 것이다. 그러나 물질적 풍요만으로 이상사회가 건설되는 것은 아니다. 정신문화의 개발이 수반되어야 한다. 물질의 유한성을 극복하여 그것에 새로운 가치를 부여하는 것은 정신적 차원이기 때문이다. 불교의 일불승설은 궁극적으로 그런 국가 이념적 가치를 추구하고 있다.

# 제5부

# 일불승의 보살도

# 제 1 장
# 일불승의 보살도

## 1. 오늘의 한국불교

인간이란 무엇인가? 어떻게 살아야 할 것인가? 종교의 목적은 그런 문제에 근본적인 해답을 주는 데에 있다. 만일 그런 기능이 없다면 종교는 그 존립 의의를 상실하고 말 것이다. 오늘날 한국 불교는 이런 문제에 대해서 무엇을 말할 수 있을까?

한용운(1879~1944)의 불교유신론(1913) 이래 한국 불교의 현대화를 위한 많은 주장과 방법론이 제시되어 왔다. 그러한 주장들은 대개가 승니교육·포교·사찰운영·무속신앙 제거 등에 집중되고 있다. 불교의 이념 정립에 관한 문제는 크게 다루어지지 않았던 것이다.

그러나 필자의 생각으로는 그런 외형적인 현대화보다 더 시급한 것이 내적인 이념 정립이라고 보고 싶다. 무엇을 가르치고 배울 것인가가 결정되지 않고 교육이나 포교와 같은 것이 제대로 이루어질 수 없기 때문이다.

한국 불교의 전통적 교리 사상에서 주류를 이루고 있는 것은 선禪과 화엄학華嚴學이라고 할 수 있다. 그 중에서도 우위를 차지하고 있는 것은 선이다. 승니는 강원에서 사집·사교·대교(四集·四敎·大敎)라는 이수 과정을 통해 화엄학을 배우지만, 그것을 마친 다음에는 선원에 가서 참선하는 것이 당연한 코스라고 생각하고 있는 경향이다. 선 아니면 깨달음을 얻을 수 없다는 통념이 일반적으로 행해지고 있다.

이러한 한국선韓國禪의 내용은 고려시대의 보조 지눌(1158~1210)이 창도한 이래 면면히 이어져 내려오는 간화선看話禪이다. 어느 선원에서나 1,700공안 중의 하나를 들고 묵묵히 좌선하고 있는 것이다. 그런 공안 중에서 가장 많이 사용되고 있는 것이 개에 불성이 없다는 '구자무불성화狗子無佛性話'와 이 무엇고 하는 '시심마是甚麼'인데, 그런 화두가 타파되는 날 인간의 모든 문제는 일시에 해결된다고 보고 있다.

선은 이렇게 '사람의 마음을 곧 바로 가리켜(直指人心) 그 성품을 보고 깨달음을 얻는다(見性成佛)'는 입장을 취하고 있다. 경전에 입각한 교보다는 훨씬 직접적이고 간결한 것이다. 그러기에 불교에서는 가장 수승한 깨달음의 길(最上乘)이라고 자부할 만하다.

그러나 불교를 현대 대중에게 펴는 데에는 선의 그러한 우수성은 오히려 문제가 된다. 경전에 설해진 공의 도리만 해도 일반 사람이 이해하기 어려운 것인데, 선은 그런 교에서는 상상도 할 수 없을 만큼 전혀 다른 정신적 차원을 열고 있기 때문이다. '부처님의 말씀 밖에 따로 전해져(教外別傳) 문자로 세울 수 없다(不立文字)'는 것이다. 이러한 선을 현대 대중이 어떻게 그들의 종교적 이념으로 받아들일 수 있을 것인가?

출가해서 전문적으로 선을 수행하고 있는 사람에게도 선은 그렇게 용이한 것이 아니다. 일체의 교학을 배척하고 판단 중지를 요구하는 까닭에 자칫 잘못하면 혼침昏沈에 빠지게 된다. 또는 자기 멋대로 도道를 얻었다고 하여 계율을 무시하고 언행을 함부로 하는 일까지 있게 된다. 이런 일은 한국 불교의 중흥을 위해 심각한 문제라고 하지 않을 수가 없다.

만일 한국 불교가 선의 우수성만을 계속해서 주장해 나간다면, 불교는 사람들로부터 경원敬遠되고 말 것이다. 그리하여 일반 대중은 손쉬운 염불이나 주력呪力·기복 등에 매달리다가 결국에 가서는 다른 종교를 구하게 될 것은 물론이다.

이런 견지에서 필자는 한국 불교 현대화의 이념 정립

을 위해서는 우선 무엇보다도 경전에 입각해야 하지 않을까 생각한다. 경전은 선보다는 훨씬 이해하기 쉽고, 또 부처님의 말씀이라는 절대적인 권위를 지니는 것이기 때문이다. 필자의 이러한 견해는 선을 전적으로 부정하자는 것은 아니다. 일단 부처님의 언교言教에 의해서 이념을 정립하고, 그런 이념 위에서 선이건 염불이건 자유로이 행하자는 것이다.

## 2. 일불승의 보살도

대승경전 중에서 선에 가장 가까운 것은 반야경이라고 할 수 있다. 중국 선종의 제6조인 혜능慧能이 금강반야경을 전거로 삼은 이래 오늘에 이르기까지 선가의 애용하는 바가 되었고, 한국에서도 조선초 함허기화涵虛己和(1376~1433)가 선적인 주석을 베푼 '금강경오가해설의金剛經五家解說誼'가 지금까지 계속해서 독송되고 있는 것이다.

반야경은 '모든 법은 공하다'는 입장에서 일체의 분별망념을 버릴 것을 강조하고 있다. 뿐만 아니라 그런 지혜의 완성을 뜻하는 '반야바라밀般若波羅蜜'을 설하는 외에 그와 함께 다시 보시·지계·인욕·정진·선나(布施·持戒·忍辱·精進·禪那)의 다섯 가지 바라밀도 곁들여 수행할 것을 권하고 있다.

따라서 교의教義가 구족되어 정연한 균형을 이루고 있는 것이다. 예를 들면 선에서는 선나禪那 바라밀 하나만이 지나치게 강조되어 계율을 무시하는 막행막식莫行莫食하는 문제가 발생되기 쉽지만, 이곳에는 '지계 바라밀'이 있어 그런 행동이 저절로 제동되고 있다는 것이다. 이런 점에서도 한국 불교의 이념 정립은 먼저 경전에 입각해야 할 것이라고 느낀다.

그러나 반야경 하나만으로 그런 이념 정립의 문제가 거뜬히 충족된다고 보는 것은 속단이다. 6바라밀 중에서 가장 근간이 되는 것은 반야 바라밀이지만, '왜 모든 법이 그렇게 공한가?'에 대한 이유는 반야경에 뚜렷하지 않은 것이다. 그저 모든 법은 공이요, 불가득不可得이요, 불가설不可說이라고 되풀이 되고 있을 뿐이다. 공에 대한 정당한 이유없이 덮어 놓고 공이라고만 하고, 또 그것을 믿는다면 그것은 일종의 맹신이라고 하지 않을 수가 없다. 왜 일체(모든 것)를 공이라고 봐야 하는가의 뚜렷한 근거가 제시되지 않으면 안되는 것이다.

반야경을 깊이 연구한 인도의 용수龍樹(A.D. 150~250)는 그런 공의 이유로서 '연기緣起'라는 것을 제시하고 있다. "연기한 것은 공이요, 가명假名이며, 또 그것은 중도中道"라는 것이다. 그런데 그런 연기라는 개념이 뚜렷하게 설해지고 있는 곳은 반야경이 아니라 아함경에서이다.

아함경은 종래 대승불교에서 소승경전이라고 해서 거들떠 보지도 않던 경전이다. 이제 우리는 이것에 새로운 인식을 보태지 않으면 안 된다. 불교가 흥기할 무렵, 당시의 인도사회에서 불교가 내세웠던 기본적인 입장들이 그곳에 선명하게 아로새겨져 있을 뿐만 아니라, 불교인이면 반드시 알고 있어야 할 기초적인 교설들이 풍부하게 간직되어 있는 것이다.

아함경에 설해진 기초적인 교리 중에서 가장 초보적인 것은 십업설十業說이라고 할 수가 있다. 모든 업인業因에는 반드시 그에 상응한 과보가 따르므로 선업善業을 닦으라는 것이다. 그러나 업설은 생사生死라는 괴로움을 근본적으로 해결할 수가 없다. 그런 문제를 해결해 주는 것이 고·집·멸·도로 구성된 '사제설四諦說'이다. 그리고 그런 생사 해탈의 길을 더욱 심화하고 체계화한 것이 '십이연기十二緣起'라는 교설이다.

그런데 그 12연기설에 입각해서 이미 '공空의 최승의最勝義'와 '중도中道'라는 입장이 천명되고 있는 것이다. 좀더 구체적으로 말하면, 인간의 생사는 진리에 대한 무지(妄念)에서 일어난 것이다. 따라서 실체가 없어 공이라고 할 수밖에 없다. 그러나 아무리 실체가 없다고 하더라도 망념 그 자체까지 없다고 할 수는 없을 것이다. 생사라는 괴로움은 현실적으로 경험되고 있기 때문이다. 따라서 유有라고도 할 수 없고 무無라고도 할 수 없어 중도의 뜻이 성립한다는 것이다.

용수는 아함의 이런 연기설을 원용하여 반야경의 공을 논리적으로 분명히 한 것임에 틀림없다. 그리고 용수의 그런 해석은 사실을 정확하게 파악한 것이라고 보아도 좋을 것이다. 반야경이 아함경과 다른 본질적인 차이는, 후자가 망념을 다한 진리의 세계는 절대적인 가치라고 보고 있는 데에 반해서, 전자는 그러한 열반涅槃도 공이라고 보는 데에 있다. 생사와 열반을 다함께 공이라고 보는 이러한 견해는 그 두 법이 인연 관계에 있다는 견지에서 내려진 판단이다. 따라서 반야경의 공설은 아함경의 연기설을 확대 해석한 것에 불과한 것이다. 그러기에 반야경에 공에 대한 이유가 새삼스럽게 설해질 필요가 없었을 것이고, 용수는 그것을 새로 상기시켰을 뿐인 것이다.

이런 견지에서 필자는 반야경을 제대로 이해하기 위해서는 아함경부터 공부해 갈 필요가 있다고 본다. 흔히 대승불교는 소승불교를 전적으로 부정하는 것으로 보려고 한다. 그러나 그보다는 아함경의 교리를 다시 새로운 차원으로 전개시켜 부처님의 진정한 뜻을 발휘코자 한 것이 대승불교라고 봄이 가할 것이다.

아함경의 연기설은 이와 같이 반야경의 공사상에 이르고 있는데, 불교의 궁극적 이념은 이런 반야의 완성으로 다하고 있는 것일까? 만일 그렇다면 불교는 생사의 현실을 초월한 저 피안에 궁극적인 가치를 설정하고 있다는 평을 받아도 좋다. 모든 것은 연기하고 연기한 것은 공이라는 반야의 논리는 일체의 소득所得을 변증법적으로 부정해 나가 결코 현실에 되돌아 올 수 없기 때문이다. 공을 다시 공해 버리면(空亦復空) 유有가 된다는 주장도 있지만, 부정은 역시 부정인 것이다.

그런데 초기 대승경전 중에는 반야경의 이런 공사상과는 달리, 불교의 궁극적인 이념은 결코 피안에 그치는 것이 아니라 한 걸음 더 나아가 '성불' 하는 데에 있다고 강력하게 주장하는 경전이 있다. 그것이 다름 아닌 법화경이다.

좀더 구체적으로 말하면, 법화경은 서설序說에 이어 곧 다음과 같은 놀라운 선언을 하고 있다. 지금까지 설해 온 교설은 크게 삼승三乘으로 가를 수가 있으니, 4제를 닦아 아라한이 되고, 12연기를 닦아 벽지불이 되고, 6바라밀을 닦아 보살이 된다는 것이 그것이다. 그런데 이러한 삼승의 교설은 임시 방편에 불과하고 진실이 아니었다는 것이다. 500여 명의 퇴장이 있었다고 할 정도로 참으로 충격적인 선언이다.

그런 뒤에 부처님은 그가 세상에 출현한 목적은 오직 한 가지 일을 하기 위함이니, 그것은 곧 모든 중생들에게 부처님과 똑같은 깨달음을 얻게 하고자 함이라고 하신다. 따라서 삼승은 있을 수가 없고, 오직 한 줄기 성불에 이르는 '일불승一佛乘' 만이 있을 뿐이다. 그리하여 모든 불자에게 부처님과 같은 무상無上의 깨달음을 얻겠다는 마음을 일으킬 것을 권하고, 불자로서 그런 발심을 하지 않는다면 그야말로 가장 심한 교만(增上慢)이라고 단정하고 있다.

이전에 살펴 왔던 아함경이나 반야경과는 다시 전혀 다른 차원이라는 것이 느껴진다. 그렇다면 여기서 말하고 있는 그 부처님의 깨달음이란 과연 어떤 내용의 것일까? 법화경은 이에 대해서 별로 설해주는 바가 없다. 다만 '모든 법의 실상實相은 오직 부처와 부처만이 서로 말할 수 있을 뿐' 피안에 이른 불퇴전不退轉의 보살도 감히 짐작할 수 없는 것이라고 할 뿐이다.

그러나 법화경의 여러 가지 암시적 표현에서 우리는 그런 일불승이 지향하는 곳이 어디라는 것은 어느 정도 짐작할 수가 있다. 우선 부처님의 열 가지 이름 중에서 맨 처음에 위치하고 있는 것은 '그렇게 온 자(如來)' 라는 것인데, 이것은 일불승의 궁극적 지향점이 피안이 아니라, 그곳에서 다시 차안此岸으로 회향되고 있음을 보여주는 것이다.

그리고 그 다음은 '동등한 자(阿羅漢)', '바르고 원만하게 깨달은 자(正徧覺)' 라는 이름이 따르고 있는데, 이것은 피안에서 차안에 돌아옴으로써 그 두 세계가 가치적으로 동등해진 경계에서 모든 법의 실상을 바르고 원만하게 깨달은 것을 뜻한다고 할 것이다. 나머지 이름들은 부처가 중생을 교화하는 기능들을 암시하고 있다.

뿐만 아니라 법화경은 무상의 깨달음을 얻고자 발심한 사람들에게, 많은 부처님께 봉사한 다음 내세來世에 불국佛國을 건설하여 중생들을 교화할 것을 명하고 있다. 이런 사명 부여가 수기授記라는 방법으로 표현되고 있는데, 그런 불국이 건설될 곳은 피안이 아니라 차안임은 다시 말할 필요가 없다. 그러기에 법화경은 자신의 교설을 더러운 땅에 피는 하얀 연꽃에 비유하고 있는 것이다.

법화경은 이와 같이 반야경의 피안 지향성을 인간의 현실 세계로 되돌리고 있다. 그리하여 그곳을 적극적으로 정화할 것을 강조하고 있는 것이다. 한국 불교 현대화의 이념을 정립함에 있어서 법화경의 이런 일불승설一佛乘說은 크게 주목되지 않을 수가 없다.

삼승에 의하면 모든 교리는 분립하여 서로 배척하게 된다. 대승불교는 보수적인 상좌부上座部를 소승이라 비난하고, 상좌부는 대승경전을 부처님의 교설이 아니라고 공격한다. 그러나 일불승에 의하면 소승과 대승은 다 같이 성불에 이르는 한 줄기 길이다. 삼승에 의하면 보살은 반야경의 6바라밀을 닦는 보살에 한정되지만, 일불승에 의하면 처음 발심한 사람으로부터 아라한·벽지불·보살이 다같은 보살이 된다. 그러기에 법화경은 '부처는 오직 보살만을 교화한다' 는 것을 알아야 한다고 설하고 있는 것이다.

이렇게 되면 삼승의 교리를 한줄기 일불승으로 재조직할 필요가 있을 것이다. 이런 작업이 실제로 행해진 것이 화엄경의 보살 십지설十地說이라고 할 수가 있다. 그 조직을 소개하면 다음과 같다.

① 환희지歡喜地(pramuditā bhūmī) : 십대원十大願
② 이구지離垢地(vimalā bhūmī) : 십선도十善道
③ 발광지發光地(prabhākārī bhūmī) : 삼법인三法印
④ 염혜지焰慧地(arciṣmatī bhūmī) : 삼십칠조도품三十七助道品
⑤ 난승지難勝地(sudurjayā bhūmī) : 사제四諦
⑥ 현전지現前地(abhimukhī bhūmī) : 십이연기十二緣起
⑦ 원행지遠行地(dūraṁgamā bhūmī) : 십바라밀十波羅蜜
⑧ 부동지不動地(acalā bhūmī) : 무생법인無生法忍
⑨ 선혜지善慧地(sādhumatī bhūmī) : 사무애지四無碍智
⑩ 법운지法雲地(dharmameghā bhūmī) : 대법우大法雨

아함경(제2~6지)에서 반야경(제7~8지) 그리고 법화경(제9~10지)에 이르는 교리들이 10지에 편입되어 일불승의 보살도를 구성하고 있는 것이다.

불교에는 방대한 양의 경전이 있다. 그 중에서 가장 권위 있는 것은 아함경과 같은 원시경전과 대승불교 초기에 성립된 초기 대승경전이라고 할 수가 있다. 따라서 그들은 전 불교의 가장 근본적인 경전이라고 말할 수가 있다.

그런데 그 속에 설해진 교리는 대개 이상 소개한 것으로 다하고 있는 것이다. 그 밖에 아미타불의 서방정토에 왕생할 것을 권하는 정토 교리가 있지만, 이것은 일불승의 보살도를 신앙적인 형태로 장엄한 것에 불과하다.

불교의 가장 근본적인 경전에 설해진 교리가 이렇게 일불승의 보살도로 다해져 있다면, 그것은 불교의 가장 근본적인 교리 체계요, 또 그것은 불교 근본 교리의 전부라고 해도 좋을 것이다. 그렇다면 한국 불교 현대화의 이념을 경전적으로 정립코자 할 경우, 그것을 떠나 다시 어디서 구할 수 있겠는가? 따라서 필자는 오늘날 한국 불교가 지향해야 할 종교적 이념은 바로 이런 '일불승의 보살도' 이어야 한다고 본다.

이러한 필자의 견해는 일불승이 설해진 법화경이나 화엄경만을 최고의 경전으로 삼아 그것을 받들자는 입장이 결코 아니라는 것을 이해해 줘야 한다. 과거에 천태종이나 화엄종은 흔히 그런 입장을 취했던 것이다. 그들의 교상판석敎相判釋에 아함경이나 반야경이 언급되고 있긴 하지만, 그런 경전을 실제로 연구하거나 수행에 쓴 일은 거의 없었다.

필자가 뜻하는 바는 적어도 아함·반야·법화의 삼부경만은 모든 불자가 다같이 지송持誦하고 연구하고 실천해야 한다는 것이다. 그 삼부경은 일불승을 구성하는 필

수 불가결한 근본 요소이기 때문이다. 아함경의 연기론緣起論을 떠나 반야경의 공空은 이해될 수 없고 삼승의 교리 없이 법화경의 일불승은 있을 수 없다. '일불승을 셋으로 갈라 삼승을 설한다'는 법화경의 뜻을 깊이 음미해 볼 필요가 있다.

아함·반야·법화의 삼부경에 흐르는 이러한 일불승의 보살도로 한국 불교 현대화의 이념을 삼는다면, 현재 우리 주변에서 볼 수 있는 여러 가지 교리적 병폐도 시정될 수 있을 것으로 본다. 선교禪敎의 대립은 고려 시대 이래 한국 불교의 가장 고질적인 문제로 대두되고 있지만, 일불승에 의하면 선·교는 말할 것도 없고, 염불과 송주誦呪 등이 다같은 보살의 행법이다. 또 요즘 계속해서 발생하고 있는 여러 가지 종파들도 일불승에 의하면 다 같은 부처님의 가르침이 된다. 따라서 모든 불자는 서로 존경하고 사랑하면서 다같이 진지한 보살의 길을 걸을 수 있게 될 것이다.

## 3. 현대적 의미

이제 이러한 일불승의 보살도가 현대사회에서 어떤 의미를 가지게 되는가를 생각해 보자.

보살은 원대한 원願을 발한 다음에 무엇보다도 먼저 십

선업十善業을 닦도록 되어 있다(제1~2지). 이런 10선업은 인因에는 반드시 그에 상응한 과果가 따른다는 인과의 법칙에 입각해 있다. 따라서 불교는 어느 종교보다도 쉽게 자연과학을 수용할 수 있을 것이다. 자연과학 또한 그러한 인과율을 바탕으로 하고 있기 때문이다.

그러나 불교에서 말하는 인因은 자연과학에서 말하는 인과 완전히 같은 것은 물론 아니다. 후자가 말하는 인은 자연계에서 발생하는 현상에 대한 원인을 가리키고 있는 데에 대해서, 전자의 인은 업을 일으키는 인간의 자유의지自由意志를 뜻하는 것이기 때문이다. 따라서 불교의 '업인'과 '과보'는 현대 민주 사상의 '자유'와 '책임'이라는 개념에 통한다. 그렇다면 오늘의 보살은 민주 시민으로 지극히 자유를 사랑하고, 그런 자유가 보장되지 않는 체제는 단연히 거부해야 할 것이다.

역사를 움직이는 힘은 무엇이며, 또 그것은 어떤 방향으로 진행되고 있을까? 이런 물음에 대해 현재 가장 유력하고 큰 영향을 끼치고 있는 것은, 그러한 근본 원인을 신神에 있다거나, 물질이나 경제에 있다고 보는 것이다. 보살은 이런 견해에 대해서도 방관만 하고 있을 수는 없을 것이다. 역사를 움직이는 근본 원인은 인간의 의지이며, 그것이 어떤 선택을 하느냐에 인류의 운명이 달려 있다는 것이 그에게는 너무나도 명백하기 때문이다.

오늘날 세계는 이념적으로 동서로 대립하고, 경제적

인, 종교적인, 인종적인 문제 등으로 끊임 없는 분쟁이 일어나고 있다. 언제 핵전쟁이 터져 전 인류를 멸망으로 이끌어갈지 알 수가 없다. 이런 대립과 분쟁을 해결할 수 있는 길은 무엇일까? '반야' 보다도 더한 사상은 없을 것이다. 그것은 일체의 분별망집을 타파할 힘을 갖고 있기 때문이다. 그렇다면 오늘날 반야바라밀은 전쟁을 막고 평화로운 하나의 세계를 지향하는 강렬한 실천 운동으로 전개될 수 있을 것이다.

현대 문명은 놀라운 물질적 혜택을 인류에게 가져왔다. 그러나 그것만으로 복지사회가 이루어진다고 볼 수가 있을까? 물질적 풍요로 정신은 오히려 타락하고, 하나밖에 없는 지구는 나날이 황폐해지고 있다. 이제 자연의 개발보다는 정신의 개발이 무엇보다도 시급한 과제라고 보살은 외칠 것이다. 일불승이 지향하는 불국토佛國土는 물질적으로나 정신적으로나 지극히 풍요로운 복지사회를 뜻하는 것이기 때문이다.

특히 법화경의 상불경常不輕 보살은, 현대 기계 문명의 인간성 상실에 훈훈한 생명을 불어 넣을 것이다. 상불경 보살은 사람들을 만날 때마다 "당신들은 틀림없이 부처님이 되실것 입니다."라고 합장 예배했다고 한다. 그런 말을 들은 사람들이 화를 내고 꾸짖어도 그는 인간 예배를 멈추지 않았으니, 현대의 인간성 상실에 불교인이 어떤 자세를 취해야 할 것인가를 그 이야기는 잘 보여 주고 있는 것이다.

화엄경의 십지품十地品에 각 계위의 보살들은 국왕이 되어 정치에 참여하는 일이 많다고 설해져 있다. 한국 불교가 전래 당시부터 국가와 밀접한 관계를 갖고 있었던 것은 그런 교설과 상응되는 점이 있다. 그러나 오늘날은 주권이 국가에 있는 것이 아니라 국민에게 있다. 그렇다면 불교인의 정치적 참여는 이제 국가보다는 국민에 더 큰 비중을 두게 될 것이다.

이상 일불승의 보살도가 현대 한국사회에서 어떤 의미를 가질 수 있는가를 몇 가지 예를 들어 살펴봤다. 이런 의미는 이 밖에도 많이 찾을 수 있을 것이다. 그러나 이것만으로도 필자는 일불승의 보살도가 현대 한국 불교의 이념 정립에 주목할 만한 모델이 될 수 있을 것으로 확신한다.

## 『불교의 체계적 이해』 법공양 권선 발원문

좋은 불서를 널리 펴는 일은 의미 깊은 불사입니다.
또 하나를 심어 만배의 과실을 수확하는 기름진 복밭입니다.
이런 큰 공덕행은 모든 재난과 어려움을 이기게 하고 삶의 가치를 높여줄 것입니다.
깨달음을 중생과 함께 하려는 큰 자비와 지혜로 『불교의 체계적 이해』와 경전을 유포하는 불사에 참여 권합니다.
좋은 불서는 세상을 구제하는 큰 역할을 할 것입니다.
본 『불교의 체계적 이해』가 필요한 곳은 힘 닿는 대로 보시해드리겠습니다. 연락해 주시기 바랍니다.

나무 시아본사 석가모니불
흥불구세복전도량 광륵사 광륵선원
인행 신춘열 합장

"불법을 펴서 세상의 행복하게하는 큰 복 기금"

**흥불구세복전(興佛救世福田)**

본 흥불구세복전기금의 이념과 명칭은 본서의 저자이신 병고 고익진님께서 부처님의 뜻을 이 시대에 구현하는 방편으로써 시설하셨습니다.

광주시 동구 증심사길 29-17 (운림동 392) 광륵사
서울특별시 성북구 동소문로13길 33 복전빌딩 광륵선원
062-222-7801, 010-3221-7801, 010-5208 -9733
02-953-7801, 010-6828-9578

**동참 입금 계좌**

국 민 은 행 016-21-0233530 신춘열
농 협 810-02-005358 신춘열
새마을금고 2450-10-004783-1 신춘열
신 한 은 행 110-050-200447 신춘열